Wie ich mich entscheide, wenn ich mich nicht entscheiden kann

Volker List · Sabine Parker

Wie ich mich entscheide, wenn ich mich nicht entscheiden kann

Agile Entscheidungen für den Alltag

 Springer

Volker List
Hüttenberg, Hessen, Deutschland

Sabine Parker
Neuwied, Rheinland-Pfalz, Deutschland

ISBN 978-3-662-64620-5   ISBN 978-3-662-64621-2   (eBook)
https://doi.org/10.1007/978-3-662-64621-2

Die Deutsche Nationalbibliothek verzeichnet diese Publikation in der Deutschen Nationalbibliografie; detaillierte bibliografische Daten sind im Internet über http://dnb.d-nb.de abrufbar.

Titelbild: Eva Burkhardt Illustration

Lektorat: Marion Krämer

Springer ist ein Imprint der eingetragenen Gesellschaft Springer-Verlag GmbH, DE und ist ein Teil von Springer Nature.

Die Anschrift der Gesellschaft ist: Heidelberger Platz 3, 14197 Berlin, Germany

Vorwort

Rat geben, ohne Rat zu geben. Beraten ohne Ratschlag. Wie geht das? Wir, die Autoren Sabine Parker und Volker List, gehen diesen Weg. Wir beschreiben bedeutsame Phasen von acht sehr verschiedenen Menschen. Wir haben sie dabei beobachtet, wie sie sich in schwierigen und manchmal auch scheinbar ausweglosen Situationen verhalten. Denn, man und auch frau kann sich nicht nicht verhalten.

Die Lösungen für viele Situationen, die wir oft als Dilemma empfinden und die es vielfach auch sind, zeigen sich immer in der Interaktion der Menschen miteinander. Insofern hoffen wir, dass Sie, die wissensinteressierte Leserschaft, sich nicht nur unterhalten fühlen bei der Lektüre unserer zum Teil humorvollen Geschichten, sondern auch die eine oder andere Parallele zum eigenen Leben entdecken. Dabei entstehen häufig Gedanken und Inspirationen, die eigenes Verhalten nicht nur infrage stellen, sondern neue Wege, für anderes, agiles Handeln, eröffnen. Ausgehend von beruflichen Erfahrungen haben wir uns nun in diesem Buch mit vielen alltäglichen Problemen und Dilemmata beschäftigt. Unser aller Haltung und so auch unsere Entscheidungen sind so individuell und einzigartig, weshalb es sich für uns verbietet, Ihnen pauschale Antworten zu geben. Mit unseren Fallbeispielen möchten wir Sie zum Nachdenken über persönliche Erfahrungen anregen, gelenkt durch zahlreiche Impulse am Wegesrand. In der eigenen Lösungswelt lassen sich so für jede und jeden individuelle Handlungsoptionen generieren. Sie entscheiden nicht nur, was bei Ihnen ankommt, sondern auch, was das bei Ihnen auslöst.

In einem Buch über Dilemmata und Entscheidungsfindung galt es, auch eine Entscheidung für ein bestimmtes gendergerechtes Sprachbild zu treffen. Die Möglichkeiten sind mannigfaltig und unterliegen einem stetigen Wandel. Ein Dilemma.

So entschieden wir uns weder für das eine, noch für das andere.

Im Interesse einer besseren Lesbarkeit wurde – sofern eine geschlechts-neutrale Formulierung nicht möglich war – sowohl die weibliche als auch die männliche Schreibweise verwendet. Selbstverständlich sind jedoch immer alle Geschlechter gemeint.

im Februar 2022

Volker List
Sabine Parker

Prolog – Aufbruch ins agile Land

Es riecht nach Mensch. Menschen klappern sitzend auf Tastaturen, und Menschen lesen stehend an Stehtischen. Das Monitorlicht färbt ihre Teints in einem kränklichen Blassblau. Die hochatmosphärische Mischung aus dem Geruch alter Ledermöbel, abgestandenem Zigarettenrauch und Papierrascheln gibt es nicht mehr. Den ausgetretenen umbragrünen Teppichboden, der die Laufwege markierte, gibt es auch nicht mehr. In der Luft wabert auch keine Melange aus schwerem Parfum, herbem Eau de Toilette und Papierstaub. Stattdessen dominieren Lüftergeräusche der Rechner, der süßliche Duft der aktuell angesagtesten Energie-Drinks und ein Pizza-Döner-Fettgeruch den Raum. Hier berichten Menschen über Menschen. Redaktionsräume.

Die Journalistin Ingrid legt ihre Stirn in Falten. Sie steht vor einer Pinnwand und blickt auf die unzähligen Lebensentwürfe, die sie da in Foto und Schrift zusammengetragen hat. Der Kaffeebecher in ihrer linken Hand scheint angewachsen. Sie ist für ihre Gradlinigkeit im Kollegenkreis bekannt. Ebenso für ihren Hang zur Isolierung. Kaffeeplausch interessiert sie nicht. Zu flach. Deep-talk ist ihr Ding. Außerdem erlebt sie Oberflächlichkeit schon zu häufig bei ihrer beruflichen Arbeit. Weil sie muss.

In einer direkten Diagonalen nähert sich ihr Kollege Stefan. Dieses Durchschreiten des Raums ist ihm erst seit drei Wochen möglich, seit die neue Arbeitsplatzgestaltung versucht, unproduktive Einflüsse zu verhindern, mehr noch, Flexibilität zu fördern. Seine Ledersohlen erzeugen bei jedem Schritt ein leichtes Knallgeräusch auf dem für Saug- und Wischroboter angepassten Bodenbelag.

„Unsere Welt heute ist komplex, mehrdeutig, unvorhersehbar und unsicher". Aha. Und mit diesen Worten des Redaktionsleiters hält die sicht- und spürbare Veränderung auch in den Innenräumen des Verlages Einzug. „Eine agile Haltung und agiles Handeln bestimmen in Zukunft unsere Marschroute.", so die Geschäftsführung des Verlages in einer internen Wegweisung, Neudeutsch ‚Memo'.

Die neue Freiheit bringt auch viel Unfrieden mit sich. Nicht jeder kann den Austausch des geliebten Schreibtisches mit Pflanze, Familienbild und Kristallstein gegen allgemein verfügbare Stehpulte und Tische so einfach verwinden. Gut, dass das papierlose Büro bereits vor einiger Zeit in kleinen Schritten eingeführt wurde. Für manchen ein Dilemma. Freiheit versus Sicherheit. Mit der Frage, was das eine mehr als das andere befördert. Und schon war sie geboren, die Idee zur neuen Titelstory: Dilemmata. „Da kann man wohl nichts machen", wurde aus dem Kreis des Kollegiums gewitzelt.

Ingrid hört, wie sich ihr Stefan nähert: „Sind das unsere Helden?", fragt Stefan und wiegt nachdenklich den Kopf. „Ach!", korrigiert er sich selbst, „natürlich Held … (etwas zu lange Pause) … innen." Ingrid übergeht souverän die kleine Spitze ihres Mannkollegen gegen eine gendergerechte Sprache.

„Ja, Menschen, die mit den Widrigkeiten des Alltags kämpfen, wie die meisten von uns", entgegnet Ingrid souverän und grinst.

Der Kollege tritt einen Schritt näher an die, mit Fotos, Texten, Stichworten, Brainstorming-Grafiken und Pfeilen, übervolle Pinnwand und verrät so seine Kurzsichtigkeit.

Er konstatiert nach ausgiebiger Sichtung: „Vier Frauen und vier Männer, die unterschiedlicher nicht sein können, und doch vereint sind in der Suche nach Lösungen ihrer jeweils spezifischen und doch so allgemeinen Probleme unter die sich hin und wieder auch einmal ein Dilemma mischt", sagt der analytische Scharfgeist und ergänzt Zustimmung erheischend: „Stimmt's?"

„Genau! Und mit dem Wissen um unsere Neugierde am anderen Geschlecht, im besten Sinne zu verstehen, schlage ich vor, dass ich die Männer interviewe und du die Frauen". Der Vorschlag hört sich nach Vorgabe an, und der männliche Kollege fügt sich, weil er es will.

Seine etwas dienstältere Kollegin stellt sich an den Rand der Pinnwand und verweist mit dem Redaktionskugelschreiber in leuchtendem Orange auf die jeweilige Hauptfigur. „Ich stelle vor!" Mit einem lauten „Taraaa, der Vorhang öffnet sich!" beginnt ihre Einführung, ein Start, der ihrem Naturell entspricht aber auch ihre Wertschätzung gegenüber den Menschen zeigt:

„Als erstes haben wir hier", und sie piekst mit der Spitze ihres abgegriffenen Stiftes auf die Nummer Eins, „den verunsicherten und etwas verstaubten Beamten Michael Pauly. Seine Vorstellung vom Arbeitsleben scheint irgendwie nicht mehr so recht zu passen. Er fühlt sich eingeengt und gleichermaßen aufgehoben in den vielen Sicherheiten seines Lebens, die er über die Jahre aufgebaut und gepflegt hat. Er empfindet ein gewisses Defizit, unspezifischer Art. Wohin sein Weg führt, wer weiß.

Nummer Zwei: Der sensible Künstler Quirin Lieberknecht beobachtet seine Umwelt sehr genau und vermag die Unzulänglichkeit menschlichen Strebens in seinen Mini-Dramen mit spitzer Feder höchst präzise aufzuspießen. Geradezu tiefbegabt ist er aber, wenn es um seinen eigenen Lebensentwurf geht. Er sucht nach endgültigen Lösungen und findet am Ende etwas ganz Anderes.

Die Kommissarin Anne Lewald – unser drittes Subjekt – ist hochkompetent in der Analyse ihrer Kriminalfälle, und wenig kompetent, wenn es um einen Entwurf für ihr persönliches Leben geht. Sie macht eine überraschende Entdeckung. Ihre private Lebensmaxime „Das ignoriere ich weg!" funktioniert nicht mehr, denn es tut sich eine neue Lebenswelt vor ihr auf.

Die taffe Krankenschwester Liselotte Leisegang schickt einen Pastor in die Wüste und zeigt einem Arzt die Schönheit des Sterbens, indes in ihr die totgeglaubte Beziehungsfähigkeit neu erwacht. Der Vegetarierin schmeckt plötzlich die Currywurst, sie genießt den Anblick von Männern, und geht früh morgens nach ihrer Nachtschicht nicht gleich nach Hause ins Bett, sondern setzt sich noch eine Weile im Stadtpark an den Weiher und schaut dem Schilf beim Wogen zu. Sie beginnt ihre Lebensweiche neu zu stellen."

Ingrid nimmt einen kräftigen Schluck des mittlerweile kalt gewordenen Kaffees aus ihrem Jumbo Becher und fährt fort:

„Die Sozialarbeiterin Sophia Lautenschläger-Pies – unsere fünfte Interviewpartnerin – hilft gerne, lieber anderen als sich selbst. Sie spürt die Energie vertraulicher Gespräche unter Frauen. Allerdings spürt sie gleichermaßen, dass bezüglich der Entwicklung ihrer Helferkompetenzen noch Luft nach oben ist.

Der engagierte Lehrer Erich Petzke will endlich Ordnung in sein Leben bringen und testet verschiedene Gestaltungsmodelle aus, Scheitern inbegriffen. Die Vielfalt der Beziehungen scheint ihn zu überrollen, bis er ein wenig Gefallen daran findet, als er ihren Nutzen entdeckt.

Als vorletzte haben wir hier die Führungskraft Pirsch. Sie ist von sich überzeugt. Differenziert und authentisch eben. Sie liest viel, kennt bezüglich ihrer Profession alle relevante Literatur und denkt, alles sei lenkbar. Sie irrt."

Stefan lacht kurz auf. Das erinnert ihn ein wenig an seine Kollegin. Sicher der Beginn einer wunderbaren Freundschaft.

Ingrid runzelt die Stirn. „Darf ich?", fragt sie leicht genervt. Sie hat langsam Hunger, und das lässt ihre Stimmung kippen. Schnell und nachhaltig.

Stefan nickt, während die Kollegin die Vorstellungsrunde der Protagonisten abschließt:

„Van Petersen, unser achter Held, erforscht die Welt, versucht die Menschen miteinander in Kontakt zu bringen und glaubt an Vernunft und Aufklärung. Seine kleine Tochter zeigt ihm aber überraschenderweise, was wirklich wichtig im Leben ist."

„Wow!", entfährt es Stefan, und seine Anerkennung ist nicht gespielt, „du warst aber fleißig. Super Vorarbeit. Spitzenhaft recherchiert".

Ingrid atmet tief ein. „Fleißig" klingt in ihren Ohren so unpassend wie das Wort „nett". Aber er scheint tatsächlich beeindruckt. „Und hier, ein erster Entwurf für unsere Story. Was meinst du?", fordert Ingrid ihren begeisterten Kollegen zur Stellungnahme heraus.

Stefan nimmt das Tablet, das Ingrid von ihrer Workstation geholt hat, und liest laut: „Alle Protagonisten in den Geschichten werden von den Umständen angeregt, andere Perspektiven einzunehmen, in denen neue Optionen und Wegweisungen aufblitzen. Wie sie so durch ihr Leben stolpern, rennen, schlendern und hier und da zufällig aber gewinnbringend Bekanntschaft untereinander machen, mag die geneigte Leserschaft als Inspirationsquelle nutzen, über die eigenen Widrigkeiten und über tatsächliche und vermeintliche Dilemmata nachzudenken und für sich neue Optionen und Wegweisungen dabei zu entdecken.

Viel Spaß beim Eintauchen in eine Welt, die zwar gekennzeichnet ist durch Unvorhersehbarkeit, Unsicherheit, Komplexität und Mehrdeutigkeit, die aber auch viele Leerstellen eröffnet für so manches Problem, wenn man sich die Mühe macht, sich auf die Dinge einzulassen, sich mit ihnen zu bewegen, auch an andere Orte, von wo man einen distanzierteren Blick auf die Gemengelange hat. Dann erschließen sich – häufig überraschend – neue Optionen und Lösungen für vielerlei Alltagsprobleme, von denen man vorher glaubte, sie nicht lösen zu können. So ergeht es auch unseren acht Alltagsheldinnen und -helden, deren Wege sich zuweilen kreuzen, teilweise sogar parallel verlaufen, mit Blickkontakt und mehr."

Stefan ist nochmal beeindruckt, schaut mehr als zufrieden und erwartungsvoll, während seine Kollegin eine Brotdose aus Metall öffnet und in ihr Käsebrötchen mit selbst gekaufter Brombeerkonfitüre beißt. Und während sich die Marmelade an den Seiten des Brötchens ihren Weg in die Freiheit bahnt und kurze Fäden ziehend der Schwerkraft gehorcht, witzelt

Stefan spontan: „Und zu guter Letzt begegnen sie sich wirklich und wahrhaftig alle an einem Ort, den sie ein Jahr zuvor vermutlich nicht aufgesucht hätten".

Ingrid lacht und stimmt zu. Weil sie es kann. Noch lange versonnenbestätigend nachnickend stehen beide vor der Pinnwand. Für jetzt. Vor dem nächsten Schritt.

Inhaltsverzeichnis

Über die Autoren

Dr. Volker List arbeitet seit den 1990er Jahren als Unternehmensberater, Regisseur und Schauspieler und hat zahlreiche Unternehmen in Veränderungsprozessen begleitet, Großgruppenveranstaltungen designed und moderiert, Führungskräfte gecoacht und das Großgruppenformat „congress in motion©" mitentwickelt. In seinen zahlreichen Publikationen ist er aus unterschiedlichen Perspektiven der Frage nachgegangen, welche Wirkungen der Einsatz agiler Methoden auf die Agilität und das Lernen von Menschen und ihre Haltung gegenüber komplexen Veränderungen hat. Seit 2014 leitet er das Institut Angewandte Theaterforschung in Hüttenberg und publizierte 2018 die erste wissenschaftlich fundierte Didaktik für Theater. Kontakt: mail@angewandte-theaterforschung.de

Sabine Parker ist Gründerin und geschäftsführende Gesellschafterin der aisthetos akademie für Film- und Theaterpädagogik.

Sie berät, trainiert und begleitet als Personalentwicklerin Führungskräfte, Organisationen und Teams auf dem Weg zu mehr Selbstmanagement, Kreativität und Agilität. Darüber hinaus setzt sie als Projektleitung Improvisationstheater, Kulturprojekte und partizipatives Unternehmenstheater um und coacht Menschen in ihrem agilen Handeln. In einer Studie wurde von ihr ein erstes Curriculum mit theatralen Methoden zur Agilisierung von Menschen und Organisationen entwickelt. Studium u. a. „Kulturpädagogik" und Master in „Weiterbildung und Personalentwicklung". 2021 veröffentlichte sie zusammen mit Volker List das Fachbuch: Wer A sagt, muss nicht B sagen. Kontakt: info@aisthetos-akademie.de

Kapitel 1 – Der erste Schritt

Der Wecker klingelt. Ein Ton, so markant und sympathisch wie die akustische Rückkopplung eines Mikrofons. Ein Geräusch, das auch mit gutem Willen und schlechtem Gehör nicht ignoriert werden kann. Weg-ignorieren, denkt Herr Pauly, der sich vor gefühlten Urzeiten für diesen Klingelton entschieden hatte. „Der Weckruf gilt ja nicht für mich", nuschelt er selbstberuhigend. Ein beherzter Griff in das benachbarte Bett zeigt ihm an: Die Frau ist schon wach und lebt den maximalen Wirkungs-grad am Morgen. Als Frühaufsteherin. Das heißt: Der Wecker meint ihn – doch. Langsam begibt Herr Pauly sich in die Senkrechte. Hektik ist etwas für andere. Nach einem Aktivierungsgähner, so bezeichnet er das Gähnen in Verbindung mit einem Strecken des gesamten Oberkörpers, geht er die

V. List und S. Parker, *Wie ich mich entscheide, wenn ich mich nicht entscheiden kann*, https://doi.org/10.1007/978-3-662-64621-2_1

ersten Schritte in den Tag. Er lauscht. Keine Duschgeräusche sind gleich-bedeutend mit: Das Bad ist frei. Aus der Küche klingt laute Musik. Seit der Sohn aus dem Haus ist, übernimmt seine Frau den Part der Spätpuber-tierenden, der nahtlos in die Wechseljahre überzugehen scheint. Die auditive Explosion wird durch ein lautes Jaulen, die Stimme seiner Frau, begleitet. Herr Pauly liebt die Musik, nicht nur als Konserve oder auf Live-Konzerten, sondern selfmade. Früher komponierte er Stücke auf dem Klavier, die er dann auf seine E-Gitarre übertrug. Spielen nach Noten lehnt er auch heute noch ab. Er improvisiert, hat das vollkommene Gehör. Schön, wenn diese Begabung an Familienfesten oder auch im Zusammenspiel mit dem Sohn zum Ausdruck kommen konnte. Nach dessen Auszug verklang auch die Musik. Was nach wie vor bleibt ist seine Frau, die mal weniger gut oder schlecht in den frühen Morgenstunden vor sich hinträllert. Da sieht er Luft nach oben, aber er sieht keine gemeinsame Zwei-Mann-Frau Band.

Mit einem kurzen Blick in den Spiegel überzeugt sich Herr Pauly, dass er es ist, dessen Haut gerade mit eiskaltem Wasser aus dem Hahn benetzt wird. Den Rest kann die Dusche erledigen. Zu seinem Äußeren hat er auch heute keine Meinung. Seine Kleidung landet wohlsortiert in den dafür vor-gesehenen Wäschebehältern. Vorab steigt er mit einem großen Schritt über den Berg von nicht definierbaren Kleidungsstücken, die seine Frau auf dem Boden verteilt hat. Herr Pauly rauft sich die Haare, innerlich wie äußerlich. Er schafft es nicht, das textile Chaos unbeachtet zu lassen. Stück für Stück wird nun auch die Wäsche seiner Frau in weiß und bunt, in 30, 40 und 60 Grad, unterteilt. Sie gesteht offen ihre Unfähigkeit, eine Zuordnung zu einzelnen Waschvorgängen zu treffen.

Der niederschwellige Anspruch an diese Aufgabe lässt Herrn Pauly ver-muten, dass hier weniger das Können als das Wollen eine Rolle spielt. Und, das sagt ihm auch seine Lebenserfahrung: „Wollen kann man nicht anordnen". Das Trennen der Wäsche fällt Frau Pauly nach eigener Aussage ebenso schwer wie das Trennen von Müll. Papier, Plastik, Restmüll, Biomüll. Wer soll oder will da den Überblick behalten? Ein Ärgernis. Sie scheint durch diese Zuordnungsherausforderung manchmal so provoziert, dass sie einfach so, „weil sie es kann", den Müll in irgendeine Tonne wirft, mit dem Wissen, dass er oder auch die Müllabfuhr dieses Fehlverhalten zeitnah sanktionieren wird. „Falsche Befüllung – diese Tonne wird nicht geleert!" prangt dann in Großbuchstaben auf dem Tonnendeckel. Nun ist auch die Nachbarschaft über ihr Defizit informiert. Leider scheint das wenig Ein-druck auf sie zu machen. Das Denken der anderen spielt eine eher unter-geordnete Rolle im Weltbild seiner Frau. Ihre Denkweise behindert so auch grundsätzlich Herrn Paulys Anspruch an Ordnung und den strukturierten Überblick.

Vor dem Duschen scannt er noch schnell die Produkte, die gleich zur Anwendung kommen. Schön aufgebaut in einer Reihe, ganz ohne Lineal und Wasserwaage, präsentiert sich ihm Shampoo, Duschgel, Rasierer, Schaum. Und seit neuestem: Haarspülung. Das hat ihm die nette Friseurin empfohlen, zu der er seit einigen Wochen geht. „Ein schöner Laden!", schwärmt er seiner Frau vor. So aufgeräumt und geordnet. Sein, wenn auch liebevoller, Blick zeigt: „Nicht wie bei dir, du zu Chaos gewordenes Weib". Herr Pauly liebt die Ordnung, überall. Seine Frau breitet sich im Haus aus wie die Rauchschwaden in der Stammkneipe seiner Jugend. Da sah man manchmal auch die Hand vor Augen nicht. Und so fühlt auch er sich in diesem Punkt nicht gesehen und hat pragmatisch zu einer Notlösung gegriffen: Schubladen und Schränke, die nur ihm gehören. Den Höhepunkt seiner Glückseligkeit erreichte er vor einigen Monaten, als seine Frau das gemeinsame Ankleidezimmer verließ und in das ehemalige Jugendzimmer des Sohnes zog. Und mit ihr gefühlt 100 Paar Schuhe, die für ihn alle gleich aussehen, und geschätzte 50 qm Schrankfläche. Herr Pauly hat nach eigener Aussage, nicht nur in Bezug auf Kleidung, bereits alles. Er braucht nichts. Und was er nicht hat, wird rasch gekauft. Allem voran: Funktionskleidung. Das macht ihm Freude. So wird er nicht müde zu betonen, wie sinnhaft eben die Kaufentscheidung war, besonders in den Momenten, in denen seine Frau bereits bei Nieselregen dem Ertrinkungstod zum Opfer fällt. „Da habe ich noch 25 Jahre Freude mit". Und ebenso lange hat Herr Pauly Freude mit seiner Frau, natürlich mit graduellen Veränderungen. Und mit all dem, was er auch gerne an ihr verändern würde. Doch der Mensch entwickelt sich in so einem Leben ja weiter. Und seine Frau steht für die exponentielle Variante. Nein, er fühlt sich wohl, in seiner Ehe wie auch in der großzügigen Wohnung mit Weitblick und zentraler Lage. So kann es bleiben. Praktisch. Bereits seit 23 Jahren. Wie seine Frau hat er es nicht weit zur Arbeit. Bei gutem Wetter kann er mit dem Fahrrad fahren. Selbstverständlich voll ausgestattet mit allem, was der Radfahrer so braucht. Funktionell eben. Er liebt und lebt die Dauer. Dauerhafte und verlässliche Beziehungen und ein ebensolches Umfeld. Hier kann Herr Pauly sich entfalten und maximal orientiert durch sein Leben gehen. Doch dieses zeitlose Bedürfnis wird derzeit mehr als gestört. Bei dem beunruhigenden Gedanken an seine Arbeit möchte Herr Pauly nicht verharren, sondern einen Schritt zurückgehen – in seiner Vita. Nicht nur gedanklich vollzieht er diesen Schritt und stößt mit seiner Frau zusammen, die scheinbar aus dem Nichts auftaucht. „Autsch!" Die Empörung in ihrer Stimme lässt eine Vortragsreihe erwarten. Seine Frau hält gerne Vorträge. Das kennt Herr Pauly nur zu gut. Unaufgeforderte Vorträge mit nie enden wollenden Sätzen. Pausen hört man hier vergebens. Ist der Monolog nicht die erste Form der Unterdrückung? Das hat er mal irgendwo gelesen. Seine Frau wüsste die Quelle sicher genau zu benennen. Die Lektüre über einen Menschen, der sich aktiv gegen die Unterdrückung in der Welt stark machte. Diese Energie würde er sich auch wünschen. Manchmal. Herr Pauly fühlt sich nicht unterdrückt, nur unverstanden, irritiert. Für ein Feedback, das hat er mal in einem Seminar gelernt, ist es wichtig, die richtige Zeit und den richtigen Ort zu wählen. „Timing ist nicht deine Stärke", setzt er sich zur Wehr. „Ich wohne hier und bewege mich frei durch die Flure", kontert seine schlagfertige Frau und führt den Vortrag unbeirrt fort. Worte wie „Wahrnehmung" und „peripherer Blick" dringen akustisch zu ihm durch. Bei dem Wort „Proxemik" schaltet er ab. Und denkt an den Tag, der vor ihm liegt. Seine Miene verfinstert sich. Sie hält inne und schweigt. Ah, da ist er, der Ausschalt-Knopf in Form einer traurigen Mimik. Er funktioniert, zumindest bei seiner Frau. Timing Note 6, Empathie Note 1 denkt er wertend.

Seine Frau runzelt die Stirn und lächelt aufmunternd: „Tee?" Herr Pauly nickt. Ein prüfender Blick auf die Uhr. Er hat noch etwas Zeit.

Um was geht es?

„Was ist wieder los?" Sie stellt ihm seinen Lieblingsteebecher auf die Küchentheke. Die Frage klingt freundlich und neugierig zugleich. Wiederholt hat Herr Pauly in den vergangenen Wochen einen unausgeglichenen, gereizten, auch traurigen Eindruck gemacht. Er windet sich. Es würde ihm jetzt helfen, wenn er benennen könnte, wo ihn der Schuh drückt. „Die Arbeit macht mir keinen Spaß mehr." „Ja, ich weiß", seufzt seine Frau. „Was konkret stört dich?" Er sieht sie an. Und spürt inneren Widerstand. Was soll er denn tun? Tagtäglich begegnet er Kollegen, die sich nach Jahrzehnten in ein und derselben Behörde nun begeistert auf die Schulter klopfen, denn der neue Begriff, der so vieles bei ihm auslöst heißt: „Zukunftsszenarien". Und hier scheint es derzeit eher wenig an Regeln und Normen zu geben, auf die er so gerne pochen möchte.

Das alles scheint mehr als riskant. Es hilft ihm, soviel an Vertrautem in seinem Arbeitsleben zu halten, wie es möglich ist und das Neue irgendwie als notwendiges Übel zu akzeptieren. Seine Frau insistiert: „Bringe es auf den Punkt." Herr Pauly schweigt und starrt ins Leere. Seine Frau lacht leise. „Ich habe in einer Fernsehsendung eine Improvisations-Show gesehen, in der es darum ging, in verschiedenen Situationen und Rollen spezifisch sein zu müssen. Nicht zu sagen: Ein Ball fliegt ins Fenster. Sondern zu sagen: Ein etwa 2 kg schwerer brauner Lederball fliegt ins Fenster. Dann weiß das Gegenüber, um was es konkret geht, und der Spieler weiß, was als nächstes kommt." „Hast du dich in die Materie schon eingelesen?" Herr Pauly weiß, dass seine Frau als Bibliothekarin über ein breites Wissen verfügt und dieses stetig vertiefen möchte. Mit Ausnahme der Wissensbereiche Sport, Physik und Technik. „Nein, ich finde nur, dass das hier passt. Du kennst doch den Satz: Love it, change it oder leave it. Doch was ist dieses It oder Es? Du kannst nichts verändern, wenn du nicht weißt, was du verändern möchtest. Und du scheinst nicht genau zu wissen, wo sprichwörtlich der Hase im Pfeffer liegt." Herr Pauly schweift gedanklich zu selbstgemachten Spätzle mit Pfeffersauce ab – sein Lieblingsgericht. Seine Frau setzt weiter an: „Wenn du die Stellschrauben benennen kannst, wirst du diese auch drehen können. An wem und was es liegt es? Du kennst dich. Wo sind deine Anteile?" Herr Pauly fühlt sich in diesem Moment von der Vielzahl an unterschiedlichen Fragen überfordert. Er nimmt zur Beruhigung noch einen Schluck warmen Tee, im Stehen. Mit dem Griff nach seiner Tasche verabschiedet er sich von seiner Frau mit dem Ausblick: „Lass uns heute Abend in Ruhe sprechen." Sie nickt.

Emotionen seid willkommen

Die Bewegung an der frischen Luft tut gut. Ein Leben ohne Fahrrad ist möglich, aber sinnlos, denkt er in Memoriam an Vicco von Bülow und dessen so formulierter Liebe zu seinem tierischen Gefährten, dem Mops, weniger zu einem Gefährt. Charmant, würdevoll, gelehrig. Vieles davon war er einmal. Eine aktuelle Gemeinsamkeit mit dieser Hunderasse sieht er dennoch bei sich: Den allseits mürrischen Blick der vergangenen Monate. Er lacht. Na, da geht noch was. Wer lacht, hat noch Restenergie. Er strampelt wild in die Pedale. Körperliche Bewegung tut gut, gerade in depressiven Zeiten. Neben ihm taucht der Kollege Meyer auf. Aus dem offenen Fenster der Beifahrertür kling ihm eine lachende Begrüßung entgegen: „Na, Pauly? Strampelst du noch oder trittst du schon?" Lustig, denkt Herr Pauly, während er dem weiterfahrenden Auto des Kollegen, einem bordeauxroten Mittelklassewagen, wütend nachsieht. Er atmet die Abgase des Autos ein und beschleunigt seine Fahrt. Was ihn antreibt ist eine Mischung aus kanalisierter Wut und Rachegedanken. Vielleicht schütte ich dem Meyer, diesem Provokateur, heute mal meinen zweiten Kaffee über das karierte Hemd. Den zweiten Kaffee wohlgemerkt, der erste Kaffee des Tages ist zu kostbar. Oder vielleicht mache ich es auch nicht. Dieser Anflug von Aggression wird nur ein kurzer Gedanke bleiben. Selbstbeherrschung zeichnet mich aus, denkt er ideologisierend über seine gelebte Konfliktvermeidung. Die letzten Meter zum Gebäude tritt er noch einmal ganz besonders fest in die Pedale. Er beeilt sich, pünktlich an seinem Schreibtisch zu sitzen, um diesen ebenso pünktlich wieder zu verlassen, egal wer oder was kommt. Weil er es darf. Und weil er es will. Herr Pauly lebt diese Korrektheit als ein Ventil für Aggression. Vollkommen legitimiert.

Mehr Flexibilität

Auf dem Weg zu einem freien Arbeitsbüro grüßt er müde nach rechts und nach links. Sein Weg ist frei. Der vor vielen Jahren von einem Finanzinstitut gesungene Werbeslogan „Wir machen den Weg frei" wird für ihn durch den Wegfall der analogen Formularständer eingelöst. Seit das Amt auf ein elektronisches Meldesystem setzt, wird auch die Anzahl der Besucher, weniger liebevoll als pragmatisch „Steuerpflichtige" genannt, immer seltener. Und somit entfallen Besucherströme in den Fluren ebenso wie hermetisch geschlossene Zwischentüren in den einzelnen Abteilungen. Neu gewonnene zeitliche Kapazitäten, die für Trainings-on-the-Job, dem Lernen am Arbeitsplatz, genutzt werden. Denn neben den Routinetätigkeiten, derer das Finanzamt viele hat, geht es auch immer wieder um Herausforderungen, die schnell gelöst werden müssen. Ein Wandel der stetig zum Dauerzustand wird. Und dem soll die neue Architektur dienen.

Er sieht vor seinem geistigen Auge den Amtsleiter, Dr. Martin Meck, in einer Videokonferenz lächelnd referieren: „Melde- und Kommunikationsprozesse verändern sich. Zur Entschlackung, zur Beförderung der internen Kommunikation und, in der externen Kommunikation, zum Wohle des Bürgers. Und mit diesem Anspruch stellt sich für uns die Frage, wie die Steuerpflichtigen und die Verwaltung zukünftig noch mehr und bessere digitale Angebote nutzen können. Die relevanten Stichworte lauten: Sinnhaftigkeit und Effizienz".

So wurden nach den Sommerferien neue Räume geschaffen, die ein hohes Maß an Flexibilität und Zusammenarbeit ermöglichen sollen: Flexible Arbeitsbereiche. Es gibt keine festen Schreibtische mehr, jeder nimmt mit seinem Laptop dort Platz, wo gerade ein freier Raum ist. Adieu liebes Familienfoto auf dem Tisch, Adieu liebgewonnener Ausblick auf die Baumreihe gegenüber. Willkommen in der papierlosen Verwaltungswelt. Alles findet sich auf dem Laptop oder in den Archiven des Gebäudes wieder. Einziger Lichtblick: Eine Kaffeebar in der Mitte des Gebäudes, zwischen den Büroräumen. Stehtische und einige Barhocker laden zum kurzen Verweilen ein. Die Betonung liegt auf kurz. Wie war eines der relevanten Stichwörter: Ach ja, Effizienz. Man kommt also kurz ins Gespräch. Das wiederum dient der gewünschten internen Kommunikation über Erfahrungen und Perspektiven. Olaf, ein Kollege, der mit Herrn Pauly damals die Verwaltungsfachhochschule besuchte, klopft auf den Tisch: „Na, Kollegen, wie gefällt euch das?" Uschi, die brünette Mitvierzigerin, streicht gedankenvoll über die Tischdecke, als wolle sie schon im Vorfeld eine aufkommende Missstimmung beiseite wischen. Neben Herrn Pauly ist auch Julia, die Auszubildende, mit am Tisch. Ihr entweicht ein „Mega!". Das ist mehr als man erwarten konnte. „Fancy wäre stark untertrieben." Dabei schüttelt sie bestätigend ihre brünette Lockenmähne. „Wegen Überfüllung geschlossen. Mehr als vier passen hier nicht ran." Olaf wimmelt gerade den Langweiler von der Information ab, der sich mit seiner überdimensionierten Bürotasse, auf der mit roten Lettern „Große Pause" prangt, zu ihnen gesellen will. „Große Pause" und „Kurze Gespräche" scheinen ein gelebter Widerspruch zu sein. Und was war noch das Ziel dieses Ortes? Das Schaffen von Resonanzräumen. Und um die immer häufiger stattfindende Zusammenarbeit, auch mit dem externen Softwareentwickler, kontinuierlich zu verbessern, indem man sich gemeinsam fragt: Was wollen wir an Bewährtem beibehalten? Was wollen wir verändern?

Im wöchentlichen Turnus liegen auf jedem Tisch Papierdecken, auf denen Fragen stehen wie „Was können wir ersetzen? Was können wir verzahnen? Was können wir weglassen?" Interessant: Hier wird vermehrt die Frage nach der Qualifikation gestellt. Das ist nicht Herrn Paulys Herausforderung. Können kann er. Daneben liegen Stifte in blauer Farbe, die auch benutzt werden sollen. Zumindest sagt das die nette blonde Kollegin aus dem Vorzimmer von Dr. Meck. „Kreativität entsteht durch Anregung" scheint das Motto des Monats zu sein. Und manche aus dem Kollegium nutzen diese Möglichkeit als Form der Beteiligung an diesem Verwaltungs-Veränderungsprozess.

So ganz begriffen hat Herr Pauly die Idee noch nicht. Flexibilität scheint weit mehr als die Vereinbarkeit von organisationalen und individuellen Zielen.

Irgendwie hat er das Gefühl: Da kommt noch was. Die Folgen könnten schrecklich sein. Und irgendwie verändert sich auch sein Status. Herr Pauly spürt den Druck. Es scheint um mehr zu gehen, als um die geleisteten Dienstjahre und die effiziente Abwicklung von Vorgängen. Mit diesen

Ängsten ist er nicht alleine. Einige Junge und viele Silver-Ager, die mit ihrer Erfahrung und auch Gelassenheit zahlreiche Situationen aktiv mitgestalten und auch klären, teilen mit ihm diese Emotion. Und gänzlich altersunabhängig wirken Einzelne auf ihn flexibler und anpassungsfähiger als andere. Der älteste Kollege ist so alt wie die 50er Jahre Architektur des Gebäudes, dessen Struktur als Betonskelett zum Ausdruck kommt. Große Fensterflächen und eine nicht vorhandene Klimaanalage lassen in den heißen Sommermonaten Geruchsentwicklungen zu, die selbst den Bohner- und Papiergeruch übertreffen, der sich im Laufe der Jahrzehnte in den Mauern eingenistet hat.

Wie auch immer, diese Mischung aus gefühlt allem bringt ihn an die Grenzen seiner psychischen Belastbarkeit. Unangenehme Emotionen werden wach. Dagegen kämpft er an. Reine Kopfsache. Der Fokus ist gesetzt. Körperlich muss er sich ja hier nicht verausgaben.

Auch an diesem Tag zeigt er Durchhaltevermögen. Und das Essen in der Kantine schmeckt wie seit Jahrzehnten, in einer ausgewogenen Mischung aus Stampfkartoffeln, Currywurst und Hühnerfrikassee. Auch vegetarische und vegane Gerichte werden nachgefragt. Und doch wird es weiterhin deftige Mahlzeiten geben. Der Mensch braucht neben all der Innovation auch immer Stabilität, um sich sicher und handlungsfähig zu fühlen. Keiner weiß das mehr zu schätzen als Herr Pauly. Und während die heißen Pommes mit viel Ketchup seinen Mund erreichen, denkt er wehmütig an sein schönes Büro nebst Yuka-Palme zurück.

Auf dem Nachhauseweg passiert er den Bahnhof. Ein kleiner Umweg, aber eine Gewohnheit, die sich in seinen Augen lohnt. Er mag diesen Streckenabschnitt vorbei an den Stadthäusern mit großem Gartenbestand. Hier scheint die Zeit stehen geblieben zu sein. Eine Neigungsfahrt, nennt er das.

„Ob die Menschen, die hier an unserem kleinen Bahnhof aussteigen oder umsteigen, einen ebenso unbefriedigenden Arbeitstag erlebt haben?" Neugierig studiert er die Gesichter. Er findet es interessant, wie passiv deren Mimik wirkt. So als hätten alle in einer heimlichen Zusammenkunft vereinbart: „Sobald wir den Zug verlassen, machen wir ein unbeteiligtes Gesicht". Was interpretieren die Menschen bei mir? Und interessiert mich das wirklich? Habe ich den Mut, auszusteigen, umzusteigen? Herr Pauly erkennt zum ersten Mal seinen inneren Konflikt. Von einem Riesensprung, dem Verlangen, morgen einfach alles hinzuwerfen, ist er jedenfalls meilenweit entfernt. Oder doch nicht? Oder noch nicht?

Meine Richtung

„Stufen, Phasen, Stadien." Mal wieder mit Stichworten empfängt ihn seine Frau am Abend. Eine ihrer besonderen Eigenschaften ist es, aus einem Gesamtzusammenhang Aussagen zu treffen, die zum Nachfragen anstacheln. Er hat sich das Wundern abgewöhnt. Seine Frau ist eben anders. Und das ist auch gut so, denn ihr Anderssein hat Beständigkeit.

„Was meinst du?" Er erwartete erst einmal keine Antwort, während er sich der Fahrradkleidung entledigt und den Weg zur Dusche sucht. Seine Frau wünscht Dialoge mit ungeteilter Aufmerksamkeit: „Zwei Dinge auf einmal überfordern dich, als Mann."

Diese Erklärung findet er mittelmäßig. Herr Pauly mag grundsätzlich keine Pauschalisierungen. Das ärgert ihn. In Wahrheit mag seine Frau keine Gespräche über Etagen oder Räume hinweg. Das hat etwas mit Wertschätzung zu tun. Und die wünscht sie sich. Mehr noch: Das fordert sie ein. Auch für das Gespräch braucht es einen ordentlichen Rahmen.

Beim Abendessen stellt seine Frau demonstrativ mehrere Bücher auf den Tisch, in Frontalpräsentation, wie die verkaufstüchtige Buchhändlerin aus ihrer Lieblingsbuchhandlung zu sagen pflegt.

Piaget, Erikson, Kohlberg. „Aha". „Diese Phase in deinem Leben. Das ist Teil einer Entwicklung. Und die kollidiert manchmal mit den gesetzten Arbeitsformen". Wie überzeugt seine Frau über die rationale Auseinandersetzung Lösungen kreiert. Nur zu gut erinnert er sich daran, wie sie im dritten Jahr ihrer Beziehung, also nach der ersten Phase der Verliebtheit, die Partnerschaft einer Analyse unterzog, um sich so über die Tragfähigkeit eines gemeinsamen Lebens sicher zu werden. Damals fühlte er sich wie ein Projekt. Und das hat bekanntermaßen die charakteristische Eigenschaft, dass es ein klar definiertes Ende gibt. Und eine ergebnisorientierte Planung und Steuerung. Und sie war bereit, das Steuer zu übernehmen.

„Ich weiß.", gibt sie einschränkend und zugleich rechtfertigend zu, „dass die Erfahrung nichts bewirkt, wenn sie nicht auch reflektiert wird. Dabei helfen mir diese Modelle." Das kann er verstehen. Mit der Betrachtung von Chancen und Risiken ist das Vorhaben schnell erledigt. Als liebendes Paar haben sie alle Chancen. Das Risiko ist nur auf der Kostenseite einschätzbar, mit den jeweiligen Regeln, die vereinbart werden. Aber die Stärken und Schwächen? Sie wirken aufeinander und werden beeinflusst von der Haltung, der Persönlichkeit. Zu komplex, um es so zu denken. Und die individuelle Entwicklung des/der Einzelnen? Herr Pauly schüttelt noch den Kopf, wenn er an die Anfänge ihrer Beziehung denkt. Aus zwei eins machen? Wir haben uns schon sehr früh verständigt. Auf das, was wichtig war. Auch gemeinsam. Wir waren jung und ab einem Punkt auch entschlossen. Wir hatten Pläne und eine gemeinsame Verantwortung füreinander.

Herr Pauly sitzt sehr ruhig. Er denkt. Sinnlos. Er ist derzeit sehr unzufrieden in seinem Beruf. Und er weiß, dass das nicht immer so war. Sehr früh hat er sich für eine sichere Existenz entschieden. Finanzamt. Beamtentum. Natürlich im gehobenen Dienst der Steuerverwaltung. Gewissenhaft, verantwortungsbewusst und analytisch mit einer Freude an Zahlen und Struktur. Diese Sicherheit trug ihn durch die Jahrzehnte. Hier werde ich alt. Alles ist so vertraut. Und je komplexer die Welt sich da draußen verändert, je unsicherer alles wird, desto mehr zählen doch die Gewohnheiten, die dauerhaften Verbindungen und Rahmenbedingungen.

Und plötzlich gibt es diese veränderten Anforderungen in seiner Abteilung. Kein fester Arbeitsplatz mehr. Und diese Gespräche und Seminare über neue Arbeitsformen. Über mehr Selbstverantwortung und Zusammenarbeit. Für ihn bedeutet das, vertraute Pfade zu verlassen und die veränderten Anforderungen mitgehen zu müssen.

Planung vor dem ersten Schritt

„Was willst du eigentlich?", fragt Herr Pauly sich frustriert. „Was wünschst du dir?", unterbricht seine Frau sein Denken. So kann man es auch formulieren. Er erwidert bockig im Tonfall eines 8-jährigen: „Dass alles so bleibt." „Was soll bleiben?" Herr Pauly schweigt.

Seine Frau holt einen Bleistift und Papier. Ganz analog. Sie schaut auf die Uhr. „Musst du noch weg?", fragt Herr Pauly überrascht. Er fühlt, dass es jetzt in ihm arbeitet. „Nein". Wir setzten eine Übung um, die dir vielleicht Klarheit bringt. Du schreibst gleich einfach drauflos. 10 min. Grammatik und Rechtschreibung spielen keine Rolle, es kann verstichwortet, auch unzusammenhängend, sein. Wichtig ist, dass du schnell schreibst, nicht korrigierst, keine Pausen machst. Es geht um deine Gedanken und Gefühle, vollkommen unzensiert. Und wenn dir nichts einfällt, schreibst du einfach den Satz immer wieder, den ich dir jetzt sage: „Wenn ich an einen schönen Arbeitstag denke, dann sehe ich …" Herr Pauly nickt zustimmend. Das hört sich gut an, denn es richtet auch den Blick auf das, was ich habe, und was ich daran schätze. Das kann tatsächlich funktionieren. „Und was mache ich dann mit dem Text?" Seine Frau lacht: „Ich wollte schon immer wissen, was du dir tief in deinem Herzen wünschst. Nein, du kannst den

Text anschließend noch einmal überarbeiten. Die Inhalte sind wichtig nur für dich."

Das klingt nach einem guten Programm. Nach 10 min liegt das Schreibergebnis vor. Herr Pauly liest laut. Seine Frau kennt ihn. Er hat keine Geheimnisse. Gelebte Transparenz wie in einem guten Team. Und verborgene Sehnsüchte werden durch den Begriff „Arbeitstag" ja ohnehin nicht abgefragt. Stoff für die Paartherapie. Er lächelt gequält. Und ist beunruhigt. Denn der Text macht ihm bewusst: Es liegt an ihm. Die Erkenntnis wiegt schwer.

Schwer lässt sich auch der Korken aus der Flasche entfernen, die er nach der ersten Lektüre öffnet. Er gießt sich und seiner Frau den Weißburgunder in die dafür vorgesehenen Gläser. Wortlos prosten sie sich zu. Während seine Frau den kühlen Wein genießerisch nippt, nimmt er einen großen Schluck. Wie für diese Übung vorgesehen, extrahiert er nun aus dem Text all das, was ihn glücklich macht.

Klarheit, Ordnung, Prinzipien, das so lieb gewonnene, vertraute Umfeld.

Und er stellt dem gegenüber, was er für seine Tätigkeit braucht. Und vieles davon lehnt er ab. Das fühlt sich falsch an. Er ist nicht mutig, risikobereit, nicht initiativ oder spontan. Und noch weniger ist er bereit, sich auf einen Weg zu begeben, dessen Ende nicht bekannt ist.

Er hat doch nur den Wunsch, weiterhin den Arbeitsalltag so zu erleben, wie er ihn kennt. Er beobachtet seine Frau, die verträumt aus dem Fenster schaut. Never change a running system.

Ich kann, weil ich will, was ich muss

An der Tür klingelt es. Seine Frau öffnet und lacht laut und anhaltend. Der Besuch ist somit identifiziert: Es ist Schubert, der Nachbar von gegenüber. Seine Frau lacht immer, wenn Schubert etwas sagt. Der platteste Witz findet bei ihr Anklang. Er kann gut Witze erzählen. Oder einfach nur Sprüche machen. Und es freut ihn, dass er mit einfachen Floskeln andere amüsieren kann. Herr Pauly hört sich häufig sagen: „Stell dir vor, das hat Schubert gesagt. Da hättest du dich totgelacht." Ihm ist nicht zum Lachen zumute und im Moment ist er auch ein wenig genervt, denn gerade ist er so gut im Prozess über sich selbst. Seine Frau und Schubert betreten das Wohnzimmer. „Möchtest du eine Pause machen?" fragt die Gattin vorsichtig. Zu Schubert „Jetzt bist du schon mal da." Schubert nickt, lacht und schwenkt zwei grüne Bierdosen. Jovial schlägt er Herrn Pauly auf die Schulter. Seine Frau vereinbart gedanklich einen Osteopathie-Termin für ihren Mann, während dieser, nach kurzem Abwägen ob nun der Wein dem Bier oder das Bier dem Wein folgen darf, folgsam zu irischem Bier übergeht. Die Männer stoßen an, Frau Pauly hebt das Glas. „Jetzt bitte keinen Trinkspruch!" Während des Essens würde man nun von einer gefräßigen Stille sprechen. Gibt es einen vergleichbaren Begriff für den Trinkvorgang? fragt Pauly sich. Vielleicht „gesäufiges Glugsen?" Seine Frau opfert sich auf eine für sie angenehme Weise und leert nun auch das Glas Weißwein ihres Mannes. „Wovon brauchst du denn eine Pause, als Beamter? Warst du heute nicht auf der Arbeit?" Schubert lacht kernig. Als Marketingexperte eines internationalen Konzerns verhehlt er nicht das Bild des Beamten, das die Mehrheit der Nation zeichnet. Seiner Meinung nach ist das gelebte Realität. Und er spricht es aus. Herr Pauly runzelt die Stirn und seine Frau lacht nicht. „Ernsthaft, Schubert, ich denke darüber nach, was ich mir für meinen weiteren beruflichen Weg so wünsche." Etwas leiser und zu sich „Oder was ich brauche." Schubert nickt. „Ah, du schreibst an einer User Story!"

Herr Pauly sieht seine Frau an. „Nein!", korrigiert sie ein wenig belehrend. Es gelingt ihr dabei, den Ein-Wort-Satz wie einen zwei-seitigen Monolog klingen zu lassen. „Ecriture automatique." „Wie auch immer.", lenkt Schubert ein. „Inhaltlich vielleicht das gleiche. Über Wünsche und Bedürfnisse zu schreiben, ist auch Bestandteil der User Story, nur in einem anderen Kontext." Und dann erzählt Schubert von der agilen Technik, die Kundenwünsche und Anforderungen an ein Produkt in der Sprache des Kunden beschreibt. Ein Gewinn für alle, um Missverständnisse zu vermeiden. Und der erste Schritt hin zur Entwicklung eines Ergebnisses, das dem Kundenwunsch entspricht. Ja, sinniert Herr Pauly mehr als zufrieden mit der Vorstellung, sich als Kunde im eigenen Beruf zu sehen. Frustriert bricht er den kurzen Tagtraum ab. Das Finanzamt kennt Kunden als beteiligte Dritte, also die Kunden des selbstständigen Steuerpflichtigen. Schubert nimmt den Faden wieder auf. Er sieht sich als selbsternannter Experte für Lebensfragen in der Verantwortung. „Wonach dürstet es dich? Nach Erfolg? Erfolg sollte stets nur die Folge, nie das Ziel des Handelns sein." Das Ehepaar Pauly sieht ihn beeindruckt an. Herr Pauly nimmt einen großen Schluck Guinness, Schubert tut es ihm nach. „Nicht von mir, von Gustave Flaubert, hat meine Tochter gerade in der Schule gelesen. Klasse was?" Schubert lacht schallend während er sich im Rhythmus der unartikulierten Laute auf die Oberschenkel schlägt.

Herr Pauly lässt ab, für heute. Er gibt sich nun den neuesten Nachrichten aus der Nachbarschaft hin und genießt kurz die Leichtigkeit. Gegen Mitternacht verabschiedet „Mann" sich bierselig an der Haustür. Schubert stützt sich plötzlich schwer auf den Schultern von Herrn Pauly ab: „Michael …", nuschelt er, „egal was du vorhast. Denk an den Frauenchor." „Du sprichst in Rätseln mein Freund.", murmelt Herr Pauly und mustert seine Frau, die wieder mal über Schuberts Aussagen lacht. „Warum ist sie bei ihm so unkritisch und leicht zu erheitern?", denkt Pauly und schließt ärgerlich die Haustür. „Ach, komm." Seine Frau nimmt ihn versöhnlich an der Hand und zeigt auf ihr Handy. Sie tippt und plötzlich erklingt eine Musik, die Herr Pauly schon mal irgendwo gehört hat. „Nein, ich will nicht tanzen!", hört Herr Pauly sich sagen. „Das ist zum Hören.", korrigiert seine Frau. „Ich hab den Tag auf meiner Seite, ich hab Rückenwind! Ein Frauenchor am Straßenrand, der für mich singt! Ich lehne mich zurück und guck ins tiefe Blau, schließ' die Augen und lauf einfach geradeaus". „Ah, das ist gemeint." Frau Pauly lächelt. „Du kennst doch den Hit von Peter Fox. Das ist der ultimative optimistische Blick in die Zukunft. Übrigens werde ich das gerne übernehmen. Die lobenden Worte am Straßenrand, meine ich." Seine Frau umarmt ihn fest. „Und ich lauf geradeaus, immer weiter.", antwortet Herr Pauly nickend. Er ist glücklich. Jetzt, in diesem Moment.

Es wird funktionieren

Am nächsten Tag ist der Euphorie des Vorabends einer Ernüchterung gewichen. Mit dem ersten Augenaufschlag spricht Pauly unzensiert zur Zimmerdecke: „Ich habe eine so lückenlose Erwerbsbiografie." „Was?" murmelt seine Frau neben ihm. Es ist Wochenende. Sie liegt noch. Und wartet auf seinen Einsatz: Den Kaffee mit einem Schuss Milch, direkt an die Bettkante. Er wendet sich ihr zu: „Eine klassische Leiter-Karriere, wenn man in einer Behörde von so etwas sprechen kann." „Eigentlich mehr die Klaviatur der Vorhersehbarkeit.", murmelt seine Frau. „Und bringst du mir meinen Kaffee, Herr Karrierist?" Sie hat Humor. Das hilft. Und das Wochenendprocedere ist Teil einer Vielzahl von Absprachen. Für Herrn Pauly eine gelebte Gemeinsamkeit. Das Ritual als eheerhaltende Maßnahme.

Herr Pauly liegt und atmet schwer. „Ich will, aber ich kann nicht.", stellt er resigniert fest. Seine Frau klatscht in die Hände. „Eine gesunde Selbsteinschätzung ist bereits ein Schritt, Veränderung beginnt auch im Kopf." Ihr morgendlicher Applaus gilt dem ersten Schritt, denn dieser hat bereits einen Wert.

Streitkultur hilft

Herr Pauly ärgert sich. Leise. Nörgelnd zieht er an diesem Samstagmorgen seiner Wege. Denn wieder fühlt er sich unverstanden. Er hat doch klar gemacht, dass er das alles nicht will. Und seine Frau wirkt auf ihn wie eine Antreiberin, ebenso wie Dr. Meck mit seinen neuesten Visionen. Seine Frau hat auch Visionen. Soll man damit nicht zum Arzt gehen? Wer sagte das noch? Ach ja, Altkanzler Helmut Schmidt. Auch so ein ganz sachlicher Verwaltungs-Typ. Seine Frau jedenfalls konfrontiert ihn über den Tag hinweg immer wieder mit seiner eigenen Unzulänglichkeit. Verbissen wie ein Terrier stellt sie ihm geradezu nach. Gerne würde Herr Pauly um Hilfe rufen. Oder nach seiner Mama. Stattdessen flüchtet er wie ein waidwundes Reh. Er ist konfliktscheu. Ein Vermeider oder auch ein zur Unterlassung neigender Zeitgenosse. Der den Raum verlässt, wenn die Luft unsachlich wird und sich emotional auffüllt. Hier sieht er keine Lösung. Auf der Sachebene beharrt er auf Verordnungen und Prinzipien. Mit ein Grund, warum die Auseinandersetzungen mit seiner Frau vergleichsweise angenehm sind. In den vielen Jahren ihrer Ehe hat sie sich angewöhnt, auf der Sachebene zu streiten. Sie ist so ein lösungsorientierter Konflikttyp. Und dem kann er eigentlich auch immer gute Argumente entgegensetzen. Nur nicht heute. Er fühlt sich in einem Dilemma. Hier nützt auch kein Faktenwissen.

Und da steht sie plötzlich vor ihm: Seine Frau, die fleischgewordene Erinnerung an seine eigenen Stärken. Denn er weiß, dass eine Kultur der Auseinandersetzung viele gute Ideen, auch im Umgang mit dem Sohn, hervorgebracht hat. Und er widerspricht in dem Punkt, dass ein Konflikt immer auch emotional geführt werden muss. Und im scheinbar unausweichlichen Gespräch mit seiner Frau erkennt er: Dieses Wissen hilft ihm heute, im Umgang mit dem Kollegium oder den Vorgesetzten. Denn die Veränderung fordert genau das: Setze dich auseinander! Fördere die Innovation durch eine gelebte Streitkultur! Nicht alle Anteile seiner Persönlichkeit scheinen den neuen Arbeitsformen zu widersprechen. Und das ist ein Lichtblick und ein weiterer Schritt, der ihm wieder neue Handlungsmöglichkeiten bietet.

Auf Los

„Was kann denn im schlimmsten Fall passieren?" Herr Pauly lacht leicht verzweifelt, denn seine Frau legt den Finger auf die Wunde. Mehr noch, sie bohrt darin herum. „Was?" Er weiß selbst: Das Denken in worst-case Szenarien hilft nur dann, wenn dieses einer bedarfsgerechten Planung dient und eben nicht als emotionalisierte Verhinderung missbraucht wird. Und das tut er, nahezu ausschließlich. Lieber den Spatz in der Hand als die Taube auf dem Dach. Das ist sein Lebensmotto.

Er nimmt noch einmal die Liste in die Hand, die an dem Abend der Schreibübung entstanden ist und jäh durch Schubert und dessen Bieroffensive unterbrochen wurde.

Er ist schon lange dabei. Quasi ein Faktotum der Finanzbehörde. Fachlich macht man ihm nichts vor. Er versteht sein Metier und findet es sogar spannend. So hat er sich im Laufe der Jahrzehnte viel Wissen angeeignet, das ihn heute zum gefragten Experten macht. Auch mit den Mitmenschen und im Kollegium läuft es gut. Sie respektieren ihn in dieser Fachlichkeit. In der zwischenmenschlichen Begegnung muss er sich häufig ärgern. Und stößt mit seinen durchdachten Ideen schon mal an Grenzen. Teamarbeit ist eher anstrengend. „Mit der Toleranz haben Sie es nicht." So der Wortlaut eines ehemaligen Vorgesetzten.

Herr Pauly ist überzeugt, dass man ihn im Kollegium nicht wirklich kennt. Denn er zeigt sich nicht, reißt sich buchstäblich zusammen.

Am darauffolgenden Abend steht Schubert, dieses Mal mit leeren Händen, vor seiner Haustür. „Veni, vidi, vici. Komm, wir gehen in den Biergarten." „Ob das so eine gute Idee ist?", setzt sich Herr Pauly eher kraftlos zur Wehr. „Ich muss morgen wieder früh raus." „Du weißt erst morgen, ob die Idee gut war. Geplant habe ich schon mal 2–3 kühle Helle". „Mal sehen." „Wir müssen es nur tun, dann prüfen wir, wie es uns morgen geht und dann handeln wir entsprechend – also im Sinne einer Kopfschmerztablette." „Ich weiß nicht." Herr Pauly windet sich. Schubert lacht ihn ermunternd an. „Wenn du keine Lust mehr hast, gehen wir sofort. Versprochen." „Na gut." Herr Pauly schnappt Geldbörse und Schlüssel. Seine Frau hat heute ihren Mädelsabend. „Übrigens lernst du gerade den Standardzyklus für Iterationen im agilen Vorgehen kennen." Herr Pauly schüttelt unwillig den Kopf. Was auch immer das ist. Mit Zyklen, insbesondere den weiblichen, hat er bis dato nur schlechte Erfahrungen gemacht.

Auf dem Nachhauseweg kennt er ihn auswendig, den Standardzyklus. Mit erhobenem Zeigefinger und kichernden Nebengeräuschen ruft er allen bereits schlafenden Bewohnern des Straßenzuges entgegen: „Planen, Tun, Überprüfen, Handeln. Kann ich! Jawoll! Kann ich!" Beinahe liebevoll hakt er sich dabei bei seinem Nachbarn unter.

Der nächste Morgen hält, was zu erwarten war. Die Kopfschmerztablette liegt bereit. Und er erinnert sich bruchstückhaft an den gestrigen Abend mit einem wie immer vor Selbstbewusstsein strotzenden Schubert und einem noch selbstbewussteren Künstler, der sich locker zu ihnen an den Tisch gesellt hat. Mit einem seltenen Namen. Irgendwas mit Q. Quentin? Vergessen. Jedenfalls ein quirliges Kerlchen, so hat Schubert ihn nach der Verabschiedung bezeichnet. Ein Theatermacher, der die kurze feuchtfröhliche Begegnung dazu nutzte, immer wieder kleine Szenen zu spielen, mit der Bedienung, mit Schubert und am allerliebsten mit sich. Seine Stimmvariationen waren schon beeindruckend. Schubert lachte sich schlapp. Naja, das hätte seine Frau wohl auch. Ihm war das Ganze eher unangenehm. Dieser selbsternannte Künstler vollendete seine Ausführungen häufig mit dem abmoderierenden Halbsatz: … kann die Kunst. Oder auch wahlweise im Brustton der Überzeugung: … kann ich.

„Ich kann auch. Ordnung und Struktur. Und ich habe mein Know-how und Potenzial. Und es kann so viel passieren. Wenn ich nun doch scheitere? Warum soll ich mich darauf einlassen? Ich bin nicht sicher. Lieber noch einmal darüber nachdenken. Oder ich spreche noch einmal mit Herrn Dr. Meck".

Dieser ist telefonisch erst nach einigen Tagen erreichbar. Auch so eine Herausforderung, die Unerreichbarkeit des Vorgesetzten. Wenn man sich dann schon mal ein Herz gefasst hat. Nun ist die Gelegenheit. Mit dem selbstmotivierenden Satz „Wer spricht, dem kann geholfen werden.", beginnt Herr Pauly seine Herausforderungen mit den Veränderungen zu schildern, immer wieder zweifelnd und nachdenkend und so durch zahlreiche Gesprächspausen unterbrochen. Dr. Meck hört zu und antwortet in seiner gewohnt pragmatischen Art: „Ja, Herr Pauly, die Zeit ist reif. Jetzt braucht es etwas Anderes."

Was er damit meine, möchte Herr Pauly wissen. Er ist froh, dass er sich traut, seine Bedenken offen auszusprechen.

„Einen sensibleren Umgang mit Annahmen. Mensch, Pauly, ihr Faktenwissen hilft Ihnen ja, aber es braucht auch vermehrt Aufmerksamkeit für das, was sich verändert. Schauen Sie hin, mehr noch, nehmen sie wahr. Und vor allen Dingen: Entscheiden Sie! Das ist Planungsgeschick, das brauchen wir jetzt."

„Ich will ja, schon."

„Machen Sie mal, Pauly, machen Sie mal!" Es klingt schon ein wenig aufmunternd. Pauly spürt den guten Willen des Vorgesetzten. Und er spürt auch die Freiheit, die ihn ängstigt.

Wie sagte gestern noch dieser Quirin, auf die Frage, ob man von der Kunst leben kann und was ihn antreibt immer weiter zu machen: „Wer sein Leben in die eigenen Hände nimmt, sollte sich auch selbst motivieren können."

„Geh los!" Er hört genau hin. Ja, mit dem, was ihm möglich ist. Und er versucht, dabei zu sein. Ein Teil der Veränderung zu sein. Und mit dem ersten Schritt hält er in der Bewegung inne. Und entschließt sich zu einem Babyschritt. Ein Anfang. Immerhin.

Interview mit dem Finanzbeamtem Michael Pauly

Journalistin   Was gibt Ihnen Halt im Leben, Herr Pauly?
Pauly   Familie, Freunde, der Beruf, ein vertrautes Umfeld und Sicher-
                heit natürlich, wie bei jedem Menschen? Sicherheit ist doch
                das wichtigste, oder?
Journalistin   Gibt es denn für Sie neben der Sicherheit auch ein Bedürfnis
                nach Freiheit, mehr noch- Abenteuer?
Pauly   Ich verstehe die Frage nicht. Ich bin doch frei. Ein Beruf, der
                mir so viel Sicherheit bietet, gibt mir die Möglichkeit, so zu
                leben, wie ich das möchte. Ohne existentielle Ängste. Ich
                bewege mich im sicheren Terrain, mit klaren Handlungsvor-
                gaben. In diesem Punkt hat sich seit meiner Kindheit wenig
                verändert.
Journalistin   Mussten Sie im Leben schon einmal größere Veränderungen
                bewältigen? Vor welchen Weichenstellungen standen Sie
                dabei?

Pauly	Da bin ich in guter Gesellschaft. Jeder sucht sich irgendwann mal einen zu ihm passenden Partner und wählt einen Beruf, der ihm gefällt. Also die meisten jedenfalls. Natürlich hat man Träume vom idealen Partner, vom Traumberuf. Dann ist man aber in der Situation, immer einen ersten Schritt zu machen, ohne genau zu wissen, wie es weitergeht. Und ständig die Unsicherheit, dass man das nie so genau weiß. Es ist eben nicht alles planbar bis zum Ende. Das ist die Crux. Es hilft mir nur, von Entscheidung zu Entscheidung zu gehen und weniger, das Ziel zu weit im Voraus zu definieren. Menschen verändern sich. Umstände verändern sich. Und immer gehört natürlich auch ein Quäntchen Glück dazu, den passenden „Deckel" zum eigenen Topf finden. Wenn ich das mal so formulieren darf. Ein erster Schritt birgt immer ein gewisses Risiko. Aber ohne den ersten Schritt kommt man nirgendwo hin und schon gar nicht irgendwo an.
Journalistin	Was wäre für Sie persönlich die Glückformel, wenn Sie sie erfinden könnten?
Pauly	Glücklich macht mich ein sinnerfülltes Leben. Mit den Menschen und den Aufgaben, die mir wichtig sind. Ja, tatsächlich habe ich dafür eine Formel gefunden: Ziel mal Ordnung plus Harmonie
Journalistin	Das müssen Sie mir erläutern!
Pauly	Ich weiß, dass ich manchmal meine Ziele überdenken muss, um weitergehen zu können. Damit ich eine Richtung habe. Zu wissen, welchen nächsten Schritt ich nun gehen muss. Das muss ja eine Ordnung haben. Sonst wird alles chaotisch. Meine Weiterentwicklung hat aber auch wieder etwas mit der Zufriedenheit der Menschen zu tun, die um mich herum sind, die mich lieben, denn auch das macht mich glücklich. Es ist halt komplex. Aber ohne einen ersten mutigen Schritt passiert ja gar nichts. Insofern muss man sein Glück auch aktiv suchen.

Blick auf Ihr Navi

Entscheidungen werden intuitiv oder auch rational getroffen. Ein sensibler Umgang mit Annahmen und ein entsprechendes Wissen über die Aufgabe, den Kontext, ermöglicht Planen nach Bedarf. Nach der Planung ist vor der Planung. Im Anschluss sollte eine Prüfung folgen. Nachdenken über eigenes Handeln macht selbstsicher und lässt die nächsten Schritte immer spezifischer werden. Man muss wissen, wo die Reise hingehen soll und was das mit einem selbst zu tun hat.

- Mögen Sie es, flexibel sein zu dürfen?
- Welche Ziele haben Sie?
- Was brauchen Sie?
- Wissen Sie um ihre Alternativen?

Weiterführende Literatur

Ebert, G. (1999). *Improvisation und Schauspielkunst. Über die Kreativität des Schauspielers* (4. neu bearbeitete). Henschel.

Kahnemann, D. (2014). *Schnelles Denken, Langsames Denken.* Siedler.

Riemann, F. (2009). *Grundformen der Angst.* Reinhardt.

Kapitel 2 – Teststrecke

Quirin Lieberknecht wacht schweißgebadet auf. Es ist 16:45 Uhr. In der weitläufigen Altbauwohnung, ehemals großbürgerlicher Repräsentationsraum des neuen Geldes, ist es ruhig. Die Mitbewohner sind entweder noch auf der Arbeit oder im Homeoffice fleißig. Das letzte Bier, das er mit den beiden netten Jungs, mehr gestandenen Männern mit einem Hang zum Konservativen, gestern Abend im Biergarten getrunken hat, muss wohl schlecht gewesen sein. Hat nicht einer von denen über die kurze Haltbarkeit von Bier referiert? Und über die Abzugsfähigkeit von Bewirtungskosten? Was für ein Abend! Er stöhnt leidvoll.

© Der/die Autor(en), exklusiv lizenziert durch Springer-Verlag GmbH, DE, ein Teil von Springer Nature 2022
V. List und S. Parker, *Wie ich mich entscheide, wenn ich mich nicht entscheiden kann*, https://doi.org/10.1007/978-3-662-64621-2_2

Wie gerne hätte er jetzt, dass jemand in sein Zimmer kommt und nach ihm sieht. Früher war das seine Mutter gewesen. Dieses familiäre Kümmern vermisst er manchmal. Und doch war es genau das, was ihn bewog, damals von zu Hause auszuziehen. Weg von der Kleinstadt in Großstadtnähe mit der überbordenden sozialen Kontrolle. Die Enge erdrückte ihn. Darüber hinaus litt er in diesem Sozial-Kokon unter seiner Fähigkeit, alles um ihn herum sehr genau wahrzunehmen, oft bis in kleinste Details. Über seine exakte Wahrnehmung hinaus war und ist er auch noch in der Lage, sich die gesehenen Dinge und Vorgänge recht genau zu merken und diese, irgendwann später, auch sprachlich in ähnlich getreuer Weise wiedergeben zu können. Mündlich und schriftlich. Unverzichtbare Kompetenzen für Künstler sind quasi in seinen Genen bereits angelegt. Aber auch im Alltagsleben kann diese Fähigkeit durchaus von Vorteil sein.

Jetzt lebt er die Freiheit. Keine dichte soziale Kontrolle mehr. Sich nicht mehr ständig rechtfertigen zu müssen für Dinge, die nicht in das enge Schema dieser kleinbürgerlich und dörflich anmutenden ‚Idylle' passen. Jetzt Großstadtanonymität, Großstadtdynamik, individuelle Freiheit und, ja, leider auch Selbstverantwortung.

Das letzte ist es, was nun auf ihn zurückschlägt. Keiner da, der sich um ihn kümmert. Jeder guckt erstmal auf sich selbst. Das ist die Crux von Freiheit. Alles muss man selber machen. Selber! Und letztlich auch verantworten. Einen unschätzbaren Vorteil hat die Freiheit aber. Sie ist unabdingbar für die Kunst. Ohne Freiheit keine Kunst. Keine Kultur. Keine Menschlichkeit. Wären seine unzähligen künstlerischen Projekte, Aktionen und Auftritt möglich gewesen ohne diese grenzenlose Freiheit? Eine Existenz als freischaffender Künstler? Einen Lebenstraum verwirklichen? Nein! Aber er ist mit seinen teilweisen provokativen Präsentationen auch angeeckt. Soll nicht Kunst genau das bewirken? Als Stachel im Fleisch der menschlichen Schwächen und Trägheit? Allerdings kann man sich auch schnell mal verlieren im Reich grenzenloser Freiheit. In Beliebigkeit. Der Übergang zur Fantasie ist ja fließend. Und zum Spinnertum. Diese Grenze sollte man nicht überschreiten. Jedenfalls nicht so oft. Dann verliert man den Bezug. Den zu den Menschen und als Künstler zum Publikum, seinen Kunden. Und darum geht es doch letztlich.

Warum kommt bloß keiner in sein Zimmer und fragt, was los ist, wie es ihm geht, ob man was für ihn tun kann? Wie gern fantasierte er jetzt, dass Mama oder die neue nette Mitbewohnerin aus Ghana seine Zimmertür aufmacht, vorsichtig den Kopf durch den Spalt steckt und fragt, ob er Lust auf einen Tee habe und es gebe auch frisch gebackenen Kuchen. Seinen Lieblingskuchen. Wunschgedanken helfen nicht.

Stattdessen kommen in einer zweiten Welle die Erinnerungen an die verquasten Träume zurück, an die er sich jetzt nur noch bruchstückhaft erinnern kann. Was ist das für eine Rektum-Fantasie gewesen? Diese Geister aus dem Unterbewusstsein, die doch auch eine starke Inspirationsquelle für Künstler sind. Im Schlaf werden sie ihrer Fesseln beraubt.

Ja, Quirin Lieberknecht will sich im Alltag keine Gossensprache mehr erlauben, von wegen ,Scheiß'-Welt, und ,im Arsch'. Er sucht in Sprachveredelungen wenigstens einen kleinen Halt. Also nicht mehr ,scheiß'-Traum, sondern eben ,Rektum-Fantasie'. Das klingt irgendwie nach mehr, nach etwas Anständigem. Künstler machen ja aus Fantasie etwas, das sie präsentieren können. Broker machen aus ihren Reichtumsfantasien Geld. Sie bezeichnen das als individuellen Erfolg. Quirin versucht eine Abgrenzung: Wir nennen das Produkt unserer Fantasie gesellschaftliche Kunst und Kultur. Das Unbewusste und das Unterbewusstsein sind die Freunde der Kunst. Da liegen die eigentlichen Wahrheiten verborgen. Während die Habgierfantasien stammhirngesteuert sind. Nicht umsonst wird das Stammhirn ja umgangssprachlich auch Reptilienhirn genannt.

Im Unterbewusstsein lagern die verdrängten, die vergessenen und auch die verlogenen Wahrheiten. Und im Traum wollen sie sich Zugang zum Bewusstsein verschaffen, über die Erinnerung an diesen. So ist es doch, spricht sich Quirin selbst Mut zu. Wir Künstler sind aufgerufen, nach der Recherche und genauer Beobachtung unserer Umwelt und uns selbst, in einem ersten Schritt erstmal uns, als Person, und dann unser bisheriges Ergebnis, den Zuschauenden zu präsentieren. Letztlich geht es doch darum, so Quirin in seinem inneren Morgenmonolog, eine Antwort auf die Frage zu geben, was Menschen irgendwie helfen kann, sie irgendwie menschlicher macht. Wir sind doch die Seismographen der Gesellschaft.

Quirin denkt wieder an seinen Traum. Darin versucht er verzweifelt, einen Schritt nach dem anderen zu machen, er bewegte sich aber nicht von der Stelle. Fühlt er sich etwa ausgebremst? Gar blockiert? Immer dann, wenn es Quirin schlecht geht, neigt er dazu, sich in langen Monologen selbst Mut zuzusprechen. Er hat auch stets gute Argumente. Das Monologisieren ist ja außerdem eine gute schauspielerische Übung, so eine seiner weiteren Selbstrechtfertigungen.

Freiheit heißt Verantwortung

Es klopft ganz vorsichtig an seine Zimmertür. Quirin Lieberknecht ist überrascht. Warum eigentlich? Er schweigt in Schockstarre. In der WG gibt es die Absprache: Tür zu heißt, will nicht gestört werden bzw. anklopfen vor eintreten. Seit er hier wohnt, hat noch nie jemand angeklopft. Gut, seine Tür steht ja auch meistens offen, wenn er zu Hause ist. Es klopft noch einmal, ein wenig lauter.

Quirin mit belegter Stimme: „Ja?"

„Hi!", kommt es durch den Türspalt, und der Kopf von John Prexter schiebt sich langsam durch die Öffnung. Er ist gebürtiger Engländer, lebt aber schon lange in Deutschland, hat vor kurzem seinen Job verloren und sucht verzweifelt nach einer neuen Erwerbsquelle. Quirin mag John sehr, insbesondere seinen englischen Humor, den er trotz jahrzehntelangen Aufenthaltes in Deutschland offensichtlich nicht verloren hat.

„Ich habe mir einen Tee gemacht. Hast du Lust auf eine Tasse?"

Quirin möchte am liebsten aufspringen und John umarmen, bremst sich dann aber ein, er fühlt noch den nächtlichen Traumschweiß auf seiner Haut, und sagt nur: „Gern! Komm, setz dich zu mir."

Quirin ist froh für den Mama-Ersatz. John ist froh, nach dem Schreiben von acht Bewerbungen, jemandem zu erzählen, wie ihn seine Situation im Moment nervt. Da haben sich zwei gefunden. Ob das gut geht?

Es geht gut. Quirin weiß, dass er als Künstler zu allererst Menschen zuhören muss. Und John weiß, dass ihm bei der momentanen Arbeitsmarktlage eher Kontakte helfen, einen Job zu finden, als offizielle Bewerbungen. Er weiß auch, wie wichtig es bei einem Vorstellungsgespräch ist, sich angemessen zu präsentieren. Wenn man es einmal geschafft hat, eingeladen zu werden. Und Quirin hat ihm da schon mal ein paar gute Tipps gegeben. Künstler sind ja quasi die eigentlichen Experten in Bezug darauf, etwas wirkungsvoll präsentieren zu können. Ausgenommen die so genannten Marketing-Fuzzys. Aber deren Methoden und Konzepte lehnt John ab. Sie sind ihm einfach zu manipulativ, und er kann es vor seinem Gewissen nicht verantworten, ein äußerst lukratives Angebot anzunehmen, obwohl er das gut gebrauchen könnte. Er sollte mal Verkäufer schulen. Im Klartext: Er sollte in diesen Verkaufsschulungen den Teilnehmenden die Gesprächs- und Verhaltenstechniken beibringen, die ihnen helfen, schnelle Abschlüsse zu bewirken. Nein, nein und nochmals nein! Nicht mit ihm. Dafür gibt es sich nicht her. Das ist Missbrauch der Rhetorik und der Präsentationskunst.

Die beiden WG-Bewohner geraten in regen Austausch miteinander. Die Zeit verfliegt. Die Dämmerung legt sich über die Stadt.

Unsicherheit und der ganze Rest

Noch bis spät in die Nacht sitzen die beiden zusammen und reden. Agita, die neue Mitbewohnerin, hat sich inzwischen zu ihnen gesellt. Sie lenkt das Thema in eine neue Richtung und provoziert mit der Frage, wie die in schnellen Schritten voranschreitende Digitalisierung das Zusammenleben verändern wird. Ob eine digitalisierte Gesellschaft eher Vorteile oder Nachteile habe. In ihrem Informatik-Studium gebe es jetzt neue Module, die sie faszinierten, z. B. eines, da gehe es um Ethik und Digitalität. Damit habe sie sich noch nie beschäftigt. Sie interessiere in erster Linie das Programmieren, KI und Quanten-Physik. Die Frage nach der gesellschaftlichen Wirkung beginne sie aber genauso brennend zu fesseln.

„In meinem Heimatland, in Ghana", so fährt Agita fort, „wird die Digitalisierung gerade massiv vorangetrieben, wie in etlichen Nachbarländern auch. Das bietet enorme Vorteile für viele Menschen. Die können jetzt einfacher miteinander kommunizieren, Geld direkt mit dem Handy überweisen und so weiter. Auch Kunst- und Kulturschaffende haben ganz andere Möglichkeiten, sich zu präsentieren. Klar, wir können uns nicht, noch nicht, so präsentieren, wie ihr in den fortgeschrittenen Industrieländern."

„Das sehe ich auch, und diese Entwicklung ist sehr spannend.", entgegnet Quirin. „Vor allem finde ich erst einmal beeindruckend, wie offen sich viele Menschen in deinem Heimatland diesen neuen Dingen zuwenden und einfach mal machen. Einfach erste Schritte gehen und eigentlich noch gar nicht wissen, wo die Reise genau hingeht. Erstmal machen und dann gucken und die Erfolge sehen und dann entscheiden, wie es im nächsten Schritt weitergehen soll."

„Darin sehe ich aber auch eine große Gefahr.", wirft Agita ein, löst ihre Haarspange und schüttelt ihre pechschwarze Mähne. „Wir werden wieder kolonisiert. Jetzt natürlich auf höchst moderne Art. Die großen Konzerne der Industriestaaten durchdringen jetzt auch bei uns wie Kraken das gesamte Leben. Und keiner merkt es. Und wir werden wieder von euch abhängig gemacht. Genau deshalb will ich mein Studium hier auch so schnell wie möglich abschließen und zurück in mein Heimatland gehen, auch wenn es mir hier gut gefällt, bei euch."

Sie schmunzelt und wirft jedem der Männer einen kurzen aber eindringlichen Blick zu.

„Ich will helfen, bei uns eigene Strukturen aufzubauen, eigene Ausbildungswege, Unis, Start-Ups gründen und verhindern, dass, wie bei euch hier, große Privatkonzerne den öffentlichen Diskurs bestimmen können, weil sie in absolutistischster Weise die Algorithmen entwickeln und geheim halten. Nein, es muss von Anfang an größtmögliche Transparenz und demokratische Kontrolle herrschen."

„Wow! Das ist jetzt aber ein Statement! Natürlich hast du vollkommen recht. Du solltest unbedingt in die Politik gehen.", beklatscht sie John.

Agita lacht ihr herzhaft lautes Lachen.

„Und eine Uni gründen und eine eigene zitierfähige Online-Quelle, also eine besseres Wikipedia programmieren und in Schulen unterrichten und zum Mond fliegen … klar! Mach ich alles! Kann ich alles! Und gleichzeitig! Bin ja schließlich eine Frau!"

Alle lachen herzhaft und beschließen diese illustre Nacht nicht zum Tag werden zu lassen. Man schleicht sich in sein Zimmer zurück, bis auf Quirin, der nun endlich seine längst überfällige Dusche nimmt. Keiner der drei kann an diesem Tag sofort einschlafen. Die Gedanken kreisen noch lange um das inspirierende Gespräch über Kontinente hinweg.

Entwicklung Schritt für Schritt

Das Wochenende in der WG beginnt mit einem gemeinsamen Frühstück. So ist es abgesprochen und gehört zur Verfassung dieser Kleingesellschaft. Einem sehr späten gemeinsamen Frühstück. Einem sehr sehr späten nahezu gemeinsamen Frühstück. Es beginnt selten vor 15.00 Uhr und startet nie mit allen gleichzeitig. Diese Freiheit nimmt man sich dann doch. Es fühlt sich auch keiner veranlasst, die Verfassung der WG zu ändern. Es gab zahlreiche Versuche mit anderen Frühstücksvarianten, nach dem Motto ‚Probieren geht über Studieren'. So bewegte man sich schließlich experimentierend von Versuch zu Versuch. Gelandet ist man am Ende bei der aktuellen Variante der WG-Verfassung.

Nach wie vor steht dort: Gemeinsames Frühstücken am Wochenende. Mehr nicht.

In einer der zahlreichen frühen Diskussionen über die Ausführungsbestimmungen der WG-Verfassung hat Jan, ein Jurastudent, das folgende Argument in die Runde geworfen: „Das Grundgesetz der Bundesrepublik

Deutschland ist ja auch nur in einem ersten Schritt geschrieben worden, und man wollte später, irgendwann einmal, daraus eine Verfassung machen. Artikel 146. Das war die Vision, das langfristige Ziel. Das Grundgesetz war somit das erste präsentierte Ergebnis einer politischen Entwicklung. Und erst einmal vorläufig gedacht."

Inge, die eher im linken Spektrum anzusiedelnde Parteigenossin, bezieht sich in ihren Ausführungen immer wieder auf das Wohl der Allgemeinheit. Das war auch einer der großen Streitpunkte in der Entwicklung der WG-Verfassung.

Pascal runzelt die Stirn: „Unsere WG-Verfassung war und ist doch nicht in Stein gemeißelt. Da kann man immer wieder drüber sprechen."

Jan, der zukünftige Volljurist, lacht und sagt: „Ja, und selbst das Grundgesetz kann geändert werden. Naja, und ein sehr wichtiger Teil unterliegt tatsächlich der so genannten Ewigkeitsgarantie. Aber nur ein Teil eben. Die anderen Artikel wurden erprobt und auch immer wieder den gesellschaftlichen Bedarfen angepasst."

Inge: „Das hört sich ja super an. Doch wir wissen alle, dass diese Bedürfnisse leider zu häufig nur die Interessen Einzelner abbilden."

Die rote Inge, so wird sie liebevoll in der WG genannt, ereifert sich dermaßen, wenn sie sich empört, dass in der Wohn- und Lebensgemeinschaft kurz betroffene Stille herrscht. Natürlich ist ihre Argumentation zumeist so stichhaltig, dass man nichts dagegen sagen kann. Aber was sollen sie schon tun? Diese Frage stellen sich die Bewohner der Sieben-Zimmer-Großbürgerwohnung im Viertel der gehobenen Mittelschicht nicht mehr. Warum? Weil dann eine noch flammendere Rede und ein Aufruf zur politischen Arbeit folgt. Viele politische Schulungen zeigen Wirkung. Überzeugend präsentieren, das kann die rote Inge. Das wissen alle. Keiner will es noch einmal hören, auch wenn in letzter Zeit der Part mit dem revolutionären Umsturz nicht mehr vorkommt. Tja, einen Schritt nach dem anderen, das sickert wohl auch so langsam in die Köpfe manch hart gesottener Genossinnen und Genossen. Und manchmal werden nach dem ersten Schritt die zweiten und dritten vergessen. Geht ja auch so. So sind die Menschen nun einmal. Weltmeister im Vergessen und Verdrängen.

Das mehr oder weniger gemeinsame Frühstück endet wie immer. Mehr oder weniger gemeinsam. Man geht erst einmal seiner Wochenendwege. Der Theatermacher Quirin und Brecht-Verehrer kommentiert das mehr oder weniger gemeinsame Ende der üblichen Frühstücksdebatte mit dem allseits ebenfalls bis zum Überdruss bekannten: Vorhang zu und alle Fragen offen.

Werte tanken

Selten wird am Sonntagsfrühstück, jetzt so gegen 17:00 Uhr, der Diskussionsfaden vom Vortrag aufgegriffen. Es liegen zu viele Vorkommnisse, Ereignisse und Erlebnisse zwischen den beiden Meetings. Immerhin eine ganze Nacht. Mit Alltag Wegschießen durch wummernde Bässe in Dauerbeschallung. Mit Alkohol zum Ausschwemmen der Erinnerungen an die Nichtigkeit der eigenen Existenz. Mit Um-die-Ecken-ziehen mit guten Freunden und Dauerblödeleien bis der Arzt kommt oder bis es hell wird.

An diesem Sonntag, jedenfalls am Anfang, wird das Gespräch von der Schwärmerei Pascals dominiert. Von seiner Eroberung der letzten Nacht. So würde Pascal das aber nie darstellen und schon gar nicht eine neue Bekanntschaft, egal ob männlich, weiblich oder anders, in exponierter Weise präsentieren. Dazu ist Pascal ein zu feinsinniger Geist. Studiert Religionswissenschaft, Geschichte und Philosophie. Jedes Fach in einem anderen Semester. Zweistellig aber alle. Pascal ist eigentlich der klassische Schwiegermutter-Typ. Jeder mag neben ihm sitzen. Riecht immer gut. Immer. Ist das absolute Gegenteil von streitsüchtig, trägt aber seine Meinung und, darauf legt er besonderen Wert, seine Forschungsergebnisse, mit der Präzision eines geübten Skalpells in der Hand eines im höchsten Maße zur Analyse fähigen Chirurgen vor. Sagt er selbst. Jeder Schnitt sitzt genau da, wo er hinsoll. Verbindlichkeit der Aussage und der Handlung quasi auf Messers Schneide. Klar, dass das so manchen Konflikt zwischen Quirin, Agita, John und Inge, und wer sonst noch da ist, auslöst.

Gerade findet wieder ein solcher Disput statt. Irgendwer fragt, warum auch immer, woher eigentlich der Begriff „armselig" komme. Ehe einige der anderen anfangen zu denken, steht Pascal bereits auf. Als hätte er auf das Stichwort gewartet. Bämm!

„Verbindlichkeit entsteht nicht in dem wabernden Raum von Glauben", doziert er. „Glaube nährt sich aus dem Mythos. Und dieser will keine Argumente. Er hasst geradezu die Logik. Und die Kausalität ist ihm zuwider. Er treibt es gern mit der Beliebigkeit, der noch bösartigeren Zwillingsschwester der Willfährigkeit." Pascal liebt Metaphorik und Bildhaftigkeit. „Und diese führt geradewegs in die …"

„Pascal?" …, ertönt ein Zwischenruf.

„… in die …"

„Pascal?!" …, ein Zwischenruf aus einer anderen Ecke des großen Frühstückstisches.

Pascal seufzt. „Ich meine, da ist ja jetzt viel Platz, wo vorher die Gehirne waren. … Ja. Ok. Hab verstanden.", sagt Pascal kleinlaut und setzt sich wieder hin.

Die rote Inge sprengt die plötzlich aufkommende Ruhe mit der einfachen Frage: „Und wie ist sie so?"

Pascal: „Wer! Was?"

„Na, deine neue Flamme.", setzt Inge nach.

Pascals Gesicht steht von der einen auf die andere Sekunde in Flammen. Hellrot. Als blasshäutiger Typ ganz furchtbar. Alle sind bemüht sich nichts anmerken zu lassen. Einfach übergehen, dann geht's am schnellsten wieder weg.

Natürlich geht es während des wochenendlichen mehr oder weniger gemeinsamen Frühstückens neben den aktuellen politischen Themen auch immer um das Kleinklein des Alltags. Das ist ja auch ein großer Vorteil einer diversen Community. Nur Inge beherrscht einen solchen bombastischen Themenwechsel, der explosionsartig klarmacht, dass sie keine Lust mehr auf ein Thema hat. Alle sind tolerant genug, sie gewähren zu lassen und akzeptieren. Es gibt ja schließlich keine Agenda, keine Tagesordnung, die verbindlich einzuhalten wäre. Wäre ja noch schöner. Der Alltag bietet wahrlich genug Gelegenheiten sich Verbindlichkeiten unterordnen zu müssen. Oder selbst auch mal welche herzustellen bzw. einzufordern. Ok. Das Thema Küche und Bad säubern soll jetzt nicht die angeregte Unterhaltung kaputtmachen.

Quirin, der Menschenanalysierer, verschafft Pascal Abkühlungszeit und schlägt jetzt geistesgegenwärtig vor, sein neues Theaterstück präsentieren zu dürfen, also in einem ersten Schritt nur den Dramentext natürlich. Und eine eventuelle Aufführung usw. Um die nächsten Schritte hat er sich noch keine Gedanken gemacht. Dennoch vermag es Quirin ob seines Talentes und seines ausgeprägten schauspielerischen handwerklichen Könnens eine kleine Präsentation in einer Weise theatral aufzufüttern, dass ein Laie sich schon zu der Bemerkung hinreißen lassen würde, das sei ja ganz großes Theater. Er ist halt ein Profi, ein Experte, weiß wovon und worüber er spricht.

Sich zeigen und Ideen lauschen

„Aufgepasst!", ruft er in die Runde. „Mein neues Stück ist kurz. Sehr kurz. Um nicht zu sagen ultrakurz".

Quirin stellt sich flux auf seinen Stuhl, nimmt zu jedem einen kurzen aber intensiven Blickkontakt auf und legt los: „… (laaange Pause) … Nichts … (etwas weniger lange Pause) … Erde … (kurze Pause) … Nichts … (laaange Pause)."

Der Applaus lässt auf sich warten. Keiner hat mit dieser dramatischen Kürze gerechnet. Quirin muss nachhelfen: „Fertig.", sagt er beim wieder Hinsetzen. „Und um mit den Worten des Philosophen John Rawls zu sprechen: Das ist eine ,realistische Utopie'. Also so könnte ein Titel lauten. Auch nur ein erster Versuch. Ein Arbeitstitel."

Alle kennen Quirins Faible für Minidramen, Kurzstücke und explosions-artige Szenen, die fast schon vorbei sind, ehe sie beginnen, und bei denen sich erst im Nachhinein, also im langen Nachhinein, die Tiefe der Gedanken offenbaren, die Quirin darin verpackt. Diese Gedanken arabeskisiert er dann auch noch mit Allerweltsweisheiten, die er flugs irgendwelchen Berühmt-heiten zuspricht, die ihm gerade dazu einfallen. Nicht jeder in der Runde ist immer mit Quirins Erste-Schritte-Präsentationen, seinen künstlerischen Inkrementen, einverstanden. Eher sind die meisten nicht so sehr einver-standen, weil erstmal Unverständnis da ist. Auf konkrete Nachfragen, worauf und auf wen er sich da jeweils beziehe, reklamiert er für sich immer die Freiheit der Kunst. Natürlich stiftet das Verwirrung. Aber genau das will er ja mit seinen Präsentationen. Er will anstiften zum Austausch, zur Aus-einandersetzung, letztlich zum Selberdenken. Und, das entscheidende, zur Verbindlichkeit und zur Verantwortungsübernahme. Er hasst die Theater-kritiken, Kunstkritiken generell, die sich in verschwurbelten Unverbindlich-keiten suhlen, wo keine künstlerische Argumentation mehr möglich ist.

Deshalb haben auch die Nachgespräche seiner Stücke, wenn mal eines aufgeführt wird, zumeist die mehrfache Länge wie seine eigentlichen Stücke. Eigentlich sind seine Stücke, will man es böswillig formulieren, grandiose Opener für Diskussionsabende, in denen alle, aber auch wirklich alle Facetten des menschlichen Lebens Platz haben, was Quirin schon mal ver-anlasste, sich für ein Universalgenie zu halten. Das behält er aber tunlichst für sich. Die Diskussion um Quirins erstes Inkrement droht aus dem Ruder zu laufen. Man findet kaum gemeinsame Ansatzpunkte für einen möglichen weiteren Schritt zur Verbesserung seines Mini-Drama-Entwurfs.

„Hat dein Stück auch schon einen Unter-Titel, der vielleicht einiges erklären könnte?", macht Inge einen Schnitt in die Diskussion.

„Ja. Es heißt: Eine kurze Geschichte der Welt am Beispiel der Erde – Ein Einakter in drei Szenen."

„Aha.", kommt es leise aus der Runde. „Eine extreme Verdichtung der Menschheitsgeschichte also."

„Ja genau.", entfährt es Pascal. „Die Dramentheorie von Gustav Freytag aufs äußerste zusammengepresst: Eröffnung – Höhepunkt – Katastrophe."

„Oder Happy-End.", ergänzt Agita. „Da finde ich die Inszenierungsidee deines letzten Stückes aber gehaltvoller.", fährt sie fort.

„Welches?"

„Das mit der Frau."

„Wie geht das noch mal?", fragt Agita.

„Ach ich weiß noch!", platzt John dazwischen, „das mit dem Reichstag."

„Meinst du das Reichsbahnklo?", fragt Quirin.

„Ich weiß nicht mehr so genau. Wie geht das noch mal?"

„Draußen klopft einer.", rezitierte Quirin, „drinnen ficken zwei. Mann und Frau. Da sagt die Frau: Gehst du zuerst raus? Der Mann: Nein ich. Von Werner Buhss. Aus Brauns Minidramen, Verlag der Autoren, Seite 128. Nicht von mir." Quirin nimmt es mit dem Urheberrecht sehr genau. Da ist Schluss mit unverbindlich sein, da ist er sehr spezifisch. Schließlich hat er ja auch einige Stücke geschrieben und veröffentlicht. Er muss ja auch von irgend etwas leben. Deshalb kann er nicht so freigiebig sein und jeden seine Stücke ohne Tandiemen benutzen lassen. Bei dem Thema open resource ist er zwiegespalten. Das sei ein echtes Dilemma für Künstler.

„Nein, nein, das meine ich nicht.", verwahrt sich Agita ein wenig verschämt. „Das Stück nur mit einer Frau. Ohne Mann."

„Ich weiß noch!", ruft Inge, „das von Maja Beutler, ‚Die unverstandene Frau'. Da gibt's doch nur die Souffleuse, die flüstert: Endlich ein Drama für mich! Das finde ich klasse, könnte mich schon wieder schlapplachen. Auch wie du das präsentiert hast, Quirin."

Pascal hat die Cool Down-Phase genutzt. Hat wieder eine normale Gesichtsfarbe und eine gewisse Hoffnung, dass sein etwas zu unverständlich präsentiertes, zugegeben sehr komplexes, Thema inzwischen in Vergessenheit geraten ist.

„Apropos Frau, Pascal, erzähl doch jetzt mal. Wer ist sie? Wann bringst du sie mal mit, Pascal?", dekonstruiert Inge seine gerade eben erst wiedergewonnene Selbstsicherheit.

„Sie scheint ziemlich erfahren mit Männern zu sein. Wirkt sehr souverän. Keine Spielchen. Kein Heiteitei und kein Sozialgesummse, was ich bei den meisten Frauen nicht so mag." Pascal Sprechweise verrutscht immer dann ein wenig, wenn er das Gefühl hat, sich auf unsicherem Terrain zu bewegen, in Gefilden, die für eine schnelle und genaue Analyse einen Tic zu komplex sind.

„Sie ist jetzt keine Intellektuelle, denke ich, ist aber recht scharfsinnig. Wir haben uns noch nicht so viel über uns erzählt, aber wir wollen uns wieder treffen. Sind neugierig auf uns geworden und wollen halt mal den nächsten Schritt wagen. Das war's."

Jeder weiß, diese Schlusswendung ist bei Pascal wirklich eine Schlusswendung. Er lebt seinen Anspruch auf Verbindlichkeit. Er versucht es jedenfalls. Dennoch. Inge lässt nicht locker. Sie ist zwar politisch hardcore, aber gleichzeitig sehr einfühlsam und zugewandt. Eine seltene Konstellation. Und wenn man sie genauer kennt auch gar nicht widersprüchlich, wie man auf den ersten Blick meinen könnte. Eher vielfältig. So nach dem Motto, ja, sowohl als auch, nicht nur entweder oder. Nicht polarisierend, sondern differenzierend. Deswegen lässt Inge nicht locker.

„Du Pascal, dann kannst du sie doch zu unserem Frühlingsfest einladen. Das ist ja in ein paar Tagen. Was meinst du?"

Außerdem zeigen sich in Inges Fazit nach derartigen Gesprächen, denen regelmäßig unversteckte Handlungsanweisungen folgen, eine geradezu abnorme operative Exzellenz.

Pascal: „Ja, mal sehen, vielleicht. Ich muss grade mal auf Toilette."

Inge weiß, das reicht, und ist sich sicher, sie werden Pascals neue Flamme demnächst kennenlernen.

Die Bedeutung von Zeit und Raum

Der Wetterbericht ist der kleinen Gemeinde wohlgesonnen und verheißt angenehme 18–21 Grad, Sonne und Wolken, und damit einen Start in das, was man zurecht Frühlingsanfang nennt.

Quirin hat, als Experte für Kulissen, eine alte Streuobstwiese am Stadtrand entdeckt. Der perfekte Ort für seine Präsentation. Wie wichtig doch der Raum ist! Einen möglichen Besitzer um Erlaubnis zu fragen, ob sie dort ein Picknick abhalten dürfen, hält er für übertrieben. Wer kann schon etwas gegen ein schönes Picknick haben, zumal er in Hinsicht auf den Umgang mit der Natur keinen Spaß versteht. Die wird geschont, aller Müll wird wieder mit nach Hause genommen. Basta! Keine Diskussion! Da spielt er auch schon mal den Sheriff und lässt seine autoritären Neigungen von der Leine. Es hat ja auch noch nie Ärger gegeben. Schließlich veranstalten sie dieses Frühjahrbegrüßungs-Picknick schon seit den Gründungstagen der WG. Es gehört ja quasi zu den Genen dieser Lebensform.

Dieses Picknick zum astronomischen Frühlingsanfang mit Freunden wählte man, weil es am meteorologischen Frühlingsanfang statistisch gesehen meist noch kälter ist und weil dem astronomischen mit der Tag- und Nachtgleiche noch etwas Mythisch-Freudvolles innewohnt, weil nun der Tag und die Helligkeit stärker werden als die Nacht und die Dunkelheit. Der moderne Mensch zeichnet sich ja dadurch aus, dass er versucht spirituelle Erlebnisse und Aussagen durch wissenschaftliche Fundierung zu objektivieren. Na ja, leider noch nicht alle.

Quirin fühlt sich ohnehin als Produktionschef dieser Veranstaltung, als Regisseur. Außerdem verkörpert er den Rest den Ensembles. Die andern lassen ihn machen. Sie vertrauen ihm. Er liefert. Und er kann sich einmal richtig austoben als Experte für Präsentation. Das garantiert immer, dass es höchst unterhaltsam wird, sich jeder wohlfühlt und den ebensolchen Eindruck mit nach Hause nimmt. Vielleicht auch die eine oder andere neue Bekanntschaft.

Der Protokoll-Chef Quirin erteilt also, wie in den letzten Jahren auch, Aufträge an die Wohngruppe. Diese bleiben allerdings recht allgemein, stecken nur einen Rahmen ab, innerhalb dessen das gemeinsam verabredete Ziel angestrebt werden soll: Ein vergnüglicher Tag mit allerlei kulinarischen Köstlichkeiten und möglichst viel unterhaltsamen Miteinanders. In diesem Rahmen ist alles erlaubt. Quirin vertraut auf die Selbstorganisationsfähigkeit von Gruppen, auf ihre Kommunikationsfähigkeit und dass jeder das beiträgt, was er am besten kann. So arbeitet er auch als Theater-Regisseur und hat die Erfahrung gemacht, dass sein Ensemble immer dann die besten Ideen hat, wenn er ihnen möglichst viele Gelegenheiten gibt und Räume kreiert, in denen sie sich entfalten können. Das kann nun bei einem Picknick auch die Zubereitung einer kleinen Speise sein, die jeder mitbringt und beispielsweise die Erläuterung, aus was und wie sie gemacht ist. Jeder darf eine weitere Person oder ein Pärchen zu diesem Anlass mitbringen. Funktioniert eigentlich immer.

Entsprechend offen ist auch der Ablauf der Veranstaltung an diesem Tag. Alle sind natürlich gespannt, wer wen noch eingeladen hat. Insbesondere sind alle recht neugierig auf Pascals neue Flamme. Sie ist gekommen. Ah, das ist sie also. Sieht nett aus. Um nicht zu sagen sehr attraktiv, denken die Männer in der Runde. Die Frauen warten ab, oder vergleichen.

Da alle, und auch Quirin, um Pascals Ungelenkigkeit in Beziehungs- und emotionalen Dingen wissen, hat sich Quirin eine Präsentation überlegt, in die er Pascal einbeziehen kann, und zwar so, dass er vor seiner neuen Flamme glänzen darf. Er weiß, in diesen Dingen ist Pascal dann doch ein wenig naiv. Er fällt gerne mal auf zweifelhafte, um nicht zu sagen zwielichtige, Damenbekanntschaften herein, die ihre vermeintlichen Qualitäten wirkungsvoll zu präsentieren wissen. Hinterhältig. Tja, so ist das manchmal, dass geistige Hochkompetenz mit emotionaler Tiefbegabung zusammenfallen. Dann wird ein Sowohl-als-auch auch schon mal zu einem Drunter-und-drüber.

Quirin will Pascal in einen gespielten Dialog zweier mittelalterlicher Gelehrten einbinden. Genug Raum für allerschwerste Gedanken und genug Raum für Parodie, Commedia, Selbstironie und Einbezug und Aktivierung der Picknickenden, die die Vorstellung nicht nur abnicken, sondern sich daraus etwas herauspicken, um das herum sie auch ihre Späße machen und mitgestalten können. Es soll ja auch viel gelacht werden. Improvisation ist das Mittel der Wahl.

Aus seinem reichhaltigen Fundus hat Quirin einige klischeehafte Kostüme mitgebracht und verteilt sie wahllos unter den Gästen. Wer Lust hat, greift zu. Zufällig vorbeikommende Spaziergänger könnten auf den Gedanken kommen, dass hier fahrendes Volk kampiert, so wie man sich eine umherreisende Theatertruppe in früheren Zeiten vorstellt.

Noch während einige Decken und Tücher auf der Wiese unter den alten Apfel- und Kirschbäumen ausbreiten sowie Picknickkörbe nebst Mitgebrachtem auspacken und verteilen, geht Quirin umher und gibt gespielte Anweisungen für die nun folgende gemeinsame Aufgabe. Er hat sich eine altertümliche Perücke aufgesetzt und einen schwarzen Talar umgehängt. Soll wohl eine Art weltlicher Gelehrter sein. Pascal hat, nachdem er seiner eingeladenen Bekanntschaft ein paar Dinge erläutert hat, nun auch eine Art religiös anmutende Kopfbedeckung aufgesetzt und eine ebenso religiös anmutende Kutte angelegt. Aha, denken schon die ersten, heute geht es vermutlich um eine Auseinandersetzung zwischen Glaube und Wissenschaft oder zwischen Gut und Böse oder was auch immer. Quirin, das ist ja bekannt, ist immer auch für eine Überraschung gut. Genauso gut könnten diese beiden auch etwas ganz Anderes symbolisieren, z. B. zwei Obdachlose, die zu tief in eine Kleiderkammer abgetaucht waren und sich jetzt einen Spaß mit ihren Fundstücken machen. Kleider machen Leute und so. Wie auch immer. Das Kostüm ist das eine, der Bühnenraum das andere. Inmitten der Picknicklandschaft wird präsentiert. Und zur guten Präsentation gehört ja eine verständliche Ansprache an das Publikum. Und die Vermittlung dessen, was man erzählen will. Darüber ist sich Quirin bewusst. Man soll sich ja mit den Themen auseinandersetzen. Manchmal auch mitfühlen. Je nach Intention. Diese Wirkung auf ein Publikum, das ist Quirins Leidenschaft. Es gibt doch nichts Schöneres als Menschen durch Geschichten und das lebendige Erzählen zu bewegen, etwas zu lernen. Einen Anstoß zu geben, für mehr. Bänkelsang auf modern.

Quirin verkündet, Pascal und er werden zwei Streithähne spielen, die immer gegensätzlicher Meinungen sind. Sie beide eröffnen dieses Spiel mit der Präsentation ihrer Meinung und einem Argument. Das ist das erste Zwischenprodukt. Denn es soll ja noch etwas passieren am heutigen Tag.

Ohne Intro legen Quirin und Pascal los. Nach einem heftigen Disput der ‚Kontrahenten': „Nein! Niemals!" ... „Das ist aber genau so!" ... „Das ist verrückt!" ist schlagartig die Aufmerksamkeit der Picknicker hergestellt. Alle lauschen und machen es sich bequem. Hier und da wird auch schon mal in ein Schälchen gegriffen und etwas genascht oder geknabbert.

Immer zufriedener werden

Beide Darsteller unterstreichen ihre Ausführungen mit weit ausholenden und grotesk überzogenen Gesten, laufen umher, fixieren Einzelne und schütteln auch schon mal jemand an den Schultern. Künstlerische Provokation und totale Einbindung des Publikums eben. Und diese findet ihren Höhepunkt in der nun folgenden Spielregel: Nach einer Weile darf jemand beliebiges aus der Runde, egal wer, laut ‚Stopp!' rufen und ihn oder Pascal abklatschen und selbst weiterspielen. Die neuen Spieler versuchen nun die Argumentation in einem weiteren Schritt auszubauen und zu verbessern, um am Ende die überzeugendere Argumentation eines Spielers entwickelt zu haben. Die gleiche Präsentation, nur besser.

Nach einer Weile darf jemand aus dem Publikum ein neues Thema vorschlagen, und es geht wieder von vorne los mit der Präsentation und so weiter.

„Die Entstehung aller Religionen", so beginnt Pascal lauthals zu deklamieren, „ist ein Beleg dafür, dass man mit hoher Präsentationsfähigkeit in der Menschheitsgeschichte große Wirkung erzielen kann, vor allem, wenn man sie mit Verbindlichkeit verknüpft und dass genau das freien und demokratischen Gesellschaften große Probleme bereitet, weil zu viele ihre individuelle Freiheit auch gegen den Willen und das Wohl der Gemeinschaft durchsetzen."

Pascals neue Freundin nickt heftig. Einige schauen erschrocken in ihre Richtung.

Quirin bläst sich auf und kontert: „Warum tauchen in der Geschichte immer wieder Glaubenslehren auf, denen viele Menschen folgen?"

Pascals neue Freundin, Anne, ruft laut: „Stopp!" Und klatscht Pascal ab. Der geht, freudig und überrascht ab. Anne und Quirin stehen sich gegenüber. Mit Körperspannung.

„Glaubenslehren sind zu unspezifisch", legt sie engagiert los, „und taugen nichts, um menschliches Zusammenleben zu organisieren. Es braucht verbindliche und allgemeingültige Regeln und eine Macht, die diese auch durchsetzen kann."

„Menschen lernen durch Geschichten!", beginnt Quirin sehr leise, so dass sich alle anstrengen müssen, ihn zu verstehen. Dann macht er eine bedeutungsschwangere Pause. Ein wenig lauter: „Das lehren uns auch die großen Glaubenstexte." Wieder eine lange Pause und noch etwas lauter: „Sie erzählen alle von Menschen, die in ihrem Alltag Probleme bewältigen und werden damit zu Vorbildern, weil sie dabei innerlich wachsen und reifen."

Quirin freut sich, dass ihm diese Klimax, die dreifache stufenweise Steigerung im Aussagegehalt, so gut gelungen ist. Das erzeugt Wirkung. Von seinem Erfolg so begeistert setzt er im Gestus eines Wanderpredigers aus dem mittleren Westen der USA nach und ruft gen Himmel in vermeintlicher spiritueller Verzückung: „Die heiligen Bücher sind die großen Geschichten, die die grundlegenden Fragen der menschlichen Natur beantworten und in einen moralischen Kontext stellen."

„Stooopp!", ruft jemand lauthals. „Laaangweilig"! Neues Thema in der immer gleichen Präsentation eines Disputs: Mann und Frau.

Das Spiel läuft zu allseitigem Vergnügen eine ganze Weile, bis Quirin das Schlusszeichen gibt. Er ist zufrieden mit dem Prozess und weiß jetzt, welchen Schritt er als nächstes gehen muss. Mit der Geschichte der beiden Streithähne und deren Verdichtung. Quirin freut sich schon auf die nächste Zwischenpräsentation. Die Picknicker haben es genossen, die jeweiligen Themen mit immer besseren Argumentationen voranzutreiben, auch wenn die Ausführungen von einigen zuweilen ins Klamaukhafte abtriften. Aber keiner stört sich daran. Denn schließlich wurden sie wieder einmal eingebunden in eine künstlerische Entwicklung, die, da sind sich alle sicher, aufgrund ihres Zutuns erst richtig gut werden wird. So wie sich das der Zuschauende wünscht: Qualitativ gute Unterhaltung als Ausdruck gesellschaftlicher Praxis, mehr noch, Partizipation.

Die illustre Picknickgesellschaft ist in ausgelassener Stimmung. Überall wird gesprochen, Speisen werden herumgereicht. Einige Frauen haben sich passend zu ihren Frühlingkleidern Blumenkränze ins Haar geflochten. Manche Männer auch. Nur so. Andere haben Spiele mitgebracht, zwei legen mit Federball los, jemand packt Boule-Kugeln aus und fragt laut, wer Lust auf ein Spiel hat, und an der Seite bauen zwei Männer das Wikinger-Schach auf. Alle haben zu tun, jeder fühlt sich wohl und es herrscht eine quirlig-aufgedrehte Stimmung. Quirin ist glücklich. Wieder hat er einmal mehr herausgefunden, was die Menschen aktiviert.

Aus der Handtasche von Anne, Pascals neuer Freundin, piepst es. Ein Piepsen, das hier keiner kennt. So klingelt kein Handy. In routinierter Ruhe greift sie in ihre Tasche, schaut hinein, packt die Tasche, blickt in die Runde und sagt nach einem flüchtigen Kuss auf Pascals Wange: „Du, ich muss los. War schön mit euch!" Sie geht mit zügigen aber nicht überhasteten Schritten zu ihrem Golf. Irritierte Blicke folgen ihr.

Interview mit dem Künstler Quirin Lieberknecht

Journalistin	Nachdenken und philosophieren reicht nicht. Man muss das Haus verlassen, um Menschen zu treffen. Was denken Sie darüber?
Lieberknecht	Ich denke, es braucht natürlich beides. Worüber soll man nachdenken, wenn nicht über Menschen und deren Verhalten? Darum geht es doch letztlich, oder? Warum sind wir in der Evolution dort gelandet, wo wir jetzt sind? Doch nur, weil wir Menschen uns ständig Gedanken darum machen, was wir tun und warum wir etwas tun und Künstler und Philosophen tun das halt beruflich, professionell.
Journalistin	Das ist korrekt. Und die menschliche Beobachtung liefert ja auch wieder viel Material für die Bühne, richtig? Wie erfolgreich war für Sie der Tag auf der Streuobstwiese?

Lieberknecht	Das kommt natürlich darauf an, wie man Erfolg definiert und welche Ziele man aufstellt. Ich fand, es war ein gelungenes Frühlingsfest. Die Menschen haben sich wohl gefühlt, sie hatten viel Kontakt und Austausch untereinander und – und das ist das entscheidende – es geht nicht nur einfach um das Zusammensein sein, obwohl das auch schön sein kann, wir hatten auch noch einige bedeutsame Themen, und es gab sicherlich zahlreiche Impulse und Anregungen zum Nachdenken, zum Diskutieren und vor allen Dingen zum Weiterentwickeln.
Journalistin	Wie wichtig war hierbei ihre Präsentationsfähigkeit?
Lieberknecht	Ich als Profi habe ganz klar die Aufgabe, hier meinen Teil beizutragen, sowohl was das, ich nenne es mal, Unterhaltsame betrifft als auch was inhaltliche Impulse angeht. Und wenn die nicht angemessen rüberkommen oder bei den Leuten ankommen oder gesehen werden, dann habe ich keinen guten Job gemacht. Rhetorik und Präsentation haben nur dann einen Sinn, wenn sie Verhaltensänderungen bewirken, je nach Ziel, sonst ist es nur Blabla oder Poesie.
Journalistin	Wie entwickeln Sie nun ihr Produkt weiter?
Lieberknecht	Eigentlich ist das Grundkonzept schon ziemlich ausgereift. Wir trainieren ja auch schon eine ganze Weile. Es ergeben sich aber immer wieder neue Impulse und Anstöße zur Veränderung, weil sich ja auch die Umstände und so auch die Anforderungen an das „Produkt" verändern. Dass wir so ein Frühlingsfest weiter machen werden, also unser übergeordnetes Ziel, das steht außer Frage. Aber wie wir es gestalten, das ist offen und unterliegt den jeweiligen neuen Herausforderungen. Es kommen immer mal wieder neue Leute in die WG mit neuen Bedürfnissen, wir suchen ja immer andere Räume, die einen Einfluss auf die Gestaltung haben usw., verstehen Sie?
Journalistin	Wie verbindlich sind Sie im Leben und in der Kunst?
Lieberknecht	Höchst verbindlich! Ohne Verbindlichkeit dümpeln wir ja nur so herum. Verbindlichkeit schafft Vertrauen. Und das wiederum öffnet den Menschen erst den Raum sich einzulassen, sich aktiv einzubringen. In der Kunst muss ich es schaffen, das ausgewählte Thema in einer Weise zu gestalten, dass die Fremdheit eine Auseinandersetzung provoziert, dass das vermeintlich Selbstverständliche wieder als etwas Unverstandenes gesehen wird, um das in ihm enthaltene Potenzial zu erkennen. Kunst muss immer auch Grenzen überschreiten. Da bin ich ganz bei Bertolt Brecht.

Blick auf Ihr Navi

Einzelne Schritte auf dem Weg zur Entscheidung können lebendig und in intensivem Kontakt mit Vertrauten präsentiert werden, um sich nützliches Feedback für den nächsten Schritt zu holen. Es geht um den Dialog, der die Situation deutlicher macht.

Natürlich müssen auf diesem Weg getroffene Absprachen mit den Beteiligten eingehalten und eine Verbindlichkeit hergestellt werden, damit am Ende der Wegstrecke eine konstruktive Lösung steht.

- Ziehen Sie bei wichtigen Entscheidungen Menschen ins Vertrauen?
- Wie präsentieren Sie Ihre Herausforderungen?
- Erbitten Sie häufig Feedback?
- Setzen Sie konstruktives Feedback in verbindliche Handlungen um?

Literatur

Boal, Theater der Unterdrückten Boal, A. (1989). *Theater der Unterdrückten. Übungen und Spiele für Schauspieler und Nicht-Schauspieler.* Suhrkamp.

Joyce, R. (2013). *Die unwahrscheinliche Pilgerreise des Harold Fry.* Fischer.

Ruppel, J., Schulz von Thun, F., & Stratmann, R. (2003). *Miteinander reden: Kommunikationspsychologie für Führungskräfte.* Rowohlt.

Kapitel 3 – Abkürzung

Frau Lewald und ihre Bettwäsche ergeben ein organisches Bild. Braunes Haar auf braunem Grund. Erdfarben, die in ihrer Wirkung Gemütlichkeit und Geborgenheit ausstrahlen, zeigen sich als Bettwäsche und Wandfarbe gleichermaßen. In ihrem eigenen Bett ist sie nur mit Mühe zu finden. Tarnung eben. Nur anders. Es ist ihr Rückzugsort, zu dem nur sehr wenige Zutritt erhalten. Dabei fällt ihr Blick auf die zivile Berufskleidung, die ungeordnet, da lose in der Nacht hingeworfen, auf dem „stummen Diener"

V. List und S. Parker, *Wie ich mich entscheide, wenn ich mich nicht entscheiden kann*, https://doi.org/10.1007/978-3-662-64621-2_3

liegt. Sie startet ebenso schweigend in den Tag wie das Möbelstück, über dessen witzigen und passenden Namen sie wiederholt schmunzeln muss. Was seiner Zweckmäßigkeit jedoch keinen Abbruch tut.

Sie seufzt und schnellt hoch. Wie ein aufschnappendes Klappmesser. „Von nichts kommt nichts." Sie ist ihre eigene Motivationstrainerin. Intrinsisch und extrinsisch gleichermaßen. Mit dem nötigen Eifer und einer klaren Haltung, wie bereits von Platon für die „Wächter der Stadt" gefordert, startet Frau Lewald orientiert in den Wochenanfang. Nach einer zugegebenermaßen langen und auch vielfältigen Nacht. Mit dem ersten Kaffee des Tages hält sie Rückschau: Sie war an beiden Orten, die den Verlauf des Abends und der Nacht markierten, einem eher unordentlichen Raum ausgesetzt. Dieses illustre Picknick inmitten einer desillusioniert wirkenden Wohngemeinschaft und der Tatort, der aussah, als hätte jemand übermotiviert ein Szenenbild für den neuesten Fernsehkrimi kreiert, das den Betrachter maximal verwirren soll. Ob die Spurensicherung den Weg zum Ausgang jemals gefunden hat? Sie lacht. Wohl kaum. Abbruch des Schweigens. Sie lauscht ihrer eigenen Stimme. Selbstgespräche gehören seit frühester Kindheit zu ihrem Leben. Noch heute erinnert sie die verwunderten Blicke der Menschen, wenn sie auf dem Weg von der Schule nach Hause laut vor sich hinsprach. Wie lautes Denken. Frau Lewald weiß: Denken hilft. Ob alleine oder in Gemeinschaft.

Mit einem kräftigen Schluck leert sie ihre Tasse, das Frühstück fällt wie immer zu kurz aus, und denkt über ihre eigene Betroffenheit nach – in beiden Fällen.

Der Abend fing ja ganz gut an. Pascal, ihre neue Eroberung, ist so ganz anders als sie. Nahezu die perfekte Ergänzung. Das kann schön und sollte spannend werden. Und er ist attraktiv und er riecht auch gut. Der gestrige Tag. Diese Menschen um ihn herum. Deren Bedeutung erscheint in der Erinnerung eher blass. Der Fokus gilt dem Mann, wie immer, wenn sie sich emotional öffnet. Alles andere ist und bleibt unkommentiertes Beiwerk. Es klingelt an der Tür. Ihr Partner, nicht im Sinne von Spiel und Spaß, sondern in der Bedeutung von Arbeit, steht vor der Tür. Mit den Füßen scharrend verkörpert er auch heute den ungeduldigen Part ihres beruflichen Duos. Immer ein bisschen aufgeregt, nein, eher hypernervös. Er wechselt, eine Brötchentüte schwenkend, von einem Bein auf das andere. „Croissants!", schallt es laut durch das Treppenhaus. „Und?" poltert er in die Wohnung. Wie auch immer der morgendliche Auftritt sich gestaltet, er ist und bleibt in seinem Einsatz und Engagement, in ihrem Fall für ihr leibliches Wohl, einer der besseren Kollegen. Und so unterschiedlich sie auch sind. Sie, die beherrschte, verhältnismäßig Agierende und er, der gerne mal über die Stränge schlägt. Ein Polizist ist ein Polizist ist ein Polizist.

„Du bist ja noch gar nicht fertig?" Mit einem kritischen und gleichzeitig erfreuten Blick mustert Kommissar Meyerhold seine Kollegin. Von oben nach unten und wieder zurück. Frau Lewald steht noch im Top und kurzer Leggins vor ihm. In kanarienvogelgelb mit schwarzen Streifenapplikationen, so gar nicht getarnt. Sie spürt seinen Blick, wie er sie anschaut. Es interessiert sie nicht. Irrelevant.

„Zwei Minuten!", ruft sie, während sie sich auf den Weg ins Bad macht. Kurze Wege in einer 60 qm Wohnung. Mehr braucht es ja auch nicht, alleine. „Nimm dir noch einen Kaffee. Gibt es etwas Neues?" Kollege Meyerhold witzelt: „Soll ich mich auf den Badvorleger setzen und dir berichten?" Frau Lewald grinst. „Du kannst dich auch darauflegen und schnurren. Vollkommen egal." Die beiden kennen sich schon sehr lange. Acht gemeinsame Jahre im Dienst, routinierte und herausfordernde Einsätze, auch mal ein kurzer Plausch an der Kaffeetheke, intensive Gespräche, auch privat, bei maximal zwei bis sieben Bier in der Eckkneipe nach einem gelösten Fall. Eher einfach im Komplexen. Trotz aller Unterschiedlichkeit verbindet die beiden eine ganz besondere Gemeinschaft: Die so genannte Gefahrengemeinschaft. Was sie niemals verbinden wird ist eine Mann-Frau Ebene. So denkt die Kommissarin und das reicht in ihren Augen auch aus. Punkt. Grenze gesetzt. Alles andere kann er ja für sich klären, wenn es etwas zu klären gibt. So einfach ist das in ihrer Welt. Die Probleme anderer nicht zu ihren machen, wenn es denn welche gibt. Man ist ja erwachsen, und sie erst recht „ein großes Mädchen".

„Zeit ist um!" Meyerhold drängt zum Aufbruch. Und Frau Lewald antwortet undeutlich, da Zähne putzend: „Bereit!".

Über die Brücke gehen, wenn man vor ihr steht

Auf dem Weg in die Dienststelle schaut Frau Lewald kurz auf ihr Handy. Keine Nachricht von Pascal. Sicher schläft er noch, beruhigt sie sich. Und zeitgleich beschließt sie, dieser Episode nicht zu viel Bedeutung beizumessen. Immer schön entspannt bleiben. Das ist ihre Haltung. Um was geht es? Meyerhold mustert sie von der Seite. „Hast du mir gerade zugehört?". „Wiederhole noch einmal die relevanten Aspekte!", kontert sie. Sie gibt sich jetzt nicht die Blöße, unaufmerksam und abgelenkt gewesen zu sein, noch dazu wegen eines Mannes, meint übersetzt, einer emotionalen Herausforderung, die es bei-zeiten zu lösen gilt. Es besteht noch kein Handlungszwang. Jetzt lebe ich erst einmal das Hier und Jetzt, genieße jeden Moment. Diese Haltung spart auch Ressourcen. Und ich engagiere mich dann, wenn es wirklich notwendig wird. Das ist auch ihre Arbeitshaltung: Nur die Dinge erledigen, die es zu erledigen gilt. Die Anforderungen kennen, die sich immer wieder verändern können. Nicht zu weit im Voraus planen. Analytisch denken ja, aber nicht in Bezug auf Ressourcen. Und das SEK ist ruck zuck aktiviert. Da muss sie nicht vorausschauend schon mal anfragen. So getreu dem Motto: Hört mal, wenn ihr in der 7–20 KW nichts vorhabt, haltet euch mal bereit. Für den möglichen Einsatz. Ihr könnt euch ja für den Fall der Fälle schon mal in voller Montur in die Autos setzen. „Die würden sich bedanken.", spricht sie laut. „Was meinst du?" Meyerhold runzelt irritiert die Stirn. Frau Lewald lächelt. Meyerhold ist da anders, ganz anders, der würde am liebsten immer alle verfügbaren Kräfte anfragen, nebst Hunde-, Reiter- und Motorradstaffel, und selbst schon mal hochbewaffnet losziehen, um eine Lärmbelästigung im Neubaugebiet zu unterbinden. Unverhältnismäßig und aufgeregt eben. Ein Polizist, der seine Arbeit besonders gut machen möchte und dabei auch schon einmal buchstäblich über das Ziel hinausschießt. Er hat im Revier den höchsten Munitionsverbrauch im Einsatz und auf dem Schießstand. Das ist häufig zu viel des Guten und wirkt in Einzelfällen auch schon mal kontraproduktiv.

Nur das, was wirklich erforderlich ist, was in der Situation gebraucht wird, sinniert Frau Lewald eines ihrer Mantras. Und denkt plötzlich an die gestrige Präsentation dieses Künstlers zurück. Quirin. Ein interessanter Name und in ihren Augen nur merkbar, da einer ihrer Ex-Freunde so heißt. Da wird manche interessante Erinnerung wach. Sie lächelt und träumt kurz weg. Apropos: Eine interessante Einbindung des Publikums als ein Akt der Demokratie, die der Künstler Quirin dort vollzog. Kommunikationsräume im Sozialen mit einem Zweck: Verbesserungspotenzial sichtbar machen. Das gefällt ihr grundsätzlich gut. Mit Blick auf die Präsentation ist aus ihrer Sicht noch viel Luft nach oben. Überzeugender inszeniert die Polizei. Nur keine konfliktären Theaterstücke, sondern Gewaltbereitschaft. Die Polizei, dein Freund und Helfer. Dieses Bild, als Arbeitsplatzbeschreibung, erscheint ihr viel zu wenig. Polizisten sind jederzeit bereit, für die Freiheit und Sicherheit der Gesellschaft ihr Leben zu opfern.

Ob das der Gesellschaft auch so klar ist? Sicher wäre die Bevölkerung mit diesem Anspruch der exekutiven Gewalt einverstanden. Natürlich umso mehr es auch die Richtigen trifft. Und dann gibt es ja noch die Begrenzungen, die uns der Rechtsstaat auferlegt, grübelt Frau Lewald. Wir können nicht einfach losziehen und Befehle durchsetzen. Abwägen! Handeln muss angemessen und situativ vertretbar sein, mit dem Anspruch an Durchsetzungsfähigkeit. Unwiderstehlich eben, wie Pascal derzeit für mich, träumt Frau Lewald in ihren Tag. In ihrer Rolle als Polizistin gerade in persona ganz Frau.

Das Wesentliche erledigen

Meyerhold berichtet, dass es noch keine Spur von dem verschwundenen Mann aus der vergangenen Nacht gibt. Die Nachbarn, die aufgrund der lauten Schreie die Polizei verständigt hatten, zeigen sich wenig kooperativ. „Die kennen wir kaum. Er ist ein ganz komischer Kauz. Und sie, eher distanziert." „Inwiefern?" „Ach." Schweigen. „Das geht uns ja nichts an. Eigentlich. Die Frau hat man auch schon seit einiger Zeit nicht mehr gesehen. Seltsame Leute eben." In vermeintlich friedlicher Koexistenz bewegt man sich von der oberflächlichen Ordnung zum ebensolchen Chaos.

Nachdem dieses beseitigt war, konnten Blutflecke auf dem Sofa und dem Fußboden durch die Spurensicherung registriert und aufgenommen werden. Ab sofort wird von einer Gefahr für Leib oder Leben ausgegangen. Die Vermissten-Kriterien allesamt erfüllt, erfolgt die Fahndungsausschreibung.

Von Drittbeteiligung derzeit keine Spur. Unfall? Selbsttötungsabsicht? Meyerhold windet sich. Solche Sätze wie „Das geht mich nichts an. Was habe ich damit zu tun?", provozieren ihn aus dem Stand. Wie gerne würde er sich die Nachbarschaft mal so richtig vornehmen. Dieses neugierige Ignorantenpack. Einfach mal festsetzen und tagelang verhören. Bis denen bewusst wird, welche Verantwortung sie auch für ihre Mitmenschen tragen. Das entspricht seinem Gerechtigkeitsempfinden. „Ist nicht", fragen sich manche Gesetzeshüter immer wieder, „die Unbildung der ursächliche Grund für gesellschaftliche Missstände"? Und Einzelne fragen schon mal weiter: „Was muss ich wissen, mehr noch sein? Was würde der Philosoph Platon hier versuchen?"

Frau Lewald denkt auch oft darüber nach. Weniger über Platon als über menschliche Grenzen. Und sie spürt die Anspannung mancher Kollegen, insbesondere ihres Partners. „Positiv denken, wir sehen uns noch einmal gründlich um. Vielleicht finden wir ja Hinweise auf seinen Verbleib. Wir setzen am privaten Umfeld an. Die Suche nach seiner Frau läuft." Meyerhold nickt eifrig. Das ist mal ein Plan. Frau Lewald beobachtet ihn. Er atmet tief ein und mahnt sich selbst zur Ruhe. Im Grunde bilden die beiden eine große Schnittmenge. Sie haben sich einem Wertesystem verschrieben, das sie mit Leidenschaft leben.

Auf dem Weg zur Dienststelle noch schnell ein belegtes Käsebrötchen und für Meyerhold eine Currywurst. Frau Lewald wirft einen Blick auf ihr Handy. Immer noch keine Nachricht von Pascal. Dieser wird nun ihrerseits gedanklich flugs von einer Episode zu einem Exkurs degradiert. Ein weiteres Unterkapitel in ihrem Leben. Frau Lewald stöhnt frustriert. Er hatte wirklich Potenzial. Eigentlich sollte ein Exkurs ja eher die Ausnahme als die Regel sein, zumindest, was das wissenschaftliche Arbeiten angeht. Das hat sie in der Polizeihochschule gelernt. In ihrem Leben scheint das anders. Ein Exkurs reiht sich an den nächsten. Man solle sich genau überlegen, so ein wissenschaftlicher Leitfaden der Universität Kassel, ob der Exkurs nicht ganz weggelassen werden kann. Darüber will sie mal nachdenken. Vielleicht. Oder nein, lieber doch nicht.

Am Nachmittag wühlt sich die Abteilung durch ein lückenreiches Männerleben. Ebenfalls informiert werden die lokalen Rettungsdienste wie Rotes Kreuz, THW und Feuerwehr. So viele Brüche. Arbeitsstellenwechsel, die zweite Ehe, ebenfalls kinderlos, häufiger Umzug, wechselnde Arbeitsstellen. Umschulung vom Bäcker zum Fernfahrer. Die Allergie war schuld. Dann Jobs im Tiefbau und Aushilfstätigkeiten bei Industrieunternehmen im ganzen Umkreis. Das sah nach viel Arbeit aus. Recherche, Gespräche. Hier konnte sie ihre Analysefähigkeit unter Beweis stellen. „Du bringst uns da schon Ordnung rein!", witzelt ihr Kollege und schlägt ihr dabei kameradschaftlich auf die Schulter. „Du hast es erfasst.", erwidert sie, mit dem Schlag leicht nach vorne kippend. „Augen auf für das Wesentliche oder auch System bringen ins Komplexe". Frau Lewald ist mal wieder entspannt: Erfahrungsgemäß erledigen sich etwa 50 % der Vermissten-Fälle innerhalb der ersten Woche. Und nach 48 h sind sowieso die meisten Vermissten tot. Das weiß jeder Tatort-Gucker.

Mit Haltung überzeugen

Ihr Handy klingelt. Pascal. Jetzt nicht. Sie spürt, dass es sie freut, verdrängt dieses Gefühl jedoch rasch. Die nächste Kaffeepause nutzt sie für einen kurzen Blick auf ihre Mitteilungen. Sprachnachricht. Sie schaut sich um, alle scheinen beschäftigt. Da ist wieder der Moment, der den Satz „Ich gehe mal eine rauchen" fordert. Sieben Minuten reichen fast immer. Für Sie, als Nichtraucherin, bleibt der Toilettengang. Mit dem Handy in der Hand steuert sie die Örtlichkeiten an. Sie wählt Kabine links, die zweite. Man hat ja so seine Gewohnheiten. Und wenn ich schon mal hier bin. Erleichtert in doppeltem Sinne hört sie schon Pascals Stimme: „Hey, guten Morgen. Ja, es ist schon 16:00 Uhr, aber du kennst ja so langsam den Rhythmus dieser WG, wir haben gerade gefrühstückt. Wie geht es dir? Echt schade, dass du gestern so früh wegmusstest. Es war noch richtig schön. Sehen wir uns heute? Melde dich doch mal. Freue mich auf dich!"

Puh! Die Gefühle rufen „Ja, bin bereits auf dem Weg". Vor ihrem inneren Auge sieht sie sich in angemessener Geschwindigkeit mit lachendem Mund dem Mann ihrer derzeitigen Träume entgegenlaufen. Dieser öffnet die Arme und sie fällt ganz leicht hinein. Ein muskulöser Oberkörper umschließt sie. Ja. Stopp. Der Verstand ruft kurz und schmerzhaft zur Ordnung. Später. Und mit dieser aufschiebenden Entschlossenheit geht sie zurück zu dem brüchigen Lebenslauf eines nun seit 21 h Vermissten. Mittlerweile hat man seine Frau aufgespürt, die bei ihrer Schwester im benachbarten Ort Ruhe, Bestätigung und vieles andere mehr finden wollte.

Frau Walther berichtet in der Befragung auf dem Präsidium von einer Auszeit ihrer Ehe.

„Können Sie mir von der letzten Begegnung mit ihrem Mann erzählen?", wiederholt Meyerhold in einer scheinbaren Endlosschleife. Sie zuckt mit den Schultern. Dabei lächelt sie. „Mich wundert nichts mehr." Meyerhold ist fassungslos. Was ist mit dieser Frau los? Ihr Mann scheint ihr vollkommen egal zu sein. Wahrscheinlich liegt er jetzt schwerverletzt in irgendeiner abgelegenen Gegend und stirbt qualvoll an seinen Verletzungen, während Suchhunde und Hubschrauber mit Wärmebildkameras nach ihm fahnden. Unterdessen lächelt die Ehefrau, in einer seltsamen Mischung aus Gleichgültigkeit und Arroganz, die Meyerhold maximal provoziert. Mit der Faust schlägt er auf die Tischplatte. Die Befragte, Frau Walther, zuckt kurz zusammen. Frau Lewald findet seine Reaktion vollkommen überzogen. „Was grinsen sie so?" Meyerhold wird immer wütender. „Ich hole uns noch einen Kaffee." Frau Lewald versucht die besänftigende Variante bei ihrem Kollegen: Das Heißgetränk.

Meyerhold schaut seiner Kollegin wütend nach. Wie gerne wäre er jetzt ebenfalls aus dem Raum gestürmt, doch sie kommt ihm zuvor. Die Ehefrau lehnt sich entspannt zurück. „Ich würde auch einen Kaffee nehmen, mit Milch und Zucker. Das wäre schön."

„Schön?" Er steht auf, seine Wut kanalisierend, und bewegt sich auf die Frau zu. „Fragen Sie sich nicht, wo ihr Mann ist?" setzt er mit bebender Stimme nach. „Haben Sie eigentlich eine dieser Kapselmaschinen oder kochen Sie mit Filter?" Sie schaut kurz zu ihm auf. Meyerhold kocht. Keinen Kaffee, sondern mehr innerlich. Um seine Kontrolle ist es geschehen. Dicht vor ihr stehend genügt ein kurzer und schneller Schlag

aus dem Stand, mitten ins Gesicht. Frau Walther heult kurz auf. Fassungslos hält sie sich die Wange. Meyerhold zittert. Mit vor Wut brüchiger
Stimme fragt er: „Was ist konkret passiert? Wo ist ihr Mann?" Die Befragte
ringt destabilisiert nach Fassung, weniger nach Worten. „Ich höre?", lauscht
Meyerhold, jetzt auffordernd und zugewandt. Die Szenerie gleicht jetzt
in Ansätzen einer Therapiesitzung, nur ohne Therapeut. „Ich weiß nicht,
warum ich hier sitze. Ich habe eigentlich nichts gemacht. Falsch". Sie
unterbricht sich selbst und setzt erneut an, nicht ohne einen tiefen Seufzer
auszustoßen. „Er hat was gemacht. Nur er." Sie presst trotzig die Lippen aufeinander. „Ja, könnten Sie mir das genau erzählen?", ermuntert Meyerhold
sie weiter. „Er provoziert mich, ständig, so auch an diesem Nachmittag."
Meyerhold nickt. Jetzt hat er sie.

„Ich hatte gerade die verwelkten Blumen im Vorgarten abgeschnitten und
war auf dem Weg zur Biotonne. Ein Gestank! Kann der nicht mal die Tonne
richtig saubermachen? Müll ist seine Verantwortung, ich kümmere mich ja
um die Wäsche". Sie hält abermals inne und nickt bestätigend vor sich hin.
„Und wie geht es weiter?" „Pah, ich habe den Deckel wütend zugeschmissen
und bin in dieser Stimmung zurück ins Haus. Total genervt stolperte ich
noch über das Stromkabel des Staubsaugers, den er, bestimmt mit voller
Absicht, in den Laufweg gestellt hat. An diesem Tag hat er auch mit dem
Verlegen des neuen Teppichbodens in der Diele angefangen. Ich hörte ihn in
der der Küche telefonieren. Er säuselte etwas von „Ich dich auch, ja, später."
Ich sah rot und warf als erstes seine heißgeliebte Plattensammlung um, die
direkt vor mir wie so eine Musikgedächtnissäule dekoriert stand. Dann
griff ich nach den Stühlen im Esszimmer, einer nach dem anderen landete
irgendwo im Raum. Egal. Ich hatte eine solche Kraft. Als nächstes waren
die Bilder dran, Oma und Opa, der Hund aus Kindertagen. Das Geschirr
des Frühstücks stand auch noch da. Das meiste zerbrach durch die Wucht
des Aufpralls. Wie im Blutrausch. Nichts war vor mir sicher." „Das habe
ich verstanden. Was ist dann passiert?" Meyerhold fragt weiter, sich innerlich beruhigend. Wieder ganz Profi. „Er lachte". Leicht hysterisch versucht
Frau Walther die akustischen Laute zu repetieren. „Hahaha- so in etwa."
„Wurde etwas gesprochen?" setzt Meyerhold fragend nach. „Ja, er meinte
nur: Was für Geräusche du machst, in der Wut. Geräusche! Da platzte es
aus mir heraus, all die Demütigungen, der ganze Frust. Und zum ersten Mal
wurde ich auch gegen ihn handgreiflich." Meyerhold hört für seine Verhältnisse sehr geduldig zu. Sie spürt seinen fragenden Blick. „Ich habe ihn
am Oberarm gepackt, und ganz fest zugedrückt und dann habe ihn an den

Haaren gezogen, ganz fest, so!" Sie macht eine überzeugende Geste in seine Richtung und verzieht dabei das Gesicht zu einer wütenden Grimasse. Und sofort wird Meyerhold klar, dass dieser Übergriff nicht die Ursache der Blutspuren sein konnte. „Ich war selbst erschrocken über meine Reaktion, über mich, und verachtete mich in diesem Moment. Was war aus uns geworden? Den Weg zum Kleiderschrank legte ich im Sprint zurück, warf ein paar Wechselklamotten in den Stoffrucksack und rannte aus dem Haus. Er schrie mir nach: Ja, hau ab. Ich brauche dich nicht!" Sie schluchzt auf und hält wieder ihre Wange. Sie spürt abermals den Schmerz, psychisch wie physisch. „Ins Gesicht geschlagen habe ich ihm nicht" setzt sie noch anklagend nach, die eigene Tat gegen die von Meyerhold aufwiegend. Dieser beruhigt sich in der Zwischenzeit, denn die Aussage ist glaubhaft, sehr detailgetreu in der Schilderung auch nebensächlicher Vorkommnisse oder Wahrnehmungen. Er notiert die festgestellten Realkennzeichen und beschließt, sich die Geschehnisse noch einmal in umgekehrter Reihenfolge erzählen zu lassen, um möglichst viele abgespeicherte Informationen zu erhalten, die doch noch auf den Verbleib des Mannes hinweisen könnten. Beinahe zart streicht er sich durch seinen dunklen Bart. Und dann kommt seine Kollegin zurück, die ein etwas verändertes Bild vorfindet. Das einer tränenreichen Verzweiflung. Die Frau des Vermissten liegt nun mit dem Kopf auf der Tischplatte. Sie schluchzt. „Ja, da gibt es jemanden.", fasst sie erschöpft ihren Schmerz zusammen. Dabei schaut sie Meyerhold irritiert an, jetzt mit der rechten Hand die Wange haltend, Trost suchend bei der anderen Frau im Raum. Frau Lewald windet sich ob der Emotionalität der Befragten während Meyerhold eher zufrieden mit sich seinen zehnten Kaffee des Tages zu sich nimmt. Dabei schlürft er deutlich vernehmbar. „Auf ein Wort!" Frau Lewald stampft vor Wut mit dem Fuß auf. Es reicht. Meyerhold schaut sie mit großen Augen an. Vor der Tür stellt sie ihn, den kollegialen Verbrecher. „Was hast du getan? Und lüg mich nicht an!" „Sie hat mich so provoziert mit ihrem dämlichen Gegrinse, ihren trivialen Fragen, da", er macht eine dramaturgische Pause, „habe ich ihr eine verpasst. Das war vielleicht etwas unangemessen."

„Du hast was?" Frau Lewald wird bewusst, dass Meyerhold seit drei Jahren eine wahre Odyssee an Herausforderungen in seiner Ehe zu durchleiden hat. Und ein Ende des Rosenkriegs ist noch nicht in Sicht. Derzeit befindet sich das Paar inmitten von Drohszenarien auf der sechsten von neun Eskalationsstufen nach Glasl. Bis zur Vernichtung und dem gemeinsamen Absturz kann noch Zeit vergehen.

Dein Tanzbereich – mein Tanzbereich

Sie erkennt den Fehler. In seiner derzeitigen Situation hätte sie ihn mit der Frau niemals alleine lassen dürfen. Wie naiv von ihr, die Lage durch ein Heißgetränk entschärfen zu wollen. In diesem Moment zweifelt Frau Lewald weniger an ihrem Verhalten als an ihrem Verstand. „Und was ist dann passiert?" „Nichts, dann hat die ja auch geredet." „Das geht gar nicht!" Frau Lewald schüttelt missbilligend den Kopf, während Meyerhold die Stirn runzelt. Er ist sich seines Fehlverhaltens schon bewusst, rechtfertigt das jedoch, wie so häufig, mit dem Zweck, der ja bekanntlich alle Mittel heiligt. Dabei blendet Meyerhold nicht nur aus, dass bei diesem Prinzip Gewalt ausgeschlossen wird, er weiß es auch nicht besser. Für ihn ist das Ergebnis das Einzige, was zählt. „Sie scheint glaubwürdig.", ergänzt er noch schnell. Frau Lewald ist immer noch fassungslos und fragt sich zum wiederholten Male in der Zusammenarbeit mit ihrem Kollegen, wie sie sich verhalten soll. Eine Ohrfeige ist und bleibt unangemessen. Sie greift sich an den Hals, auf dem sich gerade sichtbar rote Flecken bilden. Eine Reaktion auf ihren psychischen Notstand. Ihr Körper reagiert, wenn sie nicht weiterweiß. Sie setzt sich kurz auf einen Besucherstuhl im Flur. Nicht nur ihr inneres Gleichgewicht scheint gestört.

Meyerhold geht in den Befragungsraum zurück, während sie nachdenkt. Sie knetet ihre Finger. Jetzt geht es um eine gute Lösung für alle. Denn als Teamplayerin und Kollegin kann sie nicht nur an sich denken. Wenn ich das dem Vorgesetzen erzähle, dann ist unser kollegiales Verhältnis zerstört, das wäre sehr schade. Ein menschlicher Gau. Und wenn ich es wieder für mich behalte, verstoße ich wiederholt gegen Vorschriften und toleriere auch Gewalt. Dieses Entweder-Oder-Denken scheint nicht mehr auszureichen. Frau Lewald wird sich bewusst, dass sie eine andere Form des Umgangs mit ihrem Kollegen braucht. Und dass diese Veränderung von ihr ausgehen muss. Denn sie weiß, dass sich mit einem anderen Verhalten auch ihre innere Haltung ändern wird. Mit der Zeit.

Mit Blick auf die Zeit hat sie schon viel zu lange das impulsive Handeln des Kollegen weggelächelt. In einem Anflug von „Gefühlsduselei", die ihrer Persönlichkeit nicht entspricht. Sie hat wohl gelernt sich in Teilen zu arrangieren. Und ihn mit diesem Verhalten ungewollt noch bestärkt. Meyerhold scheint ihre personifizierte Aufgabe zu sein. Sie weiß viel über ihn, über seine Kränkungen und seine persönlichen Herausforderungen. In den vergangenen acht Jahren hat sie gelernt, dass der Kollege mit Kritik nicht souverän umgehen kann. Ganz zu Beginn ihrer Zusammenarbeit konnte sie ihm schnell das Gefühl geben, großartig zu sein. Denn das war er auch, ein erfahrener Kollege mit der richtigen Mischung aus Ehrgeiz und Leichtigkeit. Doch das Blatt wendete sich. Es ging damals um den Ablauf der Fahndungsschritte in einem Einbruchsfall, erinnert sie sich. Eine ihrerseits sachlich vorgetragene Kritik hat nach wenigen Wochen der Zusammenarbeit fast zum Bruch geführt. „Ich bin so verwirrt. Er reagiert, als habe man ihm sein Lieblingsspielzeug geklaut.", hat sie sich damals einer Kollegin anvertraut. Sie war sichtlich genervt von dieser „Ich muss immer Recht behalten" Art, gepaart mit dem großen Wunsch nach Anerkennung und Respekt durch jeden und jede. Da er ein guter Polizist war und ist, wurde ihm diese Anerkennung auch häufig zuteil. Im Laufe der Zeit wurde ihr Arbeitsverhältnis vertrauter und so konnte sie ihn immer besser verstehen. Warum war er so unsicher? Wieso fühlte er sich so häufig angegriffen? „Ich möchte dich nicht bewerten.", formulierte sie damals ihren Wunsch nach einer guten Zusammenarbeit. „Ich möchte das nur mit dir klären." Und vieles konnte sie mit den Jahren bereits für sich klären, in der Analyse seiner Person und dem erworbenen Hintergrundwissen. Wie in der Fallanalyse, die auch das Augenmerk auf den ganzen Fall und darüber hinaus die Beschäftigung mit den Persönlichkeitsmerkmalen der Täter verlangt. Das Ganze übertragen auf den Kollegen schien ihr mit der Zeit schlüssig und half, die ein oder andere Situation besser zu verstehen und so auch zu meistern.

Die Beschäftigung mit ihr, als Person, blieb in dieser Analyse natürlich nicht aus. Frau Lewald erlebt sich im Grunde handlungsfähig und selbstgesteuert. Das fängt schon beim Alltagshandeln an. Die Anschaffung eines Trockners ist und bleibt, auch mit Blick auf den erhöhten Stromverbrauch, eine gute, da effiziente, Entscheidungen. Denn ein mehr an Qualitätszeit steigert zugleich ihre allgemeine Zufriedenheit. Da kommt es wieder. „Du kannst das!" Dieses Gefühl von Wirksamkeit weckt den Wunsch zu Handeln.

Gebrauchswerte wahrnehmen

Der ersehnte Feierabend ist da. Sie nimmt einen freien Dienstwagen. Heute will sie nicht „Meyerholds Taxitouren" in Anspruch nehmen. Auf dem Weg durch die Stadt fällt ihr Blick auf eine Kinowerbung. Die gefühlt hundertste Verfilmung von Spiderman. „Aus großer Kraft folgt große Verantwortung." Das haben wir jetzt gemeinsam, denkt die gestärkte Frau Lewald, Spiderman und ich. Für Bruchteile von Sekunden wird das riesengroße Kinoplakat lebendig und sie sieht sich im Spiderman-Team als zeitgemäßes Aufklärer- und geistiges Führer-Duo, das die Menschheit erretten wird. Hinter ihr hupt es.

Zuhause angekommen greift sie noch bei laufendem Motor nach ihrem Handy und tätigt entschlossen den aufgeschobenen Rückruf.

Am Abend trifft sie Pascal in der WG. Das scheint ihr für den Anfang der geeignete, da unverfängliche, Ort zu sein. Sie ist immer noch verwirrt. Was für ein Tag. Pascal spürt ihre Irritation. Er fragt nach. Sie hat die berechtigte Sorge, dass ihr Dilemma zum Tischgespräch der illustren Runde wird. Nein, danke. Herausforderungen bewältige ich selbst. Oder mit einem Menschen, der etwas davon versteht. Ein Experte. Wenn ich krank bin, spreche ich ja auch mit meinem Arzt und nicht mit dem KFZ-Mechaniker. Doch hilft mir hier tatsächlich Fachwissen? Ich brauche einen guten Ratgeber. Kann Pascal das sein? Jahrelange Studien der Religionswissenschaft, Geschichte und Philosophie machen aus dem ihrerseits begehrten Mann mehr als einen Experten des Alltags. Denn allen drei Fächern ist gemeinsam, das sie sich mit menschlichem Verhalten beschäftigen.

Wie vermutet sind auch noch andere aus der Wohngemeinschaft anwesend. Die Küche ist der favorisierte Ort, denn die privaten Räume der Wohnung sind eher bettlastig möbliert. Frau Lewald möchte reden, sie braucht das jetzt, nichts anderes. Es geht ihr nicht gut. Der Künstler, Quirin, versucht sich gerade an einer Skizze für ein neues Bühnenbild als John deprimiert im Türrahmen erscheint. „Na, was macht die Suche?", fragt Pascal ihn interessiert während er Frau Lewald, die in diesen Räumen auf Anne hört, rhythmisch auf den Oberschenkel trommelt. John zuckt mit den Schultern. Er ist immer noch auf Stellensuche und hat viel Zeit. Quirin blickt aufmunternd. „Komm, setz dich zu uns. Anne wollte gerade etwas erzählen. Vielleicht kannst du assistieren, als Kommunikationsexperte, meine ich." Seine rechte Augenbraue schiebt sich langsam nach oben, nur die rechte. Jeder, der ihn kennt, weiß: Das ist ironisch gemeint.

John holt sich noch schnell eine Tasse und gießt sich den frisch aufgebrühten Tee ein, den Pascal eben noch schnell zubereitet hat. „Bei einem gemeinsamen Getränk spricht es sich besser." „Ja, und wenn es länger dauert, haben wir noch einen guten Roten.", ergänzt Quirin seine Erfahrungen mit herausfordernden Gesprächen in der Wohngemeinschaft.

Quirin beginnt die Runde. Eine Spur Neugier ist dabei. Er ist Geschichtensammler, liebt die menschlichen Herausforderungen, die ihm auch immer Stoff für das Theater liefern. Win–win nennt er das. „Was ist das für ein Typ, der, ich meine, dein Kollege?". Das besitzanzeigende Fürwort in der Frage stört Frau Lewald nicht. Besitz ist grundsätzlich nicht ihr Problem. So erzählt sie von „irgendeinem Kollegen", dessen Name unerwähnt bleibt. Sie berichtet das, was in ihren Augen notwendig erscheint, um ihr Dilemma zu verstehen.

Sie vertraut der Runde, schon jetzt. Aber sie weiß um das Vertrauen, das sie und Meyerhold verbindet. Und „Vertrauen ist ein scheues Reh.", das

mahnte zumindest ihr geliebter Großvater in scheinbar endlosen Wieder-
holungsschleifen. Und jedes Kind weiß, wie hoch die Wahrscheinlichkeit ist,
dass ein scheues Reh zurückkommt.

Pascal will nun wissen, was Meyerhold, also dem Kollegen, Freude macht.
Das weiß sie schnell zu beantworten „Sich durchsetzen und Einfluss haben."
„Und was stresst ihn?", hakt er nach. Frau Lewald überlegt kurz: „Wider-
spruch und Kontrollverlust." Das hört sich in ihren Augen so negativ an.
„Dabei ist er ein Macher, ein Organisationstalent. Jemand der gut und gerne
Verantwortung übernimmt. Ein toller Kollege eben, auf den man sich ver-
lassen kann."

Pascal lacht. „Hast du ihm das mal genau so gesagt?" Frau Lewald über-
legt. „Ja, vielleicht, mal so zwischendurch." John meldet sich mit ruhiger
Stimme: „Mach das mal ganz bewusst. Sag ihm, was ihn auszeichnet." Frau
Lewald schüttelt unwillig den Kopf. „Aber das muss er doch selbst wissen!"
„Nein, das weiß er nicht." Quirin erregt mit seiner Klarheit die maximale
Aufmerksamkeit seines Gegenübers. John schaut sie nachdenklich von der
Seite an: „Anne, sonst wäre die gefühlte Bedrohung durch die anderen nicht
so übermächtig für ihn. Und lass los von der Befürchtung, in Ungnade zu
fallen. Vertraue darauf, dass dein Kollege dein Engagement für ihn spürt
und wertschätzt." Pascal lächelt sie warm an: „Das kannst du bei anderen
doch auch, oder?" Frau Lewald nickt zustimmend und lächelt. Das klingt
nach einer Sowohl-als-auch-Lösung. Mit dem Kollegen, aber auch nicht mit
dem Kollegen, so wie er jetzt ist. Also anders. Pascal deutet ihr Lächeln auch
anders und nimmt sie in den Arm.

Die Nacht hat gutgetan. Sie wacht zufrieden auf. Es ist still. Zu früh für
die Wohngemeinschaft. Ein großer Vorteil. Einen anderen Vorteil dieses
Zusammenlebens hat sie gestern Abend erfahren: Erkenntnisvielfalt. In
ihren Augen konnte für ihr Problem mit so unterschiedlichen Menschen
eine gute Lösung gefunden werden. Jetzt geht es im nächsten Schritt darum,
den Kollegen zu bestätigen und zu bestärken, um ihn so selbstsicherer zu
machen. Mit der Zeit kann sie so seine Verhaltenswechsel unterstützen.
Sie hofft nun darauf, dass er offen für eine Veränderung ist. Wie meinte
Quirin noch beim letzten Glas Grauburgunder, der Rote war alle, in der
Nacht: „Dann hoffen wir mal, dass er reflektiert ist, dein Kollege. Denn nur
wenn er über sich und sein Handeln auch nachdenkt, kann er selbstsicherer
werden." Sie hoffte das auch. Sicher wäre es auch notwendig, dass er mehr
über seine Gefühle nachdenkt und über das, was die mit ihm so machen.
Ihrer Gefühle war sie sich jedenfalls im Moment sicher. Sie bleibt noch
einen Moment liegen und schaut auf den schlafenden Mann neben sich.
Sie lächelt. „Befriedigung ohne den ganzen emotionalen Quark, ohne dieses

‚Wir wollen eine Beziehung, das ist es!'" Ein Spruch über ihrem Jugendbett. Bereits mit fünfzehn lebte sie diese Form der Abgrenzung. Und wenn ein Freund dann doch mal solange blieb, dass es zu dem ritualisierten Passfoto-austausch kam, so wurde dieses nach Beendigung der Liebelei abgelocht und abgeheftet. In einen DIN A 4 Ordner, und mit ihm all die gesammelten Briefe und Erlebnisse aus der gemeinsamen Zeit. Ordnung muss sein und Struktur erzeuge ich selbst, nickt Frau Lewald im Rückblick bestätigend. Das ist meine Wahrheit. Und sie folgert: Pascal und sein Umfeld haben spürbar etwas in ihr bewegt. Was war anders? Sie steht dankbar auf und verlässt nachdenklich die Wohnung.

Authentisch sein

„Vertraust du mir?" „Ja." Meyerhold ist wachsam. Was kommt jetzt. Die beiden sitzen vor dem Präsidium auf der Mauer in der Sonne. Ein guter Ort. Ein entspannter Moment. Jetzt. Sie schaut ihn intensiv an. „Und ich vertraue dir. Das ist unsere große Stärke, eine unserer Gemeinsamkeiten, bei aller Unterschiedlichkeit." Meyerhold nickt. Das Gespräch scheint eher angenehm zu werden. Insgeheim hat er sich vor einer neuerlichen Rüge durch die Kollegin gefürchtet, nach allem was bei der Befragung passiert ist, wissend, dass sie im Recht ist. Was es nicht besser macht. Er fühlt sich auch jetzt wieder wie ein kleiner Junge, der Angst hat, abgekanzelt zu werden. „Wir lieben beide unseren Beruf. Die Verantwortung. Wir stehen für die Gerechtigkeit auf. Gute Polizisten, die gemeinsam stark sind. Wenn nicht wir, wer dann?" Frau Lewald sieht in der Mimik des Kollegen, wie gut ihm diese Aufzählung tut. So fährt sie motiviert fort. „Wir passen aufeinander auf. Wir sind Partner." Der Eindruck bestätigt sich. Meyerhold kann den Ausführungen seiner Kollegin nur nickend zustimmen. Während er den wohltuenden Worten lauscht, genießt er die Wärme der Sonne auf seinem Gesicht. Das tut gut. Nun ist es für Frau Lewald an der Zeit, die verstärkende Kraft der Argumente für den wesentlichen Punkt zu nutzen. Sie fährt mit sanfter Stimme fort: „Wir sind das perfekte Team, wenn wir uns mit dieser Haltung bewegen und gegenseitig Rücksicht aufeinander nehmen. Das heißt, dass wir den anderen nicht in eine unangenehme oder, mehr noch, gefährliche Situation bringen." Meyerhold versteht noch nicht, was seine Kollegin möchte. Das ist für ihn alles klar und selbstverständlich. Er stellt nun das Nicken ein und wendet aufmerksam sein Gesicht der Kollegin zu. Hatte sie dieses Muttermal schon immer auf der linken Wange? „Ich meine damit, dass wir so handeln, dass der Partner das auch gutheißen kann. Und da müssen wir nicht von uns ausgehen und eigene Grundsätze formulieren, qua dem kategorischen Imperativ. Wir haben Gesetze und Regeln, nach denen wir handeln." Meyerhold hört jetzt aufmerksam zu und nickt nicht mehr. Er unterbricht: „Ja, und die legen wir mal so und mal so aus." Frau Lewald nickt nun ihrerseits eifrig: „Und über das gilt es zu sprechen." Sie muss das Verhalten des Kollegen nun nicht erneut darstellen, sie nimmt es als ein Beispiel für seine zahlreichen Regelübertretungen, die sie im Laufe der vergangenen Jahre gedeckt hat. „Schau mal, ich weiß, dass du sehr impulsiv sein kannst und partiell auch bist. Siehst du auch, dass dein dienstliches Verhalten als mein Partner immer auch Auswirkungen auf mich und meine Arbeit hat? Ich fühle mich dann allein gelassen. Ich wünsche mir, dass du mich mehr einbeziehst, auch in Herausforderungen." Drei Komponenten: Das Gefühl eingebettet in Wahrnehmung und in einem konkret formulierten Wunsch. Meyerhold nickt. Und natürlich kann er das berufliche Handeln nicht trennscharf von seinem privaten Verhalten denken. Frau Lewald nimmt den Kollegen bei der Hand. Ganz sanft, aber auch bestimmt. Eine sehr freundschaftliche Geste. „Du bist du – und du bist für mich wichtig. Ich weiß auch, dass ich mich auf dich verlassen kann. Liege ich richtig damit?"

Sie führt solche Gespräche nicht sehr häufig, sogar eher selten. Fast nie. Ein wenig anstrengend ist es schon, so bewusst die Wörter zu setzen. Wie im Lehrbuch für Kommunikation. Vielleicht fällt ihr das mit der Zeit leichter. Doch es macht sie auch zufrieden, dieses ehrliche Gespräch. Das war alles in ihr und hat nun seinen Ausdruck gefunden. Authentizität ist und bleibt für sie die Basis und die Voraussetzung für Vertrauen.

Meyerhold schaut so, als habe sie ihn mit ihren Worten und ihrem Verhalten erreicht. Er starrt so unbeweglich auf einen Punkt an ihr vorbei, dass sie gerne mit einem Taschenspiegel prüfen möchte, ob der Kollege noch atmet. Plötzlich schnauft er. Immerhin. Dieses Phänomen des Erstarrens hat sie häufiger bei Frauen als Anzeichen für intensives Nachdenken beobachtet. Interessant. Sie lässt seine Hand langsam los. In diesen Momenten, in denen sie so wahrhaftig mit dem Gegenüber umgeht, scheint sie besonders überzeugend zu wirken. Die Polizei-Psychologin, die sie routinemäßig einbestellt, wäre stolz auf sie. Dennoch wird sie ihr in ihrem nächsten Gespräch nicht davon berichten. Sie ist für sich geklärt und hofft nun, dass ihr Kollege Verantwortung für sein impulsives Verhalten übernimmt und bedauert zugleich, das Gespräch in dieser Form nicht schon viel früher geführt zu haben. Ein neuer Punkt auf ihrer persönlichen Agenda.

Vorwärtsstrategie – immer weitergehen

Zu zweit sein und alleine bleiben. „Das hört sich nach Freiheit an." Diese Bemerkung hat sie mehr als einmal gehört. „Ja, Freiheit, die definiert ist. Wir versuchen es einfach und schauen, was passiert. Und dann versuchen wir etwas anderes." Mehr kann sie nicht versprechen. Nach diesem Gespräch ist sie eingeschlafen. Pascal wirkte irritiert. Das ist für sie schon ein großer Schritt, doch damit kann sie leben. Frau Lewald lässt die Bilder der vergangenen Nacht aufleben, als ein Anruf der Rettungsleitstelle ihren Tagtraum durchbricht. Ein Mann, der ganz zu der Beschreibung des Vermissten passt, wurde im Stadtpark am Weiher gesichtet und durch die Kollegen erst einmal in das städtische Krankenhaus gebracht, um dessen offensichtliche Schnittverletzungen zu versorgen. Sie schnappt sich ihre Jacke und ruft nach Meyerhold. Noch kauend vom gerade eingenommenen Lachsbrötchen mit extra viel Zwiebeln, kommt er ihr entgegen. „Wir haben ihn!" Sie gehen beide wortlos zum Dienstwagen. Sie, mehr als erleichtert, dass der Fall nach einem guten Abschluss aussieht. Und er, noch kauend, nicht in der Lage zu sprechen. Ab 200 g wird es undeutlich. Alte Kommunikationsregel oder auch die Tischsitten seines Vaters. Kommt auf das gleiche heraus.

„Natürlich bleiben noch Fragen offen. Diese gilt es jetzt zu klären.", denkt Meyerhold. „Immerhin hat der Mann ja die vergangenen Stunden die halbe Dienstwache auf Trapp gehalten. Und mich auch Kraft gekostet, so auf der Konfliktseite." Meyerhold beschleunigt den Wagen und bremst unmittelbar vor dem Eingang der Notaufnahme. „Ich bin mal gespannt, was der so erlebt hat. Nach den körperlichen Übergriffen seiner Frau." Meyerhold sagt das so, als wolle er die Wahrheit zumindest im Ansatz verstehen und nicht aus dem Mann herausprügeln. Hier zeigt sich für ihn auch Männerloyalität. Frau Lewald sieht ihn nahezu mütterlich an, mit diesem Ruhig Brauner!-Subtext, den es jetzt nicht braucht, denn er nickt bemüht. Beide betreten das Krankenhaus. Sie weisen sich aus und der diensthabende Arzt erklärt kurz, dass es sich bei dem Patienten um teils geringfügige und partiell tiefere Schnittverletzungen der linken Hand handele, die die Schwester gerade versorge. „Hat er sich diese selbst zugefügt?" „Davon können Sie ausgehen. Falsche Handhabung eines Teppichmessers." Kein Fremdverschulden. Das macht die Sache einfacher, um nicht zu sagen: Der Fall hat sich mit dem nun bekannten Aufenthaltsort erledigt. Akte geschlossen. Nicht für Meyerhold. Der will es ganz genau wissen.

Die beiden betreten den Untersuchungsraum. Eine Schwester beugt sich gerade über den Patienten. Ein scharfer Geruch von Schweiß und

Desinfektionsmittel löst nahtlos den Kantinengeruch ab, der die Flure olfaktorisch dominiert. Die Polizisten rümpfen kurz die Nase. Nur für einen kurzen Moment, denn Schlimmeres sind sie von der Rechtsmedizin und so manchem Tatort gewohnt. „Ist halt kein Wellnesstrip, so ein Polizisten-leben.", kommentiert Meyerhold häufig unpassend ihren Arbeitsalltag. So als habe er jemals eine Wellnessfarm von innen gesehen. Meyerhold im weißen Bademantel, ganz entspannt auf einem Sofa liegend bei einer Tasse grünem Tee, mit warmer Algenmaske auf dem Gesicht, während seine Hände durch eine stetig lächelnde schlanke Frau im weißen Anzug massiert werden. Im Hintergrund läuft Lounge-Musik. Allein der Gedanke daran lässt Frau Lewald kurz auflachen. Die Schwester dreht sich um und fixiert beide. „Sie können Herrn Walther gleich befragen." Sie steht auf und macht den Blick auf den Patienten frei. Meine Güte, denkt Frau Lewald betroffen. Das Gegenüber scheint verwahrlost und verzweifelt. „Wo waren Sie?" Meyerhold wiederholt die Frage mit einer Spur mehr Ungeduld. Herr Walther schaut traurig: „Ich will nicht mehr." Dann berichtet er von dem fürchterlichen Streit, indem seine Frau hochemotional durch das Haus wütete. „Da blieb kein Möbelstück bei dem anderen.", versucht er das Chaos zu beschreiben, das Frau Lewald noch in lebendiger Erinnerung hat. „Sie packte und weg war sie. Besser ist es. Und ich flüchtete aus meinem Leben." schließt er das Logbuch einer Ehe ab. „Und das hier?", er hält demonstrierend seine verletzte Hand hoch, „ist ein Heimwerkerunfall. Ich habe einfach getan, als ob nichts passiert wäre. Und stoisch weiter-gemacht. Das hat mir alles den Rest gegeben." Er atmet schwer und ringt nach Worten. „Und wie ich dann bei ihr …". „Der anderen Frau …", über-setzt Lewald an Meyerhold, „vor der Tür stand, schickte die mich weg. Die schickte mich einfach weg!" Er schluchzt fassungslos auf.

„Sie brauchen mich nicht mehr, oder?" Die Schwester schaut die Polizisten fragend an.

Dabei treffen sich die Blicke von Frau Lewald und der Krankenschwester für ein paar Sekunden länger als gewöhnlich. Frau Lewald durchzuckt es. Sie senkt den Blick.

Interview mit der Kommissarin Anne Lewald

Journalist	Sie sind ja als Teil der Exekutive beauftragt, an vorderster Front unseren Gesetzen Geltung zu verschaffen. Die Gesetze und die Ausführungsbestimmungen sind ja nicht immer einfach und ändern sich fortlaufend. Wie gehen Sie mit dieser Komplexität und den ständigen Veränderungen um?
Lewald	Ich lebe das Prinzip der Einfachheit, das eben weit mehr meint, als einfache Erklärungen auf komplexe Umwelten zu finden, die es nicht geben kann. Über das Bestehende hinaus zu denken braucht Kreativität. Was auch hilft, ist denken. Das überrascht Sie nicht wirklich oder? Ich bin jetzt bei Kant. Sapere aude! Habe Mut, dich deines eigenen Verstandes zu bedienen. Meint übertragen in meinem Berufsalltag, nur die Tätigkeiten umzusetzen, die wirklich erforderlich sind und sich in dem Rahmen zu bewegen, der gesetzt ist. Verstehen Sie? GESETZt? Von Gesetz. (Schmunzelt heftig.) Das vereinfacht Komplexität enorm.

Journalist	Sie haben es mit Menschen aus allen gesellschaftlichen Bereichen zu tun, und die zunehmende Globalisierung und Digitalisierung vereinfacht ja nicht gerade ihren Job. Welche Rolle spielt da die Kommunikation?
Lewald	Also erstmal muss man als Polizistin genau beobachten und gut analysieren können. Dann muss ich schnell anderen Menschen klarmachen, was zu tun ist, welche notwendigen Schritte zu gehen sind. Prozesshaftigkeit. Ich bin ja auch nicht allwissend.
	Ich muss da flexibel sein. Gerade, wenn es mal hoch hergeht. Wenn die Gefühle hochkochen. Jeder macht Fehler. Ich auch. Aber aus Fehlern lernt man am besten
	Schritt für Schritt vorgehen. Dann macht man eher kleine Fehler. Die lassen sich schneller korrigieren. Immer Schritt für Schritt. Wissen Sie, was ich meine?
Journalist	Frau Lewald, gestatten Sie mir eine persönliche Frage zu Schluss. Was ist da im Krankenhaus in der Begegnung mit dieser Krankenschwester passiert?
Lewald	Eine nette Begegnung. Auch hier denke ich nicht zu weit im Voraus. Mal sehen, was noch passiert. Ich schweige jetzt besser. Denn für den Moment ist alles gesagt.

Blick auf Ihr Navi

Eine Entscheidung zu treffen bedeutet, das Wesentliche erfasst und bekannte Einflüsse einer Prüfung unterzogen zu haben. Hierbei ist es hilfreich, ganz im Moment zu sein. Und nicht zu weit im Voraus zu denken oder zu planen.

Die nützliche Frage „Was kann im schlimmsten aller anzunehmenden Fälle passieren?" stellt sich mit dem ersten Schritt. Diesen Moment bewusst zu gestalten und nur die Dinge zu tun, die wirklich getan werden müssen, spart Ressourcen und vergrößert den Handlungsspielraum. In unsicheren Situationen mit Versuch und Irrtum zu handeln, lässt mit diesen Erfahrungen einen kompetenteren Umgang mit Entscheidungen zu.

- Erleben Sie sich häufig ganz bewusst im Moment oder denken Sie eher im Voraus?
- Gehen Sie sprichwörtlich über Brücken, wenn Sie da sind?
- Wo ist ihr Fokus?
- Erfahren Sie die Wirkung ihrer Kommunikation?

Literatur

Kluge, A., & von Schirach, F. (2020). *Trotzdem*. Luchterhand Literaturverlag.

von Kibéd, M. V., & Sparrer, I. (2018). *Ganz im Gegenteil. Tetralemmaarbeit und andere Grundformen Systemischer Strukturaufstellungen- nachschauen für Querdenker und solche, die es werden wollen* (10. Aufl.). Carl-Auer.

Watzlawick, P., Beavin, J. H., & Jackson, D. D. (2000). *Menschliche Kommunikation. Formen, Störungen, Paradoxien* (10. unveränderte Aufl.). Huber.

Kapitel 4 – Veränderungskreisel

Die Dämmerung des Tages begrüßt sie mit einem stechenden Schmerz in der Schulter. Die harte Liege ist nun wirklich kein Boxspringbett, wie das, was sie zu Hause hat. Zugegeben, es war nicht billig. Aber die eindringliche Warnung ihres Orthopäden, etwas für ihren Rücken zu tun, hat sie eingesehen. Allerdings das mit der Rückengymnastik und dem Wasser-Yoga

© Der/die Autor(en), exklusiv lizenziert durch Springer-Verlag GmbH, DE, ein Teil von
Springer Nature 2022
V. List und S. Parker, *Wie ich mich entscheide, wenn ich mich nicht entscheiden kann*,
https://doi.org/10.1007/978-3-662-64621-2_4

ist dann doch nicht so ihr Ding. Wegen der Sanftheit der Methode und der Schonung der Gelenke, sagte der Experte für Knochen und drumherum. Hatte sie nicht überzeugt. Dann doch lieber diese Kombination, die am Ende eines langen und häufig auch stockenden Veränderungsprozesses stand. Es hat ihre Entscheidungsfähigkeit aufs Äußerste geforderte: Fußball und Boxspring, nicht Boxen und Springen, obwohl ihr manchmal danach ist.

Sie hat schon als kleines Mädchen lieber mit den Jungs auf der Bleiche gekickt als mit den Mädels eckenstehend zu tratschen. Das liegt ihr halt im Blut. Kann man nicht austreiben. Veränderung hin, Veränderung her. Aber die Sache mit dem Boxspringbett hat sie bereits nach einer Nacht zu 100 % überzeugt. Ein Bettenfachgeschäft bot das als Werbeaktion an: Probeschlafen. Als sie die Anzeige las, wollte sie schnell weiterblättern und dachte nur: Noch eine Reklame für eine weitere Dating-App. Aber es war keine junge Frau in aufreizender Pose abgebildet, sondern nur die Explosionszeichnung von drei übereinandergeschichteten unterschiedlichen Matratzen. Wer kommt bloß auf so eine Idee, dachte sie damals. Können nur Männer-Ingenieure gewesen sein. Drei Matratzen übereinander. Von allem viel. Möglichst viel. Dann las sie. Heute ist sie überzeugte Boxspringbettenschläferin. Na ja, sie musste einen Kleinkredit aufnehmen, das war der Haken an der Sache. Als Krankenschwester kann Frau nicht einfach mal so in ein Fachgeschäft gehen und sich ein hochwertiges Boxspringbett kaufen und die Kohle aus der Portokasse hinblättern. Und ein hochwertiges muss es sein, so der Verkäufer. Er hatte auch schlagend, besser: liegend, demonstriert, dass man für wenig Geld auch wenig bekommt und ließ alle Kunden auf mehreren Billig-Modellen probeliegen. Das reichte schon. Es ist besser nicht zu schlafen als schlecht zu schlafen. Damit hatte er entscheidend den Entscheidungsprozess angestoßen. Alle gingen danach zur Bank. Sie hatten eingesehen: Veränderung tut weh. Und wenn es ‚nur' im Portemonnaie ist. Mal schauen, ob der angestoßene Entscheidungsprozess im Bett auch die erhoffte Wirkung entfaltete. Gesundstoßen halt.

Veränderung begrüßen

Schwester Lieselotte Leisegang, Rufnahme ‚Lies', rappelt sich von der harten Behandlungsliege in der Notaufnahme auf und macht ein paar Dehnungsübungen. Halbherzig. Wie gesagt: Gymnastik, nicht ihr Ding. Ihre Nachtschicht ist ruhig verlaufen. Nur eine Bagatell-Not-Aufnahme zu Beginn der Nacht. Ein Mann hatte sich den Penis auf der vorschnellen Flucht aus dem Schlafzimmer seiner Liebschaft wegen zu frühen Heimkehrens des Gatten, selbigen, also nicht diesen, sondern seinen Penis, genauer gesagt nur dessen

Vorhaut so buchstäblich verzwickt in den Edelstahl-Reißverschluss seiner Kargo-Hose von Pierre Cardin eingeklemmt, dass er in der Notaufnahme Hilfe suchte. Da war Entscheidungsfähigkeit angesagt. Edel-Reißverschluss und damit die Hose für mehrere Hundert Euro demolieren oder ein kleines Stückchen Vorhaut. Die Hose war dem Beischläfer dann doch wichtiger. Sie ist ein Einzelstück. Model-Ware. Das war genau das Problem. Beides sind ja eigentlich Einzelstücke. Nur eine Hose, sei sie noch so teuer, heilt nicht. Die ist kaputt. Das andere Einzelstück heilt ja. Und den Rest übernimmt die Krankenkasse. Und Narben machen ja Männer nur interessanter. Denken sie.

Der auf aktives Zuhören geschulten Lies fiel es im Gespräch schwer, ihre Kompetenz in diesem Fall abzurufen. Hatte sie doch einschlägige Erfahrungen mit Männern gemacht. Nicht dass sich nun Schadenfreude in ihr breit machte. Nein, das war es nicht. Es war eher der Gesamtvorfall, der einer Welt der Satire und der Comics entsprungen schien. Reinstes Klischee. Das war es auch, und die Standfestigkeit des verletzten Mitvierzigers zu seinem Entschluss, den der Notfallarzt, ein Mann, meinte, dreimal durch Nachfragen überprüfen zu müssen, was die gesamte Nachtschwesternschaft noch eine Weile erheiterte. Eine zugegeben wenig einfühlsame beiseite gesprochene und leider nicht überhörte Bemerkung, ob vielleicht bei dieser Gelegenheit mutig eine spontane Geschlechtsumwandlung durchgeführt werden könnte, wenn man schon mal dabei sei, ein kleines Stückchen von dem kleinen Stückchen zu entfernen, führte zu eine barschen Zurechtweisung des nähenden Arztes. Da haben Männer halt wenig Humor. Eigentlich gar keinen.

Mutig sein

Lange wurde noch unter den Frauen darüber diskutiert, ob Narben tatsächlich einen Mann männlicher machen und ob man solches Verhalten als mutig bezeichnen kann. Also die alte Geschichte der Jungs, die sich gegenseitig mit scharfen Klingen in die Fresse hauen, um im Gesicht deutlich sichtbare, weil schlecht vernähte Narben, zu erzeugen, die sie, so ihre Annahme, als männliches Objekt weiblicher Begierde nun als kampferprobte Recken noch begehrlicher erscheinen lassen sollen. Lautes Gewiehere aufseiten der erprobten Frauschaft der Krankenschwestern, die genau wissen, dass sie einen wesentlichen Teil dazu beitragen, den Laden am Laufen zu halten. In einer Doku in arte hat Schwester Lies neulich einen Bericht gesehen, aus Georgien oder so, da lassen sich ‚mutige‘ junge Männer mit Cola-Flaschen an Türkanten die Ohren zertrümmern, damit daraus die ‚berühmten‘ Blumenkohlohren werden. In diesem Land bekommen die

Ringer, eine sportliche Disziplin, durch den Kampf notgedrungenerweise diese Gemüseohren. Die Damenwelt erregt das. Statt ihren Mut nun dort im tatsächlichen Kampf zu zeigen, raffen die Jungspunde ihren Rest-Mut zusammen und lassen sich unter Betäubung in einer vermeintlichen Arztpraxis die Ohren tunen. Da klingeln natürlich der emanzipierten Schwesternschaft die Ohren. Solche Storys hatten das Potenzial zum Running-Gag. Einige Schwesternschülerinnen machten sich später daraus den Spaß, die frisch eingestellten Jungärzte, die PJler, einem Ohren-Check zu unterziehen. Sie hatten ihre diebische Freude daran, die Auflösung ihrer Aktion möglichst lange hinauszuzögern, um auf diese Weise ihre manchmal etwas zu großspurig auftretenden ‚Mitarbeiter', Stichwort: Status, ein wenig einzubremsen und ihnen etwas Schneid abzukaufen. Das gelingt immer.

Der Schlaf tat ihr gut. An dem chronischen Mangel leiden sie alle. Alle Kollegen hier auf der Station und eigentlich überall in der Pflege.

Schwester Lies hat Erfahrung, was Veränderungen betrifft, wenn auch weniger im Kontext Ohren und anderer menschlicher Bereiche mit Haut. Sie ist im Notarztwagen mitgefahren, war in der Alterspflege unterwegs, hat Säuglinge betreut und im OP gearbeitet. PJler, also die Arztküken von der Uni, fragen sie häufig mal um Rat, wenn es um die Pflege und Nachsorge geht. Sie ist im Krankenhaus so etwas wie der Altgeselle in der KFZ-Werkstatt, der gefragt wird, wenn keiner mehr weiterweiß und zu dem sie alle die Fragenden schicken. Schwester Lies genießt diese Rolle, obwohl sie ihr viel Zeit stiehlt. Das ist Anerkennung und Wertschätzung pur. Sie ist halt der offene Typ, schafft es aber trotzdem, ihre Arbeit mit der gebotenen Sorgfalt und Zuwendung zu machen. Als Teamplayerin. Deswegen sterben in ihrer Nachtschicht auch schon mal Patienten.

Wissen, was machbar ist

Die Kollegen von der Frühschicht sind inzwischen alle eingetrudelt. Sie wissen, wenn Lieselotte Leisegang Nachtschicht hat, dann sterben kurz nach Beginn und dem ersten Check-in der ihr unmittelbar folgenden Schicht, also der Frühschicht, keine Patienten. Warum? Das Sterben von natürlich zumeist schwerkranken Patienten kurz nach dem Beginn der Frühschicht ist ein altes, ein uraltes und sehr böses Krankenhaus-‚Spiel', welches zum Glück fast ausgestorben ist. Je nachdem, welche Kultur auf der Station herrscht. Tote auf der Station machen Arbeit, viel Arbeit. Dann wird ein Toter der Nachtschicht von unsolidarischen Kollegen auch schon mal gern übersehen. Upps! Dann muss ihn die Frühschicht wegräumen. Überhaupt ist der Ton auf den Stationen durchaus unterschiedlich. Den nettesten Umgang erlebt Lies immer auf der Säuglingsstation. Für sie ein Ort des Wohlfühlens und der Geborgenheit, trotz aller Schmerzen. In der Notfall-Ambulanz und in der Chirurgie herrscht zuweilen ein etwas rauerer Ton. Der erinnert Schwester Leisegang auch schon mal an heftige Kämpfe und Auseinandersetzungen in ihrer Frauenmannschaft. Leisegang könnte sich immer aufregen über diesen Ausdruck und versucht, sich das abzugewöhnen. Aber Veränderung ist manchmal nicht einfach, auch in der Sprache nicht. Sie ironisiert dann häufig und fragt schlagfertig, ob denn jemand ein herrenloses Damenfahrrad vermisst. Kann aber inzwischen im Verein keiner mehr hören. Da gendert keiner … also keine, es ist ja eine Damenmann … also eine Frauenfußballgruppe … oder so. Frau Leisegang freut sich auf das Training heute Abend. Aber jetzt geht es erstmal nach Hause. Duschen, was essen und dann nochmal für ein paar Stunden ins Bett, ins Boxspringbett. Dann ein bisschen an die frische Luft … Veränderung tut gut … abends ins Training … Veränderung tut gut … dann Durst löschen im Pub … Veränderung tut gut … Die Veränderung am nächsten Morgen tut nicht gut. Das weiß sie aus Erfahrung. Aber sie hat frei, kann ausschlafen. Im Boxspringbett. Das vor dem Einschlafen eingeworfene Alka-Seltzer, doppelte Dosis, wird alles ein wenig puffern. Tja, wie gesagt, Veränderungen tun manchmal auch weh, insbesondere im Blutalkohollevel. Lies stellt sich diesen Erfahrungen aber immer wieder.

Das Training mit ihren Mädels am Abend läuft wie immer. Die Trainerin hat Mühe – wie immer – ihre Spielerinnen aus ihrem Sozial-Gesummse in den Umkleiden auf den Platz zu bewegen. Man spürt, also die Frauen, eigentlich wollen sie die Zeit eher für den Austausch nutzen. Die Zeit außerhalb der beruflichen oder häuslichen Tätigkeiten ist so knapp bemessen und Frau spürt dann verstärkt, was im Leben fehlt. In dieser kurzen Zeit des Austauschs unter den Frauen braucht es kein aktives Zuhören, man meint frau fühlt sich einfach schneller verstanden. Es braucht kein Verhandlungsgeschick wie in den Diskussionen mit Vorgesetzen um Überstunden und Gehalt. Frau versteht sich einfach. Es braucht kaum Mut, um auch unangenehme Dinge anzusprechen. Ok, das geht nicht mit allen Frauen, aber mit den meisten. Einzig krankt es an Entscheidungsfähigkeit. Das wird schnell in den Gesprächen, die durch den Raum flirren, offensichtlich. Hier ist die Frage nach einer Trennung, dort das vermeintliche Dilemma Kinder oder Beruf. In einem anderen Gespräch dominiert das Thema der verweigerten Übernahme von Hausarbeit durch den Mann. Er verdiene ja das Geld und mehr als sie. Entscheidungsschwierigkeiten allerorten. Dilemmatöse Dauerthemen. Dennoch. Zuweilen entwickeln sich aus diesen teilweise recht offenen Gesprächen unter Freundinnen und Sportskameradinnen Impulse,

Problemlösungen anzugehen und auch Versuche, Dilemmata aufzubrechen. Der erste Schritt ist ja bekanntlich immer die Kommunikation. Der zweite Schritt das mutige Losgehen, auch wenn das Neue erstmal Angst macht. Aber wir wissen spätestens seit Fassbinder: Angst essen Seele auf.

Das anschließende Training auf dem Platz erscheint, betrachtet man den gesamten Abend, eher als Unterbrechung der Gespräche. Es geht ja unmittelbar nach der sportiven ‚Störung' weiter im Stamm-Pub. Nicht alle Mädels gehen immer mit, aber die meisten. Auch ist zu spüren, wie die anwesenden Männer den Gesprächen der Frauen hier und da offensichtlich spontan eine andere Wendung geben. Schließlich sind sie kein Verein, der sich aufgrund einer sexuellen Orientierung formiert, denkt die taffe Schwester. Sie sind Freizeit-FußballerINNEN. Sie sind vor nicht allzu langer Zeit in eine Männer-Domäne eingebrochen. Sie sind dabei, die Bastion ‚Männerfußball', eine neue Wortschöpfung, denn vorher war Fußball per se ein reines Männerding, erfolgreich einzureißen. Fußball ist, wie alles, ein Menschending. Nicht dass dieses Thema im Verein immer auf höchstem intellektuellen Niveau diskutiert wird. Schließlich finden sich in der Sportgruppe Frauen aus nahezu allen Schichten der Gesellschaft. Entsprechend breit gefächert sind auch die Beiträge und deren informationelle Grundlagen.

Den Heimweg nach dem alkoholgeschwängerten Zug durch die Kneipen gestaltet Frau Leisegang immer etwas anders. Da nicht alle gleichzeitig aufbrechen, ergeben sich stets neue Paarungen für den Heimweg, der durch die frische Nachtluft führt. In letzter Zeit hat allerdings die Anzahl der Kneipenwechsel pro Nacht kontinuierlich abgenommen und das Bedürfnis nach Veränderung in dieser Hinsicht scheinbar auch. Eine Veränderung, die Frau Leisegang nicht gefällt. Sie bleibt ihrer Absicht treu, darauf zu achten, dass sie auf dem Nachhauseweg immer mal mit einer anderen FRAU aus ihrer MANNschaft noch ein Schwätzchen hält. Das ist auch gut möglich, da die meisten fußläufig im Innenstadtbereich wohnen. Diese Schwätzchen entwickeln sich dann aber häufig zu intensiven Gesprächen. Es wird störungsfrei sehr aufmerksam zugehört. Trotz oder wegen des leicht erhöhten Alkoholpegels. Diese intime Gesprächssituation auf dem Weg durch die stille Nacht lockert auch häufig die Hemmungen, über Dinge zu reden, die wirklich wichtig sind und zumeist auch unter einem gewissen Entscheidungsdruck stehen. Gewöhnlich laufen die Gespräche über eher harmlose gesundheitliche Fragen – Frau erbittet gerne mal einen kleinen Rat von Schwester Lies – aber schnell zu mehr existenziellen Dingen. Als Krankenschwester weiß Frau Leisegang, wie wichtig in diesen Momenten aktives Zuhören ist. Nicht unterbrechen und immer mal wieder durch ein

Nicken, ein passendes „Mhm!" signalisieren, dass man konzentriert zuhört und ganz beim Redner ist. Das baut Vertrauen auf. Das entspannt. Das öffnet die Person. Es funktioniert eigentlich immer, das allgemeine Verfertigen der Gedanken beim Gehen. Gerne lässt Schwester Leisegang hier ganz im Privaten ihre berufliche Kompetenz wirken. Schließlich freut sie sich ja auch, wenn sie sich jemandem wegen eines Problems anvertrauen kann. Das Reden über schwierige Situationen – das hat sie im Laufe der Jahre immer wieder festgestellt – bereitet nicht nur eine tragfähige Entscheidung vor, manchmal provoziert das Aussprechen quasi ganz automatisch eine Entscheidung. Das ist so ein merkwürdiges Psycho-Ding, das sich ja die ganze Psychologie zu Nutze macht. In populärwissenschaftlichen Artikeln liest Frau Leisegang dies jedenfalls öfter, auch wenn sie sich jetzt nicht für eine Expertin auf diesem Gebiet hält. Zuweilen geben ihr die Artikel aber schon mal den einen oder anderen Anstoß, wie sie bestimmte Schwierigkeiten meistern kann. Auch hat ihr die Lektüre von ein bisschen Expertenwissen die Angst genommen, dass es ausweglose Situationen gäbe.

Nach der Entscheidung zweifeln

Ihre heutige Gesprächspartnerin ist die Mittelstürmerin ihrer Mannschaft, Karin. Sie neigt dazu, mit dem Kopf durch die Wand gehen zu wollen. Entsprechend ungeduldig ist sie, wenn sich Probleme nicht schnell lösen lassen.

„Wir haben zwei süße Kinder. Mein Mann will jetzt noch ein Kind.", eröffnet Karin das Gespräch.

„Wo ist das Problem?", forscht Lies nach.

„Er mag ja Kinder auch sehr, aber dann bleibt doch die meiste Arbeit an mir hängen.", antwortet Karin mit einem resignierten Unterton.

„Hast du ihm das mal klargemacht?", hakt Lies nach.

„Ja, sicher. Aber am Ende verdient er halt mehr als ich, und dann ist klar, wer arbeiten geht und wer zu Hause bleibt. Wir bräuchten dann auch ne größere Wohnung, und die ist teurer."

„Das klingt nach einem Dilemma."

„Ja genau! Dilemma!", bestätigt Karin. „Wie löst man sowas bloß?"

„Das ist nicht so ganz einfach, aber manchmal möglich." Lies legt ihren Arm um Karins Schulter. „Was machst du, wenn du vor lauter Bäumen den Wald nicht mehr siehst?", fragt Lies ihre Vereinskameradin.

„Na ich geh aus dem Wald raus.", antwortet Karin wie aus der Pistole geschossen. „Dann seh' ich den Wald wieder."

Lies ist verblüfft. Aber das mag sie an Karin so. Auch im Spiel. Sie hat immer den Überblick. Weiß wo der Ball ist. Weiß wo das Tor ist. Sie steuert die Mannschaft durch laute Zurufe, häufig besser als die Trainerin vom Spielfeldrand, obwohl sie mitten drin steckt. Schließlich will sie am Ende eines Spielzugs den Ball haben, um ihn im Netz zu versenken. Leisegang will diese Kompetenz nutzen.

„Wenn ich dich bei unserem Spiel beobachte, dann sehe ich dich als Torjägerin, ja du bist unsere beste Stürmerin, hast den härtesten und genauesten Schuss. Da gehörst du auch hin. Das ist dein Platz. Aber du hast auch den Überblick über das ganze Spiel, siehst mögliche Spielzüge, ahnst das Verhalten des Gegners voraus und hast immer eine Idee für die nächsten Schritte. Das können nicht alle in unserer Mannschaft.", doziert Leisegang.

„Ach du meinst …", poltert Karin los.

„Genau!", grätscht Leisegang vorlaut dazwischen.

„Ich sollte meine Gesamtsituation betrachten. Genau.", platzt Karin heraus.

„Genau," sagt Leisegang und dann nichts mehr.

Den Rest des noch kurzen Weges gehen sie schweigsam nebeneinander her. Karin hat sich bei Lies eingehakt und sie gehen die wenigen Meter bis zu Karins Haustür im Gleichschritt. Leisegang genießt die körperlich anschmiegsame Nähe ihrer Spielpartnerin.

„Soll ich dich noch nach Hause bringen?", bietet Karin an. „Du wohnst doch auch hier in der Nähe."

„Nein. Ist schon ok. Das schaff ich alleine. Hab ja mein Pfefferspray immer griffbereit."

„Ok, dann gute Nacht und Danke für deine Tipps!", verabschiedet sich Karin, den Hausschlüssel aus ihrer Sporttasche kramend.

„Schlaf gut. Und träum was Schönes!", säuselt Lies und ist gleichzeitig ein bisschen überrascht von dem etwas zu anbieterischen Unterton in ihrer Stimme. Die letzten Meter zu ihrer Wohnung durchströmt Lies ein warmes, bisher unbekanntes Gefühl. Die Zu-Bett-geh-Dinge verrichtet sie einem Automatismus folgend zügig und gedankenlos. Sie will schnell ins Bett und ebenso schnell einschlafen. Sie vergisst ihr bereitgestelltes doppeltes Alka-Seltzer.

Am nächsten Morgen schaut Frau Leisegang etwas irritiert auf ihren altmodischen Wecker im Vintage-Look und das nicht getrunkene Schmerzmittel. Sie staunt über die Uhrzeit. Es ist nicht mindestens nach zwölf, sondern erst kurz vor halb zehn. Sie ist wach und hat Lust aufzustehen. Was hat sich verändert gegenüber den anderen Kneipen-Abenden nach dem Training? Sie lässt die Frage erst einmal so stehen. Es muss irgend etwas mit dem Gespräch mit ihrer Stürmerin zu tun haben. Leisegang will den Gedanken jetzt nicht verfolgen. Erst einmal verdrängen, bevor da etwas zu Tage kommt, was womöglich Probleme schafft. Probleme hat sie eigentlich genug. Insbesondere seit ihrer Trennung, eigentlich auch schon vorher. Jetzt ist sie fast überzeugter Single und versucht die Vorzüge dieser neuen Freiheit in den Vordergrund zu stellen.

„Moin, Frau Leisegang, wie immer?", schnurrt die Frohnatur hinter der Verkaufstheke des Bäckers ihres Vertrauens um die Ecke. Sie nickt und denkt: Das ist Lebensqualität. Später geht sie noch über den Markt. Sie will italienisch kochen. Was Leichtes ohne Fleisch. Sie möchte heute früher zur Arbeit. Sie hat sich in eine Palliativ-Fortbildung eingetragen. In-House. Zwei Stunden vor Beginn ihrer Nachtschicht. Der letzten, bevor sie dann turnusmäßig wieder für eine Woche in die Frühschicht wechselt. Die mag sie am liebsten. Es gibt eine normale Nacht davor. Es gibt noch ein Stück vom Resttag und es gibt einen Abend. Ok, einen kurzen Abend, aber immerhin. Sie freut sich auf die Fortbildung und vielleicht auch auf eine kleine berufliche Veränderung. Im Hospiz hat sie noch nicht gearbeitet.

Diese Schnittstelle zwischen Schwerstkranken, oder überhaupt Sterbenden, und finaler Betreuung hat sie schon immer interessiert. Schließlich wird man ja auch privat immer wieder mit solchen Situationen konfrontiert, und irgendwann, man weiß nicht wann, ist man möglicherweise selbst an der Reihe. Und dann? Schirachs Film über Sterbehilfe oder auch das Recht, sein eigenes Sterben planen zu wollen, hat sie sich mehrmals in der Mediathek angeschaut und fasziniert der Argumentation einer Juristin gefolgt. Anfangs hat sie gelacht über den hilflosen Priester, dessen Paradigmen der Anwalt mit links pulverisiert hat. Sie erinnerte sich aber dann der vielen sterbenden Menschen, die sie in der Schlussphase auf ihrem Weg begleitete, die sagten, der Glaube gebe ihnen Kraft. Ihr erschien das sehr rätselhaft. Sie glaubt an keinen erfundenen Gott. Sie hält sich an die Realität, die Wissenschaft, die Medizin. Dennoch versetzt es sie immer wieder in Erstaunen, welche Kraft in dieser Autosuggestion liegt. Darüber will sie mehr wissen. Sie hat gehört, der Referent, der die Fortbildung macht, sei ein wirklicher Experte und unterhaltsam darüber hinaus. Er verstehe sein Handwerk. Damit steht ihr Entschluss und die Anmeldung fest.

Leisegangs Tag bis zum Start der Fortbildung verfliegt mit allerlei alltäglichen Verrichtungen: Einkaufen, putzen, Wäsche waschen, kochen, essen, ausruhen, Online-Kontakte pflegen.

Den Sinn hinterfragen

Schwester Lies folgt den Ausführungen des Palliativ-Referenten anfangs mit geringem Interesse. Die Historie, wie sich das alles entwickelt hat, interessiert sie nicht so sehr. Nachdem der Referent das Sterbeumfeld aus medizinischer, psychologischer, partnerschaftlicher, pflegerischer und aller sonst noch beteiligter Sichten angedeutet hat, wird Lies schlagartig wach. Jetzt geht es um das Recht zu sterben, die Selbstbestimmung in der Schlussphase des Lebens und das Urteil des Bundesverfassungsgerichtes und die Verweigerung der Politik, es in die Praxis umzusetzen. Weiß sie doch aus ihren vielfältigen Erfahrungen der Pflege, dass hier eine offene Wunde klafft, wenn schwerstkranke Menschen austherapiert sind, also alsbald sterben werden und sie den Wunsch äußern, ohne Qualen die Schlussphase ihres Lebens selbstbestimmt zu gestalten, sprich: Selbstmord zu begehen. Welch ein schwachsinniges Wort sich da gewisse herrschende Eliten ausgedacht haben, vorzugsweise im religiösen Bereich. Es sei die schlimmste Todsünde, die entsprechend scharf bestraft werden müsse. Die erfahrene Schwester

Lies weiß dann immer nicht, ob sie aufschreien soll oder ob sie über so viel Menschenverachtung laut lachen soll. Jetzt will sie es wissen und setzt dem Referenten die Pistole auf die Brust: „Wie sehen sie den sogenannten Äskulap-Eid im Verhältnis zum Sterbewunsch eines Menschen? Darf eine Arzt oder medizinisches Personal einem Menschen helfen, der sich nicht mehr selbst helfen kann, seinen letzten Wunsch zu erfüllen? Das ist doch das letztliche Ziel palliativer Arbeit oder? Dem Menschen zu helfen, seine letzte Lebenszeit möglichst angenehm zu gestalten und zu erleben und selbstbestimmt zu sterben?"

„Ich habe ihre Frage erwartet.", antwortet der Referent und fährt fort: „Solange es keine Ausführungsbestimmungen des Urteils zur Sterbehilfe gibt, dürfen sie nicht helfen. Ganz klar."

„Aber dann verstoße ich, bzw. der behandelnde Arzt doch ganz klar gegen das Gebot des Äskulap-Eides, das den Arzt verpflichtet, dem Kranken zu helfen oder?"

„Sie haben recht.", antwortet der Referent. „Das ist ein Dilemma."

Die erhoffte klare Wegweisung, die Schwester Lies von diesem Sterbe-Experten erwartete, gibt es offensichtlich nicht. Das muss wohl jeder, solange bis es klare juristische Vorgaben durch neue Gesetze gibt, wenn es die überhaupt geben wird, mit sich selbst ausmachen und für sich entscheiden. Will man möglicherweise mit dem Gesetz in Konflikt kommen, weil man einem Sterbewilligen hilft, seinen freien Willen zu erfüllen oder will man Gewissensqualen leiden, weil man einen Sterbenden in seinen Qualen am Ende alleine lässt und ihm die nötige Unterstützung verweigert? „Ach, Sterben zieht mich immer so runter.", sinniert Schwester Lies, als sie den Seminarraum verlässt. Dagegen steht ihr fester lebensbejahender Wille, helfen zu wollen. Sie hat sich selbst eine einstweilige Wegweisung für diese ausweglose Situation zurechtgelegt: „Die Endlichkeit des Lebens ist ein unendlicher Gewinn des Lebens, unter einer Bedingung." Diese Bedingung kann sie noch nicht ganz ausgefeilt formulieren, aber sie ist sich sicher: Das wird schon. Arbeit auf der Geburtsstation und im Hospiz. Alfa und Omega. Anfang und Ende. Das wird ihr mehr und mehr klar: Das gehört irgendwie zusammen. Und das dazwischen nennt man Leben. Bei der Geburt tun wir auch alles, damit es Mutter und Kind gutgeht. Also sollten wir auch beim Sterben alles tun, damit es dem Sterbenden so lange wie möglich gutgeht. Was jetzt das Problem ist? Das Un- oder Neugeborene hat keine Wahl. Es kann sich nicht äußern. Der Mensch hat sich im Laufe seines Lebens einen freien Willen erarbeitet, mehr oder weniger. Den gilt es natürlicherweise jetzt auch zu respektieren.

Was stört, kann weg

Gedankenversunken geht Frau Liselotte Leisegang in Richtung ihrer Station und ihrer Schicht und mutiert wieder zur Schwester Lies. Sie weiß noch nicht, dass sie in dieser Nacht in einer Weise herausgefordert wird, wie sie es noch nicht erlebt hat. Mehrmals.

Die erste Hälfte der Nachtschicht verläuft relativ ruhig. Es ist ja auch kein Karneval, keine Kirmes, kein Länderspiel, kein Wochenende. Dann, gegen nulluhrfünfzig, geht es los. Das ans Krankenhaus angegliederte Hospiz bittet um dringende Unterstützung. Einem austherapierten Patienten geht es sehr schlecht. Es geht vermutlich zu Ende. Er hat extrem starke Schmerzen. metastasierter Buchspeicheldrüsenkrebs. Der behandelnde junge Arzt hat schon zweimal Morphium nachgeschossen. Es lindert die Schmerzen nicht ausreichend. Der Patient windet sich und schreit, bettelt und fleht, dem Ganzen ein Ende zu bereiten. Der anwesende Pfarrer steht hilflos dabei, will trösten, wo es nichts zu trösten gibt. Der Patient schlägt um sich, schreit nach der finalen Spritze. Der junge Arzt ist überfordert. Diese Situation findet Schwester Lies vor. Auf ihre Nachfrage, warum der Arzt nicht dem Wunsch des Sterbewilligen nachkommt, erhält sie vom sichtlich gestressten Jungarzt eine Lehrbuchantwort: „Eine weitere Erhöhung der Dosis Morphium würde nicht nur die Gefahr signifikant erhöhen, dass er süchtig werden könnte, sie würde darüber hinaus auch das Leben des Patienten gefährden." Das sei mit seiner ärztlichen Verpflichtung nicht vereinbar, menschliches Leben zu erhalten, so der Arzt, der offensichtlich restlos den Überblick verloren hat.

Schwester Lies handelt schnell. Sie bittet den Arzt, bei dessen ersten Arbeitstag sie vor kurzem im Empfangs-Kommitté der Schwesternschaft und dem Blumenkohlohrentest dabei war, auf ein Wort kurz auf den Flur.

Nach exakt 40 s betreten beide wieder den Sterberaum des Patienten. Dieser ist inzwischen zu einem wimmernden Bündel auf seinem Bett zusammengesunken. Der Arzt zieht mit leicht zittrigen Händen eine Spritze auf und verabreicht sie dem Sterbewilligen. Dieser schläft kurze Zeit darauf entspannt und mit einem friedlichen Gesichtsausdruck ein. Für immer. Der Arzt verlässt schweigend den Raum. Schwester Lies schiebt den schwarz bekleideten Herrn zur Tür hinaus, greift sich die Patientenakte und folgt dem Arzt ins Stationszimmer. Sie setzt sich an den freien Schreibtisch und trägt die letzten Eintragungen darin ein, die der Arzt wie fremdgesteuert unterschreibt. Akte zu. Der Rest ist Schweigen.

Sie erinnert sich an den besonderen Notfallschrank, den sie selten benötigt. Ein Schluck Cognac tut schnell seine Wirkung und Schwester Lies kann sich nun eine Weile ihrem Gewissen stellen. Hat sie richtig gehandelt? War sie übergriffig? Wie wird der Jungmann reagieren und die Geschichte verarbeiten, ein 28-Jähriger, der eigentlich noch gar kein richtiger, also gestandener, erfahrender Arzt ist? Soll sie das Gespräch mit ihm suchen? Oder einfach schweigen? Was sagen, wenn jemand nachfragt? Die Angehörigen zum Beispiel, von denen keiner rechtzeitig kommen konnte. Sie weiß schon, welche Geschichte sie erzählen wird, und geht im Stillen davon aus, dass niemand, der meint es besser oder anders zu wissen, dazwischengrätscht. Sie ist Spielmacherin und hat den Ball. Und verbringt noch ein wenig Zeit mit sich im Dialog.

Expertenrat holen

Sie hat ihren Status verschoben. Sie hat einem unerfahrenen jungen zweifellos gut ausgebildeten, aber in der Situation überforderten, Arzt gezeigt, wie man sich aus einem Dilemma befreit. Also eigentlich nicht direkt gesagt, nur ihm so eine Art Wegweisung gegeben, natürlich mit klaren Optionen.

Zeit, endlich Feierabend zu machen. Vielleicht trifft sie sich ja noch am Abend mit einer Fußballkameradin auf ein Bier. Oder zwei. Nein, eigentlich möchte sie lieber alleine sein mit ihrem Gefühl, das sie nicht ganz definieren kann. Während sie schweigend die Straße entlangschlendert, prüft sie ihr Aussehen in den Fenstern der Geschäfte respektive in deren Spiegelbild. Sie fühlt sich nicht nur müde, sie sieht auch so aus. Ihr Blick fällt auf eine Auslage, die ihr mehr als vertraut vorkommt: Die Buchhandlung an der Kreuzung zu ihrer Wohnstraße. Lies betritt den Laden. Hier erhofft sie sich einen ersten morgendlichen Muntermacher in Form einer Tasse Kaffee aus dem Automaten in der belletristischen Abteilung und vielleicht auch ein Buch, das sie gedanklich ablenkt. Heute. Der vertraute Buchhandlungsgeruch schlägt ihr entgegen. Ganz viel Papier mit ganz viel Wissen, Gedanken, Bildern. Sie liebt diesen Ort. Als haptischer Mensch streicht sie über die ausgelegten Bestseller, die auf einem Tisch im vorderen Kassenbereich verkaufsfördernd dekoriert sind. Erst einmal einen Kaffee. Sie steuert den Automaten an, an dem gerade schon eine Frau steht und auf ihr Getränk wartet. Blöd. Lies zappelt ein wenig hin und her. Die Frau dreht sich um und Lies schaut sie mit diesem ungeduldigen Blick an, der sagt: „Endlich fertig?" Doch etwas ist anders. Diese Augen. Sie schaut hin, schaut weg und sieht der Frau hinterher, wie diese um die Ecke in die Fachbuchabteilung verschwindet. Lies schüttelt verwundert über sich den Kopf. Der Kaffee ihrer Wahl, einfach schwarz, ist heiß wie immer. Eine der besseren Kaffeeautomaten lobt sie leise im Vorbeigehen dieses kundenfreundliche Angebot der Buchhandlung. Auch sie steuert nun die Fachbuchabteilung an. Die Frau sichtet Bücher in der Auslage „Psychologie". Mein Thema, denkt Lies und stellt sich neben sie. Da fällt ihr Blick auf eine Publikation zum Thema „Agiles Handeln". Was ist das konkret? Flexibel sein oder so ähnlich? Sie blättert in das Buch und schlägt eine Seite auf, in der es um schnelle Entscheidungen geht. Spannend. Heute Nacht musste auch sie schnell entscheiden, wie sie sich zu verhalten hatte, im Angesicht des Todes. Sie liest: „Menschen geraten immer wieder in Situationen, in denen schnelle Entscheidungen gefällt werden müssen. Solche Entscheidungen, ohne fundierte Analyse, nähern sich dann dem, was man landläufig unter improvisieren versteht: spontan aus dem Bauch heraus ohne ausdifferenziertes rational durchdachtes und ausargumentiertes Konzept zu handeln. Diese Entscheidungen müssen nicht zwangsläufig kopflos erfolgt sein, denn ein Bauchgefühl beruht bei Menschen, die sich eine lange Zeit intensiv mit einer Sache beschäftigt und sie durchdrungen und reflektiert haben, auf einem großen Erfahrungswissen, das über die Jahre durch laufende Evaluationsprozesse, auch des trial and error, kontinuierlich überprüft wurde. Es ist vergleichbar der Reaktion eines erfahrenen Schachspielers, der nicht mehr jeden möglichen Zug und seine Folgen, wie ein Computer, durchdenken muss. Es haben sich bei solchen Menschen Kompetenzen von Mustererkennungen gebildet, die ihnen erlauben, nach jahrelangem reflektiertem Training, spontan auf neue und komplexe Herausforderungen angemessen zu reagieren. Solche Menschen haben sich eine hohe Kompetenz von Entscheidungsfähigkeit erarbeitet, die die Person in schnelle Handlungsbereitschaft versetzt." Interessant.

Schwester Lies wird nicht nur das Buch kaufen, sondern auch aus dem gelesenen Abschnitt mitnehmen, dass sie richtig gehandelt hat. Sie wird später ihr selten hervorgeholtes Tagebuch aus Teenagerzeiten hervorkramen, aufschlagen und einen für sie bedeutungsschwangeren Satz hineinschreiben: „Ich will mich möglichst immer so verhalten, dass in einer Konfliktsituation die Beteiligten einen Ausweg für alle entdecken können. Ich WILL Verantwortung übernehmen." Das „WILL" wird sie in Großbuchstaben schreiben und mit dem dicken roten Filzmarker in Herzform einrahmen. Das Wollen will sie nicht als einen von außen auferlegten Zwang verstehen, sondern als Handlung aus innerem Wollen, aus einer inneren Haltung heraus, aus ihrer Haltung. Sie blickt auf und sieht, dass die Frau nicht mehr neben ihr steht. So versunken war sie in die Lektüre. Lies trinkt ihren

Kaffee aus, bezahlt und verlässt zufrieden, müde und gleichermaßen irritiert die Buchhandlung.

Auswirkungen kennen

Schwester Lies ist nun doppelt platt. Zwei Ereignisse hatten sie ausgehebelt, die nicht konträrer und disparater zueinanderstehen konnten: Das erste hat sie an die Grenzen ihrer Handlungsmöglichkeiten geführt und darüber hinaus. Ja, es ist das darüber hinaus. Sie hat einen neuen Erfahrungsraum betreten. Sie hat sich über den Status eines Arztes erhoben, was nicht ganz so schwer war, weil der unerfahrene Arzt seinen Status selbst abgesenkt hat. Das hat Schwester Lies wahrgenommen, gehandelt und das notwendige getan. Das ist das eine gewesen. In dem anderen Fall hat sie schon zum zweiten Mal einen Erfahrungsraum betreten, der ihr bis dato gänzlich unbekannt und verschlossen war. Nein, eigentlich bereits zum dritten Mal.

Auf ihrem Heimweg kreisen die Gedanken um die beiden Vorkommnisse, verschieben sich in- und übereinander. Sie ist verwirrt ob der unklaren Gemengelage. „Worum geht es eigentlich?", versucht sich Frau Leisegang jetzt in die rationale Pflicht zu nehmen. Es klappt nicht. Ist alles zu frisch. Sie beschließt, sie ist überhaupt nicht mehr müde, ganz entgegen ihrer sonstigen Gewohnheiten, erstmal in den nahegelegenen kleinen Stadtpark zu fahren, um dort den Kopf zu lüften. Sie war früher öfter mit ihrem letzten Ex hier. Der alte Baumbestand mit den Rotbuchen und einigen mächtigen kanadischen Ahornen, die weitläufigen Wiesen, die zum Picknicken einladen und der kleine See, eher Teich, eigentlich Tümpel mit seinen schilfbewachsenen Uferstreifen und dem zahlreichen Getier waren so romantisch. Eine Ader in ihr, die sie jedes Mal ein bisschen überrascht. Eine Bank ist frei. Sie setzt sich und lässt den Blick schweifen. Wie ruhig es hier ist. Heute. Keine Menschenseele. Frau Leisegang kommt zur Ruhe, ihre Gedanken suchen sich ungesteuert ihren Weg. Es macht sich aber jetzt kein spezifischer Gedanke in ihr breit, sondern es ist ein Gefühl. Ein Gefühl der Wärme, das seinen Ursprung ganz, ganz tief in ihr drinnen hat. Und jetzt kommen auch Bilder hinzu. Die Augen waren es. Die Augen der Kommissarin. Déjà-vu. Ein Blitz durchfährt sie. Das waren die Augen der Polizistin, in denen sie sich schon einmal für ein paar Sekunden verloren hat. Und es ist auch ihre Stimme, an die sie sich jetzt wieder erinnert. Und es ist das gleiche, nein, dasselbe Gefühl, das sich neulich kurz in ihr breit machte, aber so schön war, das in ihr Raum beanspruchte, als sie die letzten Meter mit der Mittelstürmerin ihrer Frauenfußball … schaft eng eingehakt nach Hause ging. „Was ist denn das für eine neue Baustelle?", fragt sich Frau Leisegang, deren Beziehungen mit Männern in der Vergangenheit nie so recht klappen wollten und auch nie ein Ausweg für beide aus den jeweiligen Konfliktsituationen sichtbar wurde. Diesen Situationen war auch mit noch so viel Verhandlungsgeschick nicht beizukommen. Dieses „neue" Problem kann sie nicht alleine lösen. Gesprächsbedarf. Vielleicht verbarg sich ja in diesem neuen „Erlebnisraum" eine Lösung für so manch anderes bisher nicht zu bewältigendes Problem.

Nicht nachlassen

Die Agenda von Frau Leisegang wächst. Was soll sie zuerst machen? Das Gespräch mit dem jungen Sterbearzt? Ein Gespräch mit ihrer Vereinskameradin? Wen könnte man sonst noch zu Rate ziehen? Eine Psychologin oder einen Psychologen? Oder soll sie einfach nochmal die Kommissarin mit den Augen kontaktieren? Einfach so? Einen Vorwand vorschützen? Von wegen Interesse an dem Fall. Unglaubwürdig! Oder einfach die Tür aufmachen, durchgehen und schauen, was passiert. Was soll schon passieren? Sie könnte einen Korb bekommen. Oh, pardon, kleiner Irrtum. Missverständnis und so. Kurze Peinlichkeit und Ende der Geschichte. Oder es passiert etwas, wovor sich die emanzipierte, taffe Frau Leisegang doch ein wenig fürchtet, weil neu. Aber sowas von komplett neu. Sie spricht es laut, also eher leise, vor sich hin aus: „Kann ich eine Frau lieben?" Ist es das? Sie will den Gedankenstrudel erstmal zur Ruhe kommen lassen. Es besteht ja auch keine Eile. Manchmal lösen sich ja Probleme eher dadurch, dass man das Gehirn nicht ständig damit bombardiert, sondern es erst einmal in Ruhe arbeiten lässt. Das schreiben sie jedenfalls in den Psychologie-Heften, die sie in ihren Nachtschichten, wenn so gar nichts los ist, durchblättert. Das ist es wieder, das verschriftlichte Expertenwissen.

Die Stadt ist nun bereits seit Stunden wach. Verkehr, Hektik und Getriebe. Man kann es hören. Schwester Lies hat Hunger. Ganz gegen ihre Gewohnheiten geht sie nicht zum Öko-Becker ihres Vertrauens. Sie schlendert, ja sie schlendert, an einigen Schaufenstern entlang und lässt ihren Blick über die Auslagen gleiten. Ein appetitanregender Duft zieht an ihr vorbei. Sie schnuppert. Der Wurstwohnwagen am kleinen Markt hat seine Klappe auf. Wie fremdgesteuert wird Frau Leisegang dorthin gezogen, wo schon ein paar Menschen an Stehtischen stehen. Als sie näher kommt sieht sie neben den drei Männern, die da so rumstehen, die deutlich übergewichtige Chefköchin gerade die ersten Würste wenden, deren Unterseiten, also die, die jetzt oben liegen, herrlich krustig aufgeplatzt sind. „Scheißverfluchtermistdreck!", flucht die Zweizentnerköchin, die gerade wegen ihres „Geradesoheraus" von vielen hier geliebt wird. „Frolleinsche! Willste e Früworscht? Ich geb der se aach zum halbe Preis. Weil se uffgeplatzt sin, isch Idiot. Komm her, hier haste se. Isch seh doch, dass dir des Wasser im Mund zusammeläuft. Ess e paar Fritte dazu oder e frisch kerngesund Weißmehlwasserbrötsche. Nix drin außer Wasser, Weißmehl und Zucker … un e bisssche Salz." Auch wegen ihres Humors wird dieses Stand-Original von ihren Stammgästen so gemocht. Mit ihr konnte man Tacheles reden. Vielleicht sollte sich Frau Leisegang mal mit ihr über ihre neuen Lebensraumprobleme unterhalten? Frau Leisegang verwirft schnell diesen vorschnellen Gedanken. Sie nimmt die angebotene Wurst ohne Fritten mit Weißmehlwasserbrötschen und richtet sich am Stehtisch neben den drei Männern ein. „Was passiert da gerade mit mir?", denkt sie noch und versenkt sich in die kulinarische Köstlichkeit weit vor ihrer sonstigen Essenszeit und entgegen ihrer Prinzipien mit derlei die Gesundheit echt herausfordernden Angeboten und … es schmeckt. Sie genießt es regelrecht, während ihr Blick auf den Männern in ihrer Nachbarschaft verweilt. Im gleichen Maße, wie Wurst und Brötchen weniger werden, wird ihre Neugier auf die drei Männer größer, die da so rummännern. Der Ausdruck hat ihr auf Anhieb gefallen, als sie ihn das erste Mal in einer Talk-Show hörte. War es womöglich das, was ihre Beziehungen mit Männern bisher immer zum Scheitern gebracht hat? Dass Männer immer nur rummännern? Also gegen Autoreifen treten und glauben, damit einen professionellen Check durchgeführt zu haben, für den ein TÜV zwei Tage bräuchte? Unter die Motorhaube guckend und mit ernstfachmännischem Blick und leicht nach unten gezogenen Mundwinkeln mit dem ersten Satz eine Abschlussbemerkung zu machen wie: „400 PS, damit kommste klar!" Frau Leisegangs Neugier, immer auch auf der Suche nach Differenzierung, wandelte sich nach und nach in Forscherdrang und letztlich in Bewunderung, je mehr sie bisher unbekannte Beispiele für dieses Phänomen nun selbst entdeckte.

Irgendwann, versunken im Nachdenken über menschliches Verhalten und den ganzen Rest, bemerkt Frau Leisegang, dass ihr die Beine wehtun, und beschließt, nach der dritten Cola Light nach Hause zu gehen. Das Gemännere wird auch immer dünner und verstirbt schließlich ganz, als der Dritte des Trios sich entfernt. Die Rest-Zwei haben sich wohl nicht viel zu sagen und auch scheinbar nichts mehr vor für heute. Sie schon. Heim ins Bett und hoffen, dass das Coffein der drei Cola keine Chance hat gegen die erschöpfenden Wirkungen der nächtlichen Begebenheiten. Als sie ihren Kopf unabgeschminkt und unzähnegeputzt und ungekämmt ins Synthetik-Kopfkissen rammt, flackert mit einem letzten Gedanken, bevor ihr das Licht ausgeht, die Idee durch den

Kopf: Die Sozialarbeiterin gegenüber in dem schönen Haus, die will sie die nächsten Tage als erste um Rat fragen. Die kennt sie, aber nicht zu gut, wichtig wegen der Distanz. Die machte aber in den wenigen Begegnungen, bei denen sie es mit ihr zu tun hatte, immer einen netten und kompetenten Eindruck.

Interview mit der Krankenschwester Lieselotte Leisegang

Journalist   Wo beginnt bei Ihnen Veränderung?
Frau Leisegang   Jeden Tag schon beim Aufstehen. Die Zeit hat sich
                  verändert, es ist Tag. Ich habe mich verändert, bin
                  einen Tag älter. Jede Woche ändert sich meine Schicht
                  im Krankenhaus bzw. auch mal die Station. Jede
                  Begegnung mit den Menschen ist ja auch eine kleine
                  Veränderung. Also nicht wie beim Bäcker morgens
                  immer das gleiche: Ein Mohn- ein Krustenbrötchen und
                  ein Croissant. Oder immer auf dem gleichen Sitzplatz in
                  der Straßenbahn oder so. Verstehen Sie?

Journalist	Ja, das sind ja die kleinen alltäglichen Herausforderungen und Routinen. Wie ist das mit den größeren Veränderungen bei Ihnen, die im Leben die Weichen in eine grundsätzlich andere Richtung stellen?
Frau Leisegang	Na ja, so häufig kommt das ja nicht vor. Aber ist der Übergang da nicht fließend? Was meinen Sie mit einer „größeren Veränderung"? Sowas wie, wenn ich mit dem Fußball aufhören müsste oder wollte, um etwas gänzlich Anderes zu machen, z. B. eine Einzelkämpfer-Sportart, wie … äh … wie beispielsweise Wettkampfschwimmen oder Kegeln? Oder eine neue Beziehung eingehe?
Journalist	Ja genau. Wo beginnt dann ihre Veränderung?
Frau Leisegang	In dem Moment, wo ich etwas Neues erlebe und mich umstelle, etwas Neues lerne. Mich also selbst verändere.
Journalist	Wie kann diese gelingen? Wie meistern Sie solche gravierenden Umstellungen?
Frau Leisegang	Ich muss natürlich offen für das Neue sein, es ehrlich zulassen wollen. Ich habe ja auch ganz bewusst in meinem Beruf immer wieder die Abteilungen gewechselt, immer wieder etwas Neues gemacht. Und viel gelernt. Sehr viel. Das finde ich bereichernd und das beste Mittel gegen Langeweile und um sich weiterzuentwickeln.
Journalist	Was braucht es noch??
Frau Leisegang	Offenheit, wie ich schon sagte. Und natürlich sollte man auch ein bisschen mutig sein und Vertrauen haben. Auch darf man sich von Fehlschlägen nicht so schnell entmutigen lassen und gleich die Flinte ins Korn werfen. Fehler gehören nun mal zum Leben dazu. Es heißt ja nicht umsonst: Aus Schaden wird man klug.
Journalist	Wann sehen Sie Veränderungen kritisch?
Frau Leisegang	Wenn diese zu häufig passieren. Das würde mich verunsichern. Ich brauche ja Zeit, um mich auf eine neue Situation oder einen neuen Partner einzulassen … oder … (sie stockt und errötet leicht) … eine neue Partnerin. Da muss ich schauen, ob das passt, ob ich in der neuen Situation auch glücklich bin.
Journalist	Was denken sie, was Ihnen die Wurstköchin vermutlich raten würde?
Frau Leisegang	Die Wurstköchin? Ganz klar: Hey Frolleinsche! Schnapp dir die Worscht! Beiß rein und guck, ob sie dir schmeckt. Wenn nicht, holste dir ne Tüte Fritten.

Blick auf Ihr Navi

In einer komplexen Situation handlungsfähig zu bleiben heißt, in der Kommunikation mit Betroffenen bzw. Beteiligten in einen intensiven Austausch zu treten. Der erste Schritt dazu ist aktives Zuhören. Und das Berücksichtigen rationaler und emotionaler Anteile.

Nach genauer Kenntnis der Sachlage kann mutig und mit Geschick im Verhandeln eine Entscheidung herbeigeführt werden. Diese erfordert zumeist proaktives und situationsangemessenes Handeln. Man erfährt sich als wirksam. Und mit Erfahrung lernt man immer noch am besten.

- Erleben Sie Veränderung eher als Belästigung oder als Chance?
- Schauen Sie lieber Veränderungen in ihrem Umfeld zu oder gestalten Sie auch gerne Veränderungen mit?
- Besprechen Sie eine neue Situation mit Vertrauten, um die Veränderung einzuschätzen?
- Wann waren Sie das letzte Mal mutig?

Literatur

Heckhausen, J., & Heckhausen, H. (Hrsg.). (2018). *Motivation und Handeln* (5. neu bearbeitete Aufl.). Springer.

Kerkeling, H. (2009). *Ich bin dann mal weg*. Piper.

Roth, G. (2015). *Bildung braucht Persönlichkeit. Wie Lernen gelingt*. Klett-Cotta.

Kapitel 5 – Loops

Frau Lautenschläger-Pies wacht von ihrem eigenen Schreien auf. Mit einem tiefen Seufzer schlägt sie die Augen auf und sieht den Staubpartikeln beim Tanzen zu. Ein vertrautes Bild bei gleißender Sonneneinstrahlung. Für ihre lichtempfindlichen Augen zu viel des Reizes. Sie schließt diese wieder und denkt über den Traum nach. Auf einem Berg verharrend, überall meterhoher Abgrund, und eine einzige Fluchtmöglichkeit, die von einem hungrigen Löwen versperrt wird. Sie spürt blanke Angst. Was für ein Dilemma. Neben ihr ängstlich aufgerichtet steht ein Steinbock, rein zufällig auch ihr Sternzeichen. Die Steingeiß befindet sich in einer scheinbar aussichtslosen Situation und handelt so, dass sie zumindest noch den Ansatz einer Chance hat. Sie springt in den Abgrund. Wie mutig. Schade, dass Frau Lautenschläger-Pies

V. List und S. Parker, *Wie ich mich entscheide, wenn ich mich nicht entscheiden kann,*
https://doi.org/10.1007/978-3-662-64621-2_5

nicht weiß, ob das Tier den Sprung überlebt hat. Der Schreck sitzt ihr jetzt noch in den Gliedern. Abermals seufzend dreht sie sich auf die Seite und setzt sich auf. Dieses rückenschonende Verhalten ist den aktuellen Physiotherapiestunden zu verdanken. Heike, ihre Therapeutin, schwebt wie eine mahnende Erinnerung über allem. Zu lange und zu intensiv plagen sie diese Schmerzen im Lendenwirbelbereich nun schon. Falsche Körperhaltung und zu viel Gewicht, was es zu tragen gilt. In Form von Gewicht und Gewichten und auch im übertragenen Sinne. „Mama!" „Ja". Noch schnell L-Thyroxin, die Schilddrüsentablette gegen Unterfunktion, und der Tag kann beginnen. „Mama!" Das vorwurfsvolle Gesicht der 14-jährigen Marie taucht im Türrahmen auf. „Wo ist mein grüner Lieblingspulli?" „Ich glaube in der Wäsche.", erwidert Frau Lautenschläger-Pies mit leiser Stimme, eher zweifelnd. Der Überblick und die Erinnerung an einzelne Kleidungsstücke ihrer pubertierenden Tochter fällt ihr zunehmend schwer. Es ist so viel im Moment. „Oh nein. Wieso weißt du das nicht? Ich brauche den Pulli!" Und etwas eindringlicher: „JETZT! Oh, ich muss sterben." Mit diesen hochdramatischen Worten verlässt die Tochter das Schlafzimmer und schlägt kurz darauf energisch ihre Zimmertür ins Schloss. Frau Lautenschläger-Pies sieht der angekündigten Todesnachricht eher entspannt entgegen. Diese Aussage ist aus dem Mund von Marie nur ein Synonym für „Das ärgert mich." „Und das hier ärgert mich auch.", denkt Frau Lautenschläger-Pies, mittlerweile im Bad angekommen, mit Blick auf die Personenwaage, die unerbittlich die schwarze sieben vor der Null zeigt. 78 Kilo sind für eine Frau ihrer Größe, von 1,65 m, eindeutig zu viel. „Weniger essen wäre eine Lösung.", rät ihr Mann an den Wochenenden, an denen er Zuhause ist und ihr das Lieblingsessen zubereitet. Was für ein Widerspruch, schon fast an Provokation grenzend. Seit vielen Jahren führen sie eine Fernbeziehung. Ihr Mann arbeitet in einer 400 km entfernten Kreisstadt. Das hat sich damals so ergeben, ein Umzug der Familie kam nicht infrage. Das Haus war gerade neu gebaut, Marie eingeschult, Frau Lautenschläger-Pies hatte nach ihrem Studium der Sozialen Arbeit ihr erstes festes Engagement. Teilzeit und befristet, aber sie „kam raus", wie sie die Flucht vor dem Hausfrauendasein auch nannte.

Ausprobieren hilft gegen Ungewissheit

Ein Beruf, für den sie sich bewusst entschieden hatte. Mit Menschen arbeiten, gebraucht werden, helfen, Zugehörigkeit leben. Wie schön! Dabei spielten Geld und Karriere eine eher untergeordnete Rolle. Mehr noch: Es interessierte sie nicht. Lang genug hat es gedauert, dieser Weg, nach

Unterbrechung des Studiums durch die Schwangerschaft und die ersten Jahre, in denen sie zuhause blieb, bis Marie in den Kindergarten kam. Die letzten Prüfungsleistungen konnte sie dann gut machen, die Bachelorthesis von zuhause aus schreiben. Und dann kam das Jobangebot für Olaf, ihren Mann. Der Verdienst, der lockte, mehr noch die spannende Aufgabe. Und so fiel die Entscheidung, es zu probieren. Ein gemeinsames Leben am Wochenende und Telefonate in der Woche, wenn es die Zeit erlaubte. Und sie hatte ja auch Marie. Wie sehr sie es genoss, ein eigenes Kind zu haben und es aufwachsen zu sehen. So funktionierte das Modell mal besser und auch mal schlechter. Zu Beginn war Sie im Grundsatz eher glücklich als traurig. Mit Blick auf ihre zunehmenden Rückenschmerzen und ihre ebenso zunehmenden Kilos auf der Waage zweifelt sie immer mehr an dem Konstrukt. Marie wird immer selbstständiger und sie selbst gefühlt immer einsamer, so ohne definierte Rolle im Privaten. „Wir müssen reden." Mit diesem Vorhaben sieht sie bereits heute ihr kommendes Wochenende gefährdet, wissend, dass Olaf sich nach Ruhe und einer gut gelaunten Familie sehnt und nicht nach Stimmungsschwankungen einer 14- und 43-Jährigen. Kaum gedacht, steht sie vor ihr: Die personifizierte Pubertät. „Ich bin dann weg.", flötet diese und lächelt ihre naturbelassene Mutter mit rot geschminkten Lippen an. Der Schock, den der vermeintliche Verlust des grünen Pullovers ausgelöst hat, scheint überwunden. Das Rot der Lippen wird durch einen roten Minirock aufgegriffen, der eher einem Gürtel gleicht und auch ebenso viel verdeckt. Dazwischen befindet sich ein Hauch von Nichts in schwarz, der oberhalb des weißen Bauches abrupt endet. „Moment!" ruft Frau Lautenschläger-Pies. „So gehst du mir nicht aus dem Haus." Und schon bahnen sich die Worte alleine ihren Weg in einem morgendlichen Anfall von Logorrhoe, der vergebens nach einem Widerhall sucht. Marie rennt bis zur Haustür und antwortet, ohne sich umzudrehen: „Schon weg." Frau Lautenschläger-Pies stoppt abrupt ihre Rede und läuft ihrer Tochter nach, um entschlossen das Schlimmste zu verhindern. Ein ganz klarer Moment, in dem Wissen, was die Leute sagen. „Die kümmert sich um andere, und das eigene Kind geht aus dem Haus wie eine …" Stopp! Sie erlaubt sich nicht das Wort zu denken. Ärgerlich schiebt sich ihr Unterkiefer nach vorne, während die Oberlippe zeitgleich verspannt. Das Wutgesicht der Frau Lautenschläger-Pies würde ihr Mann jetzt humorvoll anmerken. Seine Witze waren auch schon mal besser, denkt sie auf dem Weg zurück ins Bad. Zum Weiterdenken fehlt jetzt auch die Zeit, in einer Stunde hat sie eine Besprechung mit dem Leiter der städtischen Kindertagesstätte. Es geht um ein Projekt mit Erziehenden, die das Erlernte wiederum mit den Kindern zur Umsetzung bringen sollen. Multiplikatoren-Ausbildung im klassischen Sinne. Sie ist ein bisschen aufgeregt. Was wird konkret von ihr erwartet? Ideen habe ich ja schon ein paar, denkt sie bei sich, während sie bei einer Wechseldusche ihr erstes morgendliches Leiden für die Gesundheit und die Spannkraft ihrer Haut erledigt. Sie vollzieht so gleichermaßen einen geordneten Verfall.

Von der Unabhängigkeit der eigenen Meinung

Frau Lautenschläger-Pies rennt zu ihrem Auto. Wie immer ist es zeitlich knapp. Sie schafft es eher selten pünktlich vor Ort zu sein. Gründe gibt es immer. Eine Kollegin von ihr, Susanne, ist so eine Pünktlichkeitsfanatikerin. Überhaupt nimmt sie alles sehr genau. Und will immer alles verstehen. Mit ihr wird der Arbeitstag gefühlt doppelt so anstrengend, denn Frau Lautenschläger-Pies, auf der Arbeit „die Sophia" oder auch „Söpfchen", vergleicht sich gerne und häufig mit dieser perfektionistischen Frau, die sie aus dem Stand provoziert. Und wird nicht müde anderen zu klagen: „Ich fühle mich immer so klein in ihrer Gegenwart. Irgendwie scheint ihr alles zu gelingen. Und natürlich ist sie blond und schlank und schlau." Frustriert stöhnt Sophia auf. „Blöde Kuh!", resümiert sie in Gedanken. Sie fährt sich mit den Fingern durch das dünne, hellbraune Haar und schaut kritisch in den Rückspiegel. Heute ist sie besonders blass. Augenringe in Kombination mit Falten, wenn auch Lachfalten. Früher hatte sie mehr zu lachen. Oder trügt sie da die Erinnerung?

Hinter ihr wird gehupt. „Ja, ich fahre ja schon!" Sophia ist gestresst. Sie weiß, dass sie eine gemütliche Fahrweise hat, die auch aus einer gewissen Unsicherheit heraus resultiert. Und heute morgen muss sie auf dem Weg zur Kindertagesstätte einen neuen Weg zurücklegen, eine Baustelle behindert die automatisierte Zielerreichung des Stadtteils, in dem sie seit einigen Monaten die Bewohner zu mehr Beteiligung aktivieren möchte. Niederschwellig versteht sich. Ein mühseliges Unterfangen mitunter. Doch manchmal gibt es da diese Highlights und ein solches strebt sie mit dem neuen Erzieherprojekt an.

Viel über Ärger sprechen, hilft nicht viel

Der Auftraggeber schaut sie kühl an: Freunde, ich will Ergebnisse sehen und keine Meinungen hören. Frau Lautenschläger-Pies schluckt hörbar. Er schafft es noch nicht einmal die Anrede vernünftig auszugendern. Sophia lacht verzweifelt. Susanne lacht auch, laut und überzeugt beim Verlassen des Gebäudes. „Das muss ich mir merken. Wider den endlosen Diskussionsrunden in perfekt gestellten Stuhlkreisen." Sophia runzelt die Stirn und fragt sich zum wiederholten Male, wie dieser Effizienzbolzen von Kollegin mit dem Herzen eines Terriers und in dem Körper einer Managerin das Studium der Sozialen Arbeit aufnehmen konnte. Wie sagte ihr Bruder, Andreas, gestern noch am Telefon, als sie zum wiederholten Male über Susanne ablästerte: „Die hat sich vielleicht im Gebäude verlaufen und sieht sich als Vorstand in einem Dax-dotierten Unternehmen." Andreas konnte sie gut verstehen. Das war seine weibliche Seite, die ihm das Leben ebenso schwer machte. Die männlichen Attribute „primitiv und glücklich" mussten für ihn durch „empfindlich und deprimiert" ersetzt werden. Deprimiert ist Sophia nun auch, oder sie ist es eher depressiv, so im Grunde. Einen kreativen Umgang damit hat sie bis dato nicht gefunden. Es tut gut, mit anderen die Meinung zu teilen. Das bestätigt sie in ihrer Haltung. Auch hier ist Susanne anders. Die Meinung anderer interessieren sie eher nicht. Natürlich will sie ihren Job, ihren Beruf, gut machen. Sehr gut sogar. Doch in der Susanne-Welt gibt es hierzu Kriterien und Evaluationen und auch selbstkritische Reflexionsrunden. Niemals aber frönt sie einem lockeren Austausch über dies und das, der nur einem dient: dem Austausch. „Blöde Kuh!" Sophia, mit sich einig, gießt sich noch schnell einen grünen Tee ein, während sie nun eher unmotiviert die Unterlagen der Kindertagesstätte durchblättert. „Unser Team" prangte da in großen Lettern auf der ersten Seite der Homepage, die sie nun auf Papier, so ganz analog, vor sich liegen sieht. Sechs Frauen und der eine Quotenmann. „Uff!", entfährt es ihr. Das konnte gut sein oder auch anstrengend werden. Denn dieser eine Mann bildete die Stellschraube für das ganze Team. Je nachdem, wie er mit den Frauen umgeht. Das war ihre Erfahrung. Es war immer auch kränkend, wenn der eine Mann sie nicht als Frau wahrnahm. So ganz professionell und rein kollegial agierte. Schade. Oder wenn der eine Mann im Frauenteam sich als der Wortführer zeigte. Getreu dem Motto: „Jetzt zeigen sie mal, was sie so draufhaben." Das kann Sophia stark verunsichern. Und das merkt man auch ihrer Kommunikation an. Der Auftraggeber zeigte sich in seinen Ausführungen auch wenig zugänglich. Sie wollte es eben ganz genau wissen, um es möglichst gut zu machen und Fehler zu vermeiden. Im Verlauf der Kommunikation bildete sich bei Sophia die stressbedingte maximal überspannte Oberlippe. Der Auftraggeber bemerkte das. „Was ist los mit Ihnen, Frau Lautenschläger-Pies? Meine Antworten sind nicht darauf ausgelegt, Harmonie zu stiften, sondern Klarheit zu schaffen."

Frauen sind viel netter zueinander. Zumeist. Sophia runzelt die Stirn über die Männer, weniger über sich. Und sieht das Ein-Mann Problem als nahezu unlösbar vor ihrem inneren Auge auftauchen.

Beruf und Privat trennen

Sophia muss nicht raten, wer da hinter ihr steht. Sie hat die Kollegin nicht gehört, sondern gerochen. Susanne trägt mal wieder einen ihrer auffälligen Männerdüfte, denen man sich kaum entziehen kann. „Omnipräsenz!", schreit es in ihr. „Geh weg!", schreit es weiter. Susannes Duft wird stärker, sie beugt sich nun über sie. „Bitte nicht anfassen!", bahnt sich eine weitere innere Stimme ihren Weg. Laut entfährt Sophia ein „Nicht!". Dabei hebt sie abwehrend die Arme. „Was nicht?" Susanne kommt ins Blickfeld und setzt sich auf die Schreibtischkante. Dabei lässt sie ihre langen Beine locker von vorne nach hinten baumeln. „Okay.", denkt Sophia, zu dieser Frau möchte ich auch nicht nett sein. Warum sieht sie auch heute wieder so gut aus? Wie aus dem Ei gepellt. Und stets gut gelaunt. Das „Die ganze Welt dreht sich um mich"- Syndrom. Jetzt, wo die Kollegin schon mal da ist, gilt es, sie auch zur Weiterarbeit zu nutzen. „Was meinst du, Susanne. Wie wollen wir das Team aufteilen? Oder wollen wir erst mit der gesamten Gruppe arbeiten und dann in Kleingruppen und Einzelarbeiten übergehen? Die Sozialform sollte sich ja auch in einer planbaren Logik bewegen. Keine Ahnung." Die Worte sprudelten nur so aus ihr heraus. Als besondere Herausforderung, neben der Teamkonstellation, sieht sie noch die geplante Doppelmoderation mit Susanne, die bereits eifrig Moderationskarten beschriftet und an der Stellwand visualisiert. Der Blick auf die Uhr bestätigt Sophia das spürbar geringer werdende Energielevel. Auch der Rücken meldete sich wieder. „Lass uns morgen weitermachen.", schlägt sie vor. Mit halber Kraft ist sie der Kollegin noch weniger gewachsen als ohnehin schon.

„Mit deinem Hang zur Prokrastination rettest du auch nicht den Stadtteil.", prophezeit Susanne seufzend, während sie überzeugt ihr blondes Haupthaar schüttelt. „Die blöde Kuh und ihr Hang zum Fremdwort." Sophia ist verärgert und gleichermaßen verletzt. Wie dumm sie sich wieder fühlt, denkt sie, während sie ihre Tasche packt.

Bei Nichtplanbarkeit helfen nur Annahmen

Die Kollegin telefoniert mal wieder. Mit Sascha, ihrem derzeitigen Baby-Babe. Diesen Kosenamen kennt Sophia aus der etwa 100sten Ausstrahlung von Dirty Dancing und findet ihn auch für eine Frau ziemlich albern, gerade vor dem Hintergrund, dass Susanne ihn an all ihre Männerbekanntschaften vergibt. So ganz sicher ist Sophia sich nicht, welche Kriterien vor der Titelvergabe erfüllt sein müssen.

Heute scheint dieses aktuelle Baby-Babe Probleme zu machen. Und das wiederum macht etwas mit der Kollegin, deren Gesicht sich innerhalb kürzester Zeit zu einer Wutmaske verzieht. Wut und Trauer liegen ja bekanntlich nah beieinander. Und beide Gefühle sind unangenehm.

Susannes Augen füllen sich mit Tränen. Dieser Anblick ist für Sophia neu. Sie kann kaum verbergen, wie gut ihr das tut. Die taffe Kollegin mal ganz erschüttert. Sofort bricht sich ihr Bedürfnis nach Anerkennung bahn. Helfen als Hilfe zur eigenen Selbsthilfe. Zögerlich legt sie den Arm um Susanne. „Wie zerbrechlich sie sich anfühlt, wie ein Kind," denkt Sophia. Zum ersten Mal empfindet sie sich der Kollegin gegenüber stark. Kaum merkbar hat sich Susanne aus der Umarmung gelöst. Sie schaut die Kollegin an, die Wangen feucht vom lautlosen Weinen. „Ach, danke dir, Sophia. Weißt du was ich mir manchmal wünsche?" Der Moment ist da. Sophia mutiert von der Helferin zur Vertrauten einer Superblondine. In nicht einmal fünf Minuten. Zu kurz, dass die Milch einschießt. Sophia lächelt milde. Wie schön sich das anfühlt. „Ich höre dir zu." Das ist es, was Sophia sich wünscht: Harmonie und einträchtiges Zusammensein in einer kollegialen Symbiose aus fast allem.

Susanne schaut an ihr vorbei. Mit klarem Blick, so wie immer. „Ich wäre gerne mittelmäßiger, vielleicht auch nicht ganz so schlau. Dann hätte ich es manchmal leichter." Sophia erstarrt. Das hatte sie gerade nicht gehört, nur halluziniert. Susanne steht auf. Sie streicht sich den Hosenanzug zurecht und greift in ihre Handtasche. „So, jetzt werde ich mich etwas aufhübschen und der Alltag kann weiter gehen." Sie lächelt Sophia im Vorbeigehen an. Sophias Augen füllen sich nun ihrerseits mit Tränen. Sie hatte noch nicht einmal die Möglichkeit, der Kollegin einen Ratschlag mit auf den Weg zu geben. Noch nicht einmal das, denkt sie wütend. Wie gut hätte ihr das getan. Ihr persönlich.

Helfen um des Helfens willen

Doch den Ratschlag hat Susanne sich scheinbar selbst im Toilettenvorraum vor dem Wandspiegel erteilt. „Ich werde mir einen Trivialitätstag nehmen, so alle zwei Wochen. Dann stimme ich mich milde auf durchschnittliche Begegnungen und ebensolche Gespräche ein." „Ich könnte mich übergeben.", entfährt es Sophia. „Bitte?" Susanne dreht sich langsam um und fixiert die Kollegin ungläubig. Sophia schüttelt den Kopf. „Alles o.k. Ich habe nur überlegt, was ich heute koche." Die Antwort scheint der Kollegin passend. Sie nickt nur und verlässt den Raum, die Männer-Duftwolke mit sich tragend. Wie so anders und positiv war da die Begegnung mit der Nachbarin vor zwei Tagen, resümiert Sophia. Sie fragte nach Rat und erhielt diesen auch. Im Rückblick erinnert sie sich allerdings an den eher eiligen Abgang der Krankenschwester aus dem Mehrfamilienhaus von gegenüber, die sie seit diesem Austausch am Gartenzaun Lies nannte. Vielleicht hätte ich sie doch reinbitten sollen, solche Gartentür-Angelgespräche taugen nur bedingt. Doch sie war sich sicher, die richtige Lösung für Lies bereit zu haben, bis diese sich mit einem „Oh, ich muss weg!", sehr überstürzt aus dem Gespräch nahm. Hatte sie etwas Falsches gesagt? Hätte sie sich mehr zurückhalten sollten? Schade. Vielleicht lade ich sie die Tage mal ein. Sicher kann ich sie bei der Lösung ihres Problems unterstützten.

Proaktives Handeln versus Vermeidung

Sophia greift nach ihrer Tasche und geht zum Parkplatz. Auf dem Weg hängt ihr noch die nahe Begegnung mit Susanne nach. Sie möchte sich gut mit ihr verstehen, gerade jetzt, wo die Zusammenarbeit im Projekt so intensiv werden wird. Dafür würde sie auch die Marotten der Kollegin in Kauf nehmen. Nichts konnte sie mehr stressen, als Konflikte im Zwischenmenschlichen. „Ach!", stöhnt sie laut auf, während sie sich weiter verbietet, über die Kollegin und damit über die Arbeit nachzudenken. Ein offener Konflikt kommt nicht infrage. „Ich kann keine persönlichen Konflikte.", denkt Sophia, bewusst das Vollverb vermeidend. Und Vermeidung heißt auch das gelebte Lösungswort in ihrer Welt. Und irgendwie auch ein Widerspruch, für eine Sozialarbeiterin. Was ist mit Streitkultur? An welchem Punkt ist der eigene soziale und personale Kompetenzerwerb geendet? Muss sie nicht das leben, was sie selbst rät?

Auf der Rückfahrt füllen sich ihre Augen abermals mit Tränen. Sie fühlt sich leer und verloren. Auf dem Weg zur Haustür sieht sie Lies auf der anderen Straßenseite, eher auffällig in ihrem Komplett-Look in Weiß, dem Krankenschwesternoutfit. Es steht ihr. Sophia winkt ihr freundlich zu. „Hallo!" Lies schaut flüchtig, hebt zögerlich die Hand und geht weiter. „Was war das? Mag sie mich nicht? Fand Sie das Gespräch mit mir schlecht oder, noch schlimmer, unklug?" Sophia betritt das Haus, das sie mit kühler Leere empfängt. Es passt zu ihrem Inneren. Marie bleibt heute über Nacht bei einer Schulfreundin. Der Griff zum Handy erfolgt automatisiert. „Olaf?" Ein kurzes „Moment" stoppt ihren beginnenden Redefluss. „So, jetzt habe ich Zeit. Musste noch schnell den Kollegen verabschieden." „Ja, klar.", reagiert Sophia mit nun tränenerstickter Stimme. „Was ist los? Hattest du keinen guten Tag?" Sophia entscheidet sich für die Langversion. Susanne, der Auftraggeber und all die anderen Herausforderungen da im Außen. „Ah, Söpfchen, arbeite dich doch nicht so an deiner Kollegin ab. Du entscheidest doch, was bei dir ankommt. Und wenn ich mir deine Geschichte so anhöre, hat sie eigentlich nichts falsch gemacht. Also nichts gegen dich gerichtetes. Warum nimmst du alles so persönlich, was sie tut? Und der Auftraggeber will einfach, dass das Projekt läuft, ist doch klar, für ihn als Geldgeber. Und die Nachbarin, Lies, wird eben einfach keine Zeit gehabt haben. Bist du wieder mit deinem selbst benannten Erste-Hilfe- Köfferchen unterwegs, bereit, es auch ungefragt zum Einsatz zu bringen? Frau, mach dir doch Gedanken über Dinge, die wirklich relevant sind, z. B. über mich!", beschließt er lachend seinen Monolog. Sophia hört zu und wünscht sich sehnlichst, ein wenig wie ihr Mann Gefühle so rationalisieren zu können. Oder mehr Testosteron zu haben oder weniger Östrogen. Und ist ihm gleichermaßen dankbar, dass er nicht den verhasst mütterlichen Rat repetiert: Sei nicht so empfindlich! Sie hatte sich in ihrer Jugend oft gefragt, wie man unempfindlich werden könnte und was das eigentlich ist.

„Wollen wir am Wochenende mal reden?" „Wir reden doch jetzt." „Ja, aber grundsätzlich." „Gibst du mir ein Stichwort?" Olaf will vorbereitet sein und verstehen, um was es im Grundsatz geht. „Uns, das ist das Stichwort. Über uns." Olaf seufzt. „Klar, machen wir. Schlaf jetzt gut. O.k?" „Ja, gute Nacht!" „Gute Nacht, Söpfchen!" Olaf hat aufgelegt. Sophia nimmt sich noch eine heiße Schokolade mit ans Bett und blättert eher unmotiviert in einem Roman über Frauen. Manchmal hilft das. Denn die Frauen in den Geschichten können ihre Probleme immer gut lösen oder haben einfach Glück. Oder Humor. Oder beides. Was habe ich? Genau.

Es war einmal eine Frau, die gebraucht und geliebt werden wollte. Mit diesem Gedanken schläft sie ein.

Nachdenken über Geschichten und Erfahrungen

Es war einmal eine Frau. Der letzte Gedanke sollte der erste des neuen Tages werden und so eine großartige Idee hervorbringen. Menschen lieben Märchen und Kinder brauchen Märchen, auch in der heutigen Zeit wieder oder immer noch. Die Idee, ein Märchenprojekt mit dem Team der Kindertagesstätte umzusetzen, reift von Minute zu Minute zu einer in Sophias Augen tollen Projektidee, die sofort mit Susanne besprochen werden muss. Noch nie ist Sophia so schnell auf der Arbeit, was auch daran liegt, dass Marie an diesem Vormittag nicht das Bad blockiert oder sie, als gefühlt Wäsche-Verantwortliche, nach Kleidungsstücken fahnden muss.

Die letzten Schritte zu ihrem Büro nimmt Sophia mit so schnellen Schritten, dass sie leicht aus der Puste kommt. Susanne ist bereits im Raum und sortiert die Mappen für das erste Treffen mit dem Kitateam, sich selbst akustisch begleitend mit einer Variation aus Brumm-, Zisch-, Summ- und Knacklauten. Da gibt es mal die schnelle Abfolge von „Damdidamdidam", gefolgt von einem schnell „Ts … ts …ts". Selbst in dieser trivialen Tätigkeit der Eigenkomposition ihre oralen Vokal- und Konsonanten-Konzerts wirkt sie wichtig. „Meine Güte, Sophia, wozu die Eile?", ruft sie ihr entgegen. Sophia nimmt mit schneller Atmung auf dem drehbaren Bürostuhl Platz. „Ich habe eine ganz tolle Idee für unser Projekt! Genau." Sophia kann vor Begeisterung über ihre eigenen Pläne kaum an sich halten. „Ja, schön.", antwortete Susanne und erhebt begleitend den pädagogischen Zeigefinger. „Jedoch kein Grund so zu rennen, denn wer rennt ist keine Chefin und eine Chefin rennt nicht." Sophia windet sich vor erneut aufsteigendem Ärger. „Managementblubb.", denkt sie und sagt laut: „Ich bin auch keine Chefin!" Susanne lacht. „Aber diese Gehetzte wirkt nicht nur nach außen so unsicher, es wirkt auch nach Innen und macht dich unsicher. Weißt du, was ich meine?" Sophia schüttelt kaum merkbar den Kopf. „Zeit, dass du mal einen Freund von mir kennen lernst. Er ist Schauspieler und Theatermacher und kann dir einiges über Wirkung erzählen." Sophia nickt begeistert. Ein Mensch, der etwas vom Theater machen versteht passt wie die Faust aufs Auge zu ihrer Projektidee. In kurzen Sätzen skizziert Sophia ihre Eingebung, ein Märchen mit dem Team umzusetzen, wissend, dass sie noch nicht weiß wie und welcher Text zugrunde liegen soll. Susanne ist sofort begeistert: „Eine tolle Idee, denn Märchen fordern geradezu zum Handeln auf, und das wollen wir ja auch mit unserem Training. Der Umgang mit Risiko wandelt sich zu einem „Geh los! Mach einfach! Was kann worst case schon passieren?"

Auf dem Weg zur Kita monologisiert Susanne ihr Erfolgsrezept für die drei Dinge, die es braucht, um Erfüllung im Beruf zu finden: Freude an dem, was man tut, Fleiß und Selbstsicherheit.

„Und du meinst, das können wir im Rahmen unserer Qualifikation vermitteln? Ist das nicht auch abhängig von der Persönlichkeit der Menschen? Keine Ahnung!" Manchmal, und in letzter Zeit eher häufig, zweifelt Sophia nicht nur an sich, sondern auch an den realistischen Zielsetzungen ihrer Kollegin. Wie war das noch mit Zielen in Projekten? Spezifisch, messbar, attraktiv, terminierbar, und vor allen Dingen realistisch sollen diese sein. Smart eben. Sophia hält im Inhalt viel von diesem Akronym. Es macht die Arbeit planbar in einem ersten Schritt. „Naja, der Sinn oder auch purpose, für das was man macht, sollte schon klar sein. Dann kommt die Motivation quasi von alleine. Die Eigenmotivation der Märchenhelden ist übrigens auch sehr ausgeprägt. Wieder ein Punkt mehr für deine Projektidee." Sophia freut sich. „Und ja!", fährt Susanne unbeirrt fort. „Selbstsicherheit erwächst ja aus dem Wissen um das eigene Selbst. Und das zeigt sich im Handeln." „Du meinst auch Werte und Motive, um die es geht?" Sophia hat noch nie so einen guten Austausch mit Susanne erlebt. Sie betrachtet die Kollegin ganz freundlich von der Seite. Diese spürt ihren Blick und schaut Sophia nachdenklich an: „Stimmt. Die Big Five der Persönlichkeit sagen dir sicher etwas, oder?" „Klar." Sophia ist bereits so in die Durchführungsphase eingetaucht, dass keine Zeit für einen kurzen Ärger über diese etwas überheblich klingende Nachfrage aufkommt. Aufzählend hebt Sophia ihre Hand: „Extraversion, Verträglichkeit, Offenheit, Gewissenhaftigkeit und … emotionale Stabilität.", ergänzt Susanne. „Die zeigt sich auch im Mut der Märchenfiguren." Sophia nickt.

Probehandeln ohne Konsequenzen

In den Räumen der Kita herrscht, anders als vermutet, ruhiges Treiben. Die Kinder sind bereits alle abgeholt, nur Erwachsene, schnell als Teammitglieder identifiziert, bewegen sich durch die Flure. Der Quotenmann, etwa Mitte vierzig und vollbärtig, stellt sich den Frauen in den Weg. Nachdenklich streicht er sich mit seiner großen und behaarten Männerhand über das ebenso braun behaarte Kinn, während er die beiden mustert. „Wo wollen wir denn hin?" Susanne atmet tief durch. Diese Form der Kinderansprache scheint fest in das Genmaterial eines Erziehers eingepflanzt zu sein. Es gibt viel zu tun. „Susanne Müller-David." Ihr Ton klingt schnippisch. Sie reicht dem Erzieher kurz ihre Hand. „Sophia, also Lautenschläger-Pies.", bemüht sich Sophia um Wahrnehmung. Der Erzieher lacht. „Na, der Doppelname ist Programm. Kommt gleich noch Frau Leutheuser-Schnarrenberger mit ihrem Ex Müller-Lüdenscheid um die Ecke?" Sein voluminöses Lachen scheint kein Ende zu finden. „Naja, wir können uns gerne duzen. Ich bin der Ingo. Susanne und Sophia, richtig?" Sophia nickt eifrig während Susanne schweigt. Eine Zustimmung zu dieser unvermutet schnellen Annäherung braucht ihre Zeit. „Kommt mit!" Kindlich berührt möchte Sophia ein „Und Piggeldy folgte Frederick." ergänzen, unterdrückt diesen Impuls jedoch. Mit einer auffordernden Handbewegung dirigiert Ingo seine beiden neuen Freundinnen in die Turnhalle, die mit buntem und vielfältigem Spielgerät noch den Muff von Kinderenergie verströmt. In Ermanglung an Sitzmöbeln nimmt Susanne auf einer kleinen Turnbank Platz. „Sitzen. Genau! Stehen ist nicht meine Welt!", verkündet sie trocken, während ihr Blick missbilligend auf das sie umgebende Chaos fällt. Die Definition eines leeren Raums, den es für ihre Theaterarbeit braucht, scheint hier weit gefasst worden zu sein. Sophia kauert sich neben sie. Unschlüssig. Was für ein Start. Ingo hat derweil die Turnhalle verlassen, um die „Ladys" zu holen. Das damit seine Kolleginnen gemeint sind, zeigt sich beim Eintreten von sechs Frauen, die mit skeptischer und auch freundlicher Miene auf den bunten Spielwürfeln ganz vertraut zusammenrücken. Sophia schaut Susanne an. Wer beginnt? Susanne räuspert sich kurz und entschlossen. Vorab mustert sie mit einem kurzen Blick alle Anwesenden. Soviel Zeit muss sein. Später wird sie Sophia erklären, dass der Blickkontakt das stärkste körpersprachliche Mittel ist. Im Moment verschafft es Sophia Zeit, sich an die Situation zu gewöhnen. „Es freut mich sehr, dass wir uns heute zu diesem Auftaktgespräch sehen, um Sie, also euch, über das Projekt zu informieren. Wir setzen mit dem gesamten Team eine Qualifizierung um, die im Nachgang in ihrer Methodik so in den Kindergartenalltag implementiert werden soll. Hierzu arbeiten wir in einem Bühnenraum, der euch auch ungewohntes Handeln ermöglicht und so eure soft skills trainiert". „Ich denke es geht um ein Theaterprojekt." „Ja.", beeilt sich Sophia zu sagen. „Wir werden gemeinsam ein Theaterstück entwickeln, ausgehend von einem Märchen." „Aha!", sagt eine blonde, junge Erzieherin namens Mandy gelangweilt. „Das ist toll. Denn Märchen haben viel Potenzial." Ingo lächelt zufrieden. Er sieht sich schon als Erzähler am Rand der Bühne mit Gitarre für den entsprechenden Effekt sorgen. Die anderen fünf Erzieherinnen schauen sich zögerlich und abwartend an. „Wir werden mit euch verschiedenen Übungen umsetzen, die eure Flexibilität und eure Offenheit für Neues trainieren." „Das sind wir.", wendet eine etwas kräftige Brünette ein. „Offen für Neues. Ist unser täglich Brot." „Was erwartet ihr denn von dieser Qualifikation?", fragt Sophia nach. „Naja, dass wir wissen, wie man mit den Kindern niederschwellig künstlerisch arbeiten und sie auch beteiligen kann. Und auch etwas für ihre Sprachentwicklung tun." „Prima!" Die Stichworte sind gefallen. Susanne richtet sich auf. „Vielen Dank" für diesen Beitrag. Darum geht es. Um Kommunikation. Und all das, was ihr hier lernt, könnt ihr so weitergeben. Und bevor wir gleich den Probenplan besprechen, sei soviel heute schon verraten: Das Märchen heißt „Hans im Glück". „Oder Hanna im Glück.", korrigiert Sophia eifrig. „Oder wie ihr mögt."

Die nächste halbe Stunde verbringt die Gruppe damit, über die Rahmenbedingungen zu sprechen und schon erste Ideen zu dem Märchen zu sammeln. In den nächsten Wochen wird immer sichtbarer, wie sich eine entscheidungsfreudige Märchenfigur mit großem Vertrauen und Offenheit durch die Geschichte bewegt. Immer wieder müssen die beiden Sozialpädagoginnen jedoch daran erinnern, wie wichtig es ist, dass alle pünktlich zur Probe erscheinen und diese inhaltlich auch entsprechend vor- und nachbereiten. Hier scheint Susanne als Leitung mehr Akzeptanz zu erfahren, obwohl oder gerade weil sie so direktiv kommuniziert. Die Konstellation von Susanne und Sophia funktioniert im Prozess, aufgrund ihrer Gegensätzlichkeit, erstaunlich gut. Und es gelingt den beiden auch, die Potenziale des Teams zu nutzen und so das Märchen zu einem ästhetisch ansehnlichen Stück wachsen zu lassen. An einem Probenabend kann Susanne aus privaten Baby-Babe Gründen nicht vor Ort sein und die Probe entwickelt sich zum gefühlten Desaster. Alle Anweisungen von Sophia scheinen im weiten Raum der Turnhalle nahezu ungehört zu verhallen. Mandy verlässt mitten in der Szenenprobe den Raum, um ein Telefonat zu führen und Tanja, die Brünette, packt plötzlich ihr duftendes Käse-Sandwich aus. Andere beschweren sich über die Rollenvergabe, die bis dato vollständig akzeptiert zu sein schien. Eine Kollegin verlässt mit den Worten „Das passt mir nicht!" türenknallend den Raum. Ingo übernimmt die Probe, indem er seinen Kolleginnen laute Anweisungen gibt, die diese dankbar umsetzen. Sophia fühlt sich wie das fünfte Rad am Wagen. Sie verlässt den Raum, um sich kurz zu sammeln. So schnell scheint sie keine Lösung bereit zu haben.

Am nächsten Tag bespricht sie mit Susanne den Probenverlauf. Hierbei klammert sie bewusst ihre Verzweiflung aus, die sich am Abend noch tränenreich Bahn bricht. Susanne hört aufmerksam zu und greift zu ihrem Handy. „Quirin, hey, grüß dich. Hast du kommende Woche Mittwoch schon etwas vor? Nein? Ich habe dir doch von dem Theaterprojekt erzählt. Könntest du mal einen Blick darauf werfen und uns, den Projektleiterinnen, ein Feedback geben? Ja? Was meinst du?" Susanne lächelt während des gesamten Telefonats Sophia aufmunternd an und verlässt dann mit dem Handy den Raum. Sophia schaut ihr irritiert nach und kocht sich seufzend den gefühlten achten Grüntee des Tages.

Mit Körpersprache lenken

Quirin ist wie immer pünktlich. Zeitmanagement ist auch eine seiner großen Stärken. Vielleicht ein Susanne-Auswahl-Freundschaftskriterium. Nach der Begrüßung und einer kurzen Vorstellungsrunde vor dem sichtlich beeindruckten Team, beugt Quirin sich aktiv nach vorne und fragt: Was ist state of the art?

„Wir zeigen dir mal die Szenen, die bis dato entstanden sind. Möchtest du uns im Nachgang eine Rückmeldung geben?" „Ja, klar. Aber probt die Szenen noch einmal, ich schaue gerne dabei zu." Susanne schaut Sophia an. „The stage is yours, leite du gerne an. Ich war ja vergangene Woche nicht vor Ort." Sophia zögert. Wieso macht Susanne das? Sie weiß doch um ihre jüngste Erfahrung mit der Gruppe und ausgerechnet heute, wo dieser Theaterfachmann dabei ist. Der schaut sie erwartungsvoll an. „Ich freue mich!", sagt er motiviert lächelnd. Sophia führt durch die Probe, macht ein kurzes Aufwärmtraining und wiederholt die Figurenkonstellationen in einem Standogramm. Die Gruppe agiert wie besprochen, auch die Szenen wirken wie erwartet. Die Darsteller beschreiben ihre Erfahrung im Spiel und Quirin greift ab und an moderierend ein, um die relevanten Aspekte hervorzuheben, an denen es aus Sicht der Regie weiter zu arbeiten gilt. Anschließend gibt er den Darstellern ein wertschätzendes Feedback, indem er die besonders schönen Momente hervorhebt und auch konkret und präzise jeder Akteurin Anregungen für die Weiterarbeit gibt. Das Team hängt beeindruckt an seinen Lippen. Sophia schreibt eifrig mit und beschließt, Quirin zu fragen, ob sie ein Praktikum bei ihm absolvieren darf. Besonders über seine Fähigkeit zu moderieren zeigt sie sich beeindruckt. Nachdem die Probe mit lautem Applaus für alle beschlossen wird, entscheiden sich die drei noch auf einen Absacker in einen nahe gelegenen Pub zu gehen. Plötzlich bleibt Susanne stehen: „Oh, ich habe etwas im Büro vergessen. Ich komme vielleicht noch nach, o.k?" Sie verabschiedet sich flüchtig und steuert den Parkplatz an. „Ich kann dich mitnehmen." Quirin lacht Sophia an. Diese nickt dankbar, auch irritiert darüber, dass Susanne sich so schnell entfernt hat. In letzter Zeit fühlte sie sich der Kollegin näher als in den vielen Jahren zuvor. Auch so eine Wirkung von Theater? Was soll's. So konnte sie Quirin auf das Praktikum ansprechen, ganz in Ruhe.

„Welche Erfahrung hast du selbst als Spielerin in einer Theaterproduktion schon sammeln können?" Quirin fällt mit dem ersten Getränk des Abends mit der Tür ins Haus. Hält er sie für ungeeignet? Sophia rutscht auf ihrem Barhocker nach vorne. „Möchtest du gerne gehen? Oder ist dir die Frage unangenehm?" Sophia fühlt sich ertappt und gleichermaßen verunsichert. Sie beschließt den Angriff. „Was möchtest du mir sagen?" Sie fühlt, dass dieses Gespräch wichtig für sie sein könnte. „Sophia, ich habe dich nicht gefragt, ob du schon einmal ein Theaterstück inszeniert hast, sondern ob

du Spielerfahrung hast." Quirin schaut sie nachdenklich an. Sophia überlegt. „Als Schülerin in einer Theater-AG, leider konnte diese nur ein Halb-
jahr lang umgesetzt werden. Warum ist das relevant?" „In der Arbeit mit
den Menschen geht es darum, authentisch zu sein. Wer müsste das besser
wissen, als du in deiner Profession." Sophia schiebt kindlich die Unterlippe
vor. „Bin ich nicht authentisch?" „Was meinst du?" Quirin scheint Fragen
gerne mit Gegenfragen zu beantworten. Er lacht über Sophias Reaktion.
„He, nimm das nicht persönlich. Es ist einfach die grundlegendste aller
Fragen: Bist du dir deiner selbst sicher? Das Gegenüber muss das Gefühl
haben, zu wissen, mit wem er oder sie es zu tun hat. Auf der Bühne probt
man Wahrhaftigkeit und die wird sichtbar im Handeln. Das Außen wirkt
auf das Innen, deine Körperhaltung wirkt auf deine Befindlichkeit. Das
erfährst du auch, wenn du spielst. Und seit einigen Jahren haben Studien
diese Wirkung auch über Hormone nachgewiesen." „Also ich kann mich
selbst durch meinen Körper beeinflussen?" Sophia unterbricht ihn aufgeregt. „Ja, und das nimmt Einfluss, auf dich und deine Wirkung. Wie du
dich fühlst. Und all das entscheidet darüber, wie und ob du die Menschen
erreichst". Sophia schaut Quirin mit großen Augen an. Und bringt ihr
Anliegen vor. Die Idee, ein Praktikum bei Quirin zu machen, stößt auf ein
sehr positives Echo. „Sophia, du willst es wissen. Und die Theaterarbeit
wird dir guttun." Sophias Mimik verrät, dass sie nicht sicher ist, ob sie alles
auch so versteht, wie Quirin es meint. „Gut, ich mache es deutlicher. Du
wirkst eher unsicher, schaust oft hin und her, stellst die Beine überkreuz,
wenn du stehst, du lehnst dich gerne an, spielst mit deinen Händen und
mit deinem Schmuck. All das wirkt unsicher. Deine Sätze enden häufig
mit Fragen wie „Oder?",„Keine Ahnung" und „Was meint ihr?". Widerspruch lässt dich auch körpersprachlich einbrechen. Du versteckst dich
sogar manchmal hinter der Kulisse, um nicht gesehen zu werden. Und all
das, obwohl du voller wunderbarer Ideen bist und mit viel Phantasie und
Empathie dieses Projekt bereicherst und gemeinsam und sehr kooperativ mit
Susanne voranbringst. Das sieht sie übrigens auch so." „Ihr habt über mich
gesprochen?" Sophia schwankt zwischen Wut und Überraschung. „Ja, denn
Susanne schätzt dich sehr, auch deine Offenheit in der Arbeit, dein großes
Engagement und deine Liebe zu den Menschen. Sie bedauert allerdings, dass
du das selbst nicht zu sehen scheinst. Und dir so im Weg stehst. Du musst
dich nicht am Mittelmaß orientieren, wenn du selbst mehr als das bist."

Das Gespräch nimmt Sophia ganz in Anspruch, mental, emotional, interaktional. Am Ende des Abends muss sie ein bisschen weinen, so überwältigt und auch überfordert ist sie über das, was ihr da gespiegelt wird.

Auf dem Nachhauseweg ist sie ganz still und in sich versunken. Quirin lässt sie in Ruhe, denn er spürt, wie es in ihr arbeitet. Sie braucht jetzt Zeit für sich und zeigt das, indem sie nahezu fluchtartig nach einem kurzen „Danke für alles!" das Auto verlässt. An der Haustür dreht sie sich noch einmal um und schaut fasziniert den sich langsam entfernenden Rücklichtern nach.

Die Wirkung von außen nach innen

Sie ist sich fremd im eigenen Spiegelbild. Es ist nicht das gewünschte schrille Lippenrot, doch der Weg dorthin scheint kein langer mehr zu sein. Beim Verlassen des Hauses trifft sie auf den Postboten, der beim Näherkommen eine irritierte Mimik zeigt. „Heidewitzka, Herr Kapitän!", entfährt es ihm, seine rheinischen Wurzeln verratend. Mehr Bestätigung kann Sophia an diesem Vormittag nicht erwarten. Motiviert durchschreitet sie das Gartentor, dass ihr der Mann von der Post freundlich aufhält. Eine Premiere, auch das. Die Sonne scheint vom Himmel, gefühlt nur für sie. Ihre Augen füllen sich angenehm mit Tränen.

Die Begegnung mit Quirin hallt noch lange nach. Am Abend, als sie vor der Tür einparkt, kommt ihr Olaf entgegen. Wochenende! Er lächelt und sie lächelt zurück. Ganz im Moment. Sie wird von ihrer Begegnung mit Quirin erzählen und von ihren neu gewonnen Erkenntnissen. Über sich und damit auch über ihre Ehe sprechen. Was sie sich jetzt und für die Zukunft wünscht. Sie fühlt sich sicherer, jetzt in diesem vertrauten Rahmen all das auszusprechen und sich nicht immer rückversichern zu müssen, ob es auch stimmt. Es stimmt, weil es stimmig ist, mit dem, was sie fühlt und denkt. Weil sie es darf, bei ihrem Mann, der sie liebt. Wie Probehandeln für den Ernstfall. Und mit dieser neu gewonnenen Stärke gelingt es ihr auch leichter, sich alten und auch neuen Herausforderungen zu stellen.

Eine neue Herausforderung zeigt sich zu Beginn der Woche in Form eines Lehrer-Elterngesprächs ohne Schüler, in ihrem Fall ohne die Schülerin Marie. Denn die pubertierende Tochter ist nicht wie verabredet am Treffpunkt vor der Schule erschienen. Frau Lautenschläger-Pies wird unsicher.

Wieder überlegt sie, was der Lehrer, Herr Petzke, wohl von ihr denkt. Und bemerkt, wie sich ihre Körperhaltung verschließt, sie die Arme selbstbeschützend um sich schlingt. Da öffnet sich die Klassenzimmertür und die 50-jährige Lehrkraft betritt den Flur, die offenen Hände zur Begrüßung weit ausgestreckt. Er lächelt sie herzlich an. „Willkommen, Frau Lautenschläger-Pies. Ich freue mich, dass wir uns heute mal treffen." Sophia entspannt sich über die freundliche Begrüßung und nimmt bewusst eine aufrechte Körperhaltung ein. Ihr Blick fällt auf ein chaotisches, mit Büchern und Papier übersätes, Pult. Sie setzt sich in die erste Reihe, dem Lehrer gegenüber. Dieser schüttelt missbilligend den Kopf. „Bitte, Frau Lautenschläger-Pies." Er weist auf einen Stuhl, der im rechten Winkel zu seinem Platz steht. Das fühlt sich für Sophia gut an. Sie lehnt sich zurück und lässt ihren Blick schweifen. Jetzt fehlt nur noch der Kaffee. „Kaffee?", hört sie die Stimme des Lehrers scheinbar orakelnd aus dem Hintergrund, der gerade eifrig die Unterlagen zusammenschiebt und nach dem Klassenbuch fischt, das aus den Untiefen der Papierberge zum Vorschein kommt. Erstaunt sieht Sophia vor sich eine Tasse, die Herr Petzke gerade mit dem favorisierten Heißgetränk befüllt. „Milch, Zucker?" Sie schüttelt den Kopf. In der kommenden halben Stunde wird das Schütteln in ein Nicken übergehen, in dem beidseitigen Bemühen um eine gemeinsame Lösung für die schulmüde und pubertätsstrotzende Marie. Herr Petzke zeigt sich als engagierter und sensibler Lehrer. Und er scheint auch ein wenig müde zu sein. Sophia bemerkt das sofort und ebenso, wie ihre neu gewonnene Sicherheit sich auch auf ihre Fähigkeit auswirkt, Entscheidungen zu treffen. Wiederholt hört sie sich deutlich das Wort: „Nein" und entsprechende Argumente formulieren, die diese Verneinung unterstützten.

Beim anschließenden Gang durch das Schulgebäude sieht sie im Glas des Fensters ihr Spiegelbild. Ja. Zustimmend nickt sie sich selbst zu. Aufmunternd und auch ein bisschen glücklich, trotz der schwierigen Situation mit der Tochter.

Sie weiß jetzt, wovon sie ausgeht. Eigentlich wusste sie das schon immer, sie hat nur nie hingehört, so ganz nach Innen. Und sie freut sich über diese spürbar gewordene neue Freiheit.

Interview mit der Sozialarbeiterin Sophia Lautenschläger-Pies

Journalist	Frau Lautenschläger-Pies, was macht Sie in Beruf und Alltag unglücklich?
Lautenschläger-Pies	Wenig Anerkennung zu bekommen und wenig Harmonie zu erleben.
Journalist	Was müsste sich in der Gesellschaft ändern, damit sie glücklicher wird?
Lautenschläger-Pies	Ich möchte, dass sich die Menschen mehr wert- schätzen und respektieren. Einfach offener und ehrlicher miteinander umgehen. Das erfordert natürlich Mut, persönliche Größe. Hat nicht jeder. In den sozialen Netzwerken sind viele Leute nicht ehrlich. Oder besser gesagt: nicht reflektiert. Sie denken eher nicht, bevor sie schreiben. Das ist eine furchtbare Entwicklung. Und dann noch unter dem Deckmantel der Anonymität. Meinungsfreiheit hat ihre Grenzen.
Journalist	Ja, Stichwort Menschenwürde. Doch lassen Sie uns über ehrliche Kommunikation sprechen. Was bedeutet die Begegnung mit dem Schauspieler für sie?

Lautenschläger-Pies	Das war ein Meilenstein in meinem Leben. Er hat mir den Spiegel vorgehalten. Und das hat weh-getan. Aber dann ging plötzlich eine Tür für mich auf. Stichwort „lebenslanges Lernen" und „Weiter-entwicklung". Erst das, was ich an mir selbst entwickele, kann ich danach als Stärke an andere Menschen weitergeben. Dabei geht es aber nicht um Perfektion oder Optimierung; also diese „Selbst-Optimierung", über die alle reden. Und genau das ist es ja, worum es nicht nur in meinem Beruf geht. Wir müssen uns wieder ehrlicher begegnen können. Mit unseren Stärken und auch mit unseren Schwächen. Mit unserer ganzen Unterschiedlichkeit.
Journalist	Wie hat das die Zusammenarbeit mit ihrer Kollegin verändert?
Lautenschläger-Pies	Ich bin nicht Susanne. Ich bin ich. Ein Satz, der übrigens in einem meiner Lieblingsbilder-bücher einen zentralen Raum einnimmt. Und wie unproduktiv Vergleiche sind, weil sie sinnlos sind. Das wusste Susanne. Deshalb kann sie mir auch so vorbehaltlos und ehrlich begegnen. Sie ist eine starke Persönlichkeit. Und sie umgibt sich auch gerne mit solchen Menschen. All das wirkt. Natürlich hat sie auch Glück: Für ihr Aussehen hat sie nicht hart arbeiten müssen. Naja: Neid ist ja bekanntlich die aufrichtigste Form der Anerkennung, sagte Wilhelm Busch. Wichtig ist nur zu wissen: Susanne hat viele Potentiale, ich habe andere. Und damit gehe ich jetzt weiter.
Journalist	Wo und wie können Sie in Zukunft einen Beitrag leisten?
Lautenschläger-Pies	Ich werde mehr von mir ausgehen. Das bedeutet auch, dass ich mir meiner selbst sicherer werden muss. Indem ich Menschen um eine Rückmeldung bitte, um das Bild, das ich von mir habe, mit dem Eindruck abzugleichen, den sich andere von mir machen. Und so immer klarer zu werden. Ich will authentischer werden. Sozusagen.

Blick auf Ihr Navi

Probleme können durch ein anderes, neues Handeln für einen oder auch alle Beteiligten gelöst werden. Im Umgang miteinander braucht es dazu auch ein offenes Wort zur richtigen Zeit. Und ein Denken in Lösungen, nicht in Ver-gleichen. Mit jedem neuen, anderen Handeln geht es auch immer wieder darum, auf die positiven Erfahrungen zu schauen. Und auf das, was einem gelingt.

Ein Feedback über eigenes (Kommunikations)verhalten bringt die nötige Selbstsicherheit. Und Selbstkritik hilft dabei, immer bewusster zu agieren und Entscheidungen mit einer sicheren Haltung leichter zu treffen.

- Kennen Sie sich, ihre Werte, ihre innere Haltung?
- Wieso ist Ihnen etwas in der Vergangenheit gelungen?
- Worin fühlen sie sich sicher oder unsicher?
- Loben Sie sich immer mal wieder selbst?

Literatur

Friebe, J. (2010). *Reflexion im Training. Aspekte und Methoden der modernen Reflexionsarbeit* (1. Aufl.). managerSeminare.

Heckhausen, J., & Heckhausen, H. (Hrsg.). (2018). *Motivation und Handeln* (5. neu bearbeitete Aufl.). Springer.

Henninger, M., & Mandl, H. (2000). Vom Wissen zum Handeln – Ein Ansatz zur Förderung kommunikativen Verhaltens. In H. Mandl & J. Gerstenmaier, J. (Hrsg.), *Die Kluft zwischen Wissen und Handeln. Empirische und theoretische Lösungsansätze* (S. 215). Hogrefe.

Kapitel 6 – Gemeinsam ins Ziel

Dienstagmorgen. Lehrer Petzke hat einen schweren Kopf. Nicht nur, weil er sich immer viele Gedanken macht, wie seine Schüler am besten lernen können. Das macht grundsätzlich den Kopf schwer. Nein, es ist die gestrige Familienfeier gewesen, als Hauptverursacher des desolaten Gesamtbefindens gerade identifiziert. Der Alkohol und die vielen Gespräche mit Nichten und angeheiratetem Personal haben ihn nicht nur für ein paar Stunden aus seinem Lehrerhirn-Karussell gerissen, sondern ihm auch ein wenig Matsche im Hirn gebracht. Konzentrieren ist jetzt schwierig. Glücklicherweise hat er vor der Feier seine Schultasche schon fertig gepackt. Jetzt bleibt nur noch das schlechte Gewissen, dass er auch alles eingepackt hat, was er für den jeweiligen Tag braucht. Ein bisschen schlechtes Gewissen bleibt immer.

© Der/die Autor(en), exklusiv lizenziert durch Springer-Verlag GmbH, DE, ein Teil von
Springer Nature 2022
V. List und S. Parker, *Wie ich mich entscheide, wenn ich mich nicht entscheiden kann*,
https://doi.org/10.1007/978-3-662-64621-2_6

Gerade so, wie man immer ein bisschen ein schlechtes Gewissen bekommt, wenn man die Polizei sieht, obwohl man gar nichts gemacht hat. Typisch deutsch. Die Deutschen und ihr kollektiv schlechtes Gewissen. Ob das von der versäumten Entnazifizierung kommt? Zu schwere Gedanken für heute Morgen. Das sollen außerdem die Politikbegeisterten aufarbeiten, das ist nicht so sein Fach. Deutsch und Sprachen sind sein Metier. Aushilfsweise auch mal Erdkunde, Mathe oder zur Not auch Bio, aber nur ich den kleineren Klassen. Darstellendes Spiel ist auch interessant. Überhaupt die eher musischen Fächer. Da ist noch ein bisschen Kreativität drin.

Nach dem Duschen und einem kleinen Frühstück ins Arbeitszimmer, die Tasche holen. Eiertanz über die und um die auf dem Boden herumliegenden Stapel Bücher, Hefter, Papiere. Rumms! Kick gegen den Stapel Klassenarbeiten aus der Acht. Einige Hefte schlittern gegen den fragil aufgetürmten Material-Stapel für die kommende Projektwoche. Der neigt sich langsam. Petzke friert ein. Nein! Nicht umfallen. Der ist doch schon sortiert! Der Stapel neigt sich langsam weiter, hält inne. Petzkes Herz schlägt schneller. Hält immer noch inne in der Hoffnung, der schiefe Turm von Petzke wird es ihm nachtun. Suggestion, Hypnose quasi. Wie so oft bei Petzke, Fehleinschätzung. Ok, am Wochenende will er hier mal richtig aufräumen. Er hat sowieso das Gefühl, mehr Zeit für das Suchen von angehäuftem Material zu verbringen als für die eigentlichen Unterrichtsvor- und Nachbereitungen.

Petzke hält sich schon immer für einen ganz guten Lehrer. Die Schüler sind ihm wichtig. Die meisten jedenfalls. Es gibt da auch einige, die würde er schon gerne öfter mal dem grantigen Hausmeister überlassen. Früher hat man das gedurft, hört man. Die Ungezogenen mussten dann irgendwelche niederen Dreckarbeiten verrichten. Keller aufräumen. Unkraut jäten. Archive neu sortieren und Ähnliches. Das änderte zwar nicht ihre Ungezogenheit, sie waren aber mal für ein paar Stunden ausgeschaltet.

Petzke fühlt sich auch immer häufiger ausgeschaltet. Was hat sich nur in den letzten Jahren so stark verändert? Er ist zwar schon etwas länger im Schuldienst, also kein Frischling mehr, die Pension liegt aber auch noch nicht in Sichtweite bzw. Zählweite. Obwohl er sich dabei ertappt, wie er manchmal daran denkt, wie schön sein Leben dann werden wird. Ausschlafen, bedingungsloses Grundeinkommen, nicht mehr tagtäglich die Zeitungen, das Fernsehen, die gesamte Lektüre und die Welt daraufhin abscannen, was sich für Lehrzwecke eignen könnte. Ein immerwährendes Dauerflirren Anspruch. Grundstress. War es dieser Grundpegel Cortisol, der ihn immer öfter ermatten ließ? Egal. Jetzt erst einmal diesen durchstehen. Bis Freitag ist noch lange hin. Dann will er auch so etwas wie eine Bestandsaufnahme machen. Rückblick. Wie ist sein Leben bisher verlaufen? Wie soll's weitergehen? Passt vielleicht ganz gut zum Vorhaben des Aufräumens. Hatte er ja eh schon lange vor. Keine Aufschieberitis mehr.

Die Tretmühle macht betriebsblind

Die Fahrt in die Schule bewältigt er bewusstlos wie immer, also ohne bewusste Beteiligung. Sie ist so zur Routine geworden, da braucht es keine Aufmerksamkeit mehr. Geht alles automatisch. Deshalb kann er sich später auch nie an diese Fahrten erinnern. Sie sind immer gleich. Fast immer.

Diesmal tagträumelt er sich als Waldbesitzer. Immer an der frischen Luft. Keine nervigen Kinder und Kollegen um einen herum. Es ist immer das, was man nicht hat, was man haben will. Schon komisch mit uns Menschen. Was wir haben, das nehmen wir als selbstverständlich. Aber wehe es ist weg oder es nimmt uns einer weg. Dann ist aber die Hölle los. Wenn wir es nicht mehr haben, das Selbstverständliche, erst dann lernen wir es wirklich wertschätzen. Echt blöd. Da gab es doch was von Brecht? Muss ich mal nachlesen. Irgendwas mit das Selbstverständliche muss wieder fremd gemacht werden oder so, damit man es wieder neu und besser verstehen kann. Verwirrend. Oder doch hilfreich? Ideensplitter für mögliche Klausuren surren wie Schrapnelle durchs Hirn.

Normalerweise spürt man nicht, wie Dinge selbstverständlich werden. Sie werden es mit der Zeit. Mit ihrer Vergänglichkeit sozusagen. Sie vergehen und werden dabei selbstverständlich. Retrospektiv wird aus der durch uns hindurchfließenden Gegenwart das Vergängliche und dann das Vergangene langsam und unbewusst sichtbar. Es ist, als ob man eine Erinnerungs-Landkarte von einem Hügel aus betrachtet. Aus dieser Perspektive werden viele Erlebnismarken auf dieser Vergangenheitskarte im Zusammenhang erkennbar und ihre zu Selbstverständlichkeit verkommene Unbedeutendheit tritt in aufgefrischter Bedeutung erneut ins Bewusstsein, weil sie einem jetzt in diesem Kontext erst einmal fremd erscheinen. Der Blick auf die Dinge aus anderer Perspektive und ebenso in einem anderen Kontext entreißt sie der Selbstverständlichkeit. Sie sind nun nicht mehr selbstverständlich und müssen sich erneut rechtfertigen. Dies macht sie einer Bearbeitung zugänglich. Neue Handlungsoptionen erscheinen am Horizont. In Gedanken durchforstet er sein kreatives Bücherregal. Suchen inmitten der Unordnung. Wie war das mit dem Chaos und dem Genie?.

Seine Tagträumeleien, auch manchmal bei stundenlangen Aufsichten bei Klausurarbeiten, sind nicht immer so stringent, eher sprunghaft, wie Träume halt so sind. Keine Ahnung wieso. Psychologen sagen ja, dass das Unterbewusstsein seine eigenen Regeln hat. Oder sollte man besser sagen, sein eigenes Chaos, denn Regeln kann man da ja nicht erkennen. Mit der Regelsuche hat Freud schon sein ganzes Leben verbracht und reichlich Versuche und Irrtümer produziert.

Ach ja, der Waldbesitzer. Was sind das doch gleich für Gedankensplitter, die sich in sein Hirn bohren von irgendwoher? Nicht Waldbesitzer! Holzfäller. Richtig. Es geht um einen Holzfäller. Dieser Holzfäller arbeitet sehr fleißig und sorgfältig, wie Lehrer Petzke. Das ist wohl die Verbindung zwischen den beiden. Dann kommt aber aus dem Nichts ein Beobachter dazu. Der beobachtet ihn eine ganze Weile. Sehr genau. Ihm fällt etwas an seiner Arbeitsweise auf. Er kennt ja viele Holzfäller, hat viele bei der Arbeit beobachtet. Er weiß, wie richtiges Holzfällen geht. Was fällt ihm auf? Er schaut genauer hin und hat das Gefühl, dass er sehr viel mehr Schläge als andere mit der Axt benötigt, bis der Baum fällt. Sehr viel mehr Schläge als all die anderen Holzfäller, die er schon beobachtet hat. Obwohl er sich redlich müht. Woran könnte das liegen? Beim noch genaueren Hinsehen erkennt der Beobachter, dass die Eindringtiefe der Axt in das Holz bei jedem Schlag geringer zu sein scheint als das normalerweise der Fall ist. An den Bäumen kann es nicht liegen. Er vermutet, dass es an der Axt liegt, denn auch die wuchtigen und kraftvollen Schläge des Holzfällers unterscheiden sich nicht von denen, die er bei anderen wahrgenommen hat. Der Beobachter entschließt sich, den Holzfäller anzusprechen …

Was er sagt, dringt nicht mehr verstehbar in Petzkes Bewusstsein. Hirnleerlauf. Einscheren auf den Lehrerparkplatz. Petzke hört sich murmelnd sagen, wie er noch ganz schwach versucht, den sich verflüchtigenden Gedankenfaden festzuhalten: Später. In der Geschichte liegt vielleicht etwas Hilfreiches. Vielleicht eine Anregung, was er an seinem Leben ändern könnte. Ein Hinweis. Träume, Fantasien sollen ja angeblich diese Qualität haben. Den aufploppenden neuen Gedankenfaden auf Trojas Kassandra kann er nicht mehr wirklich packen. Wäre ein Stoff für die Abi-Klausur. Die ersten Schüler kreuzen seinen Weg. „Guten Morgen, Herr Petzke!" „Der Unterricht fängt gleich an!" „Haben Sie unsere Arbeiten korrigiert?" „Können wir die Klassenarbeit verschieben?" Wie ihn das nervt. Diese wahllos ungeregelten chaotischen Kommunikationssituationen.

Für ein Schwätzchen im Lehrerzimmer ist keine Zeit mehr. Aber für einen Kaffee. Seit sie diesen neuen Automaten haben, ist so ein bisschen Leichtigkeit in den Schulalltag eingekehrt. Wie in den amerikanischen Spielfilmen. Ständig sieht man Leute mit ihren Kaffeetassen. Beim Meeting. Selbst in Weltraumschiffen während des Untergangs ganzer Welten hat der

Pilot, der General, der Chef halt, konstant lässig eine Kaffeetasse in der Hand, an der er immer mal wieder nippt. Und man spürt, der Kaffee ist längst kalt. Und wer in Amerika war, der weiß, dieser Kaffee ist dünn. Sehr dünn! Er wird vermutlich im Mischungsverhältnis 1:1 gebrüht. Eine Kaffeebohne auf einen Liter Wasser. Also eigentlich kein Kaffee, eher Wasser, das entfernt ein Kaffeearoma erahnen lässt. Deshalb gibt es in Amerika ja überall in Imbissen Kaffee ad lib, also unbegrenzt. Wasser ist ja billig. Die Pose mit der Kaffeetasse in den kompliziertesten, komplexesten, chaotischsten Situationen, also in Situationen mit Anspruch, verleiht den filmischen Helden immer so eine Aura von Lässigkeit und Souveränität. Das ist eine gute Haltung. Mal sehen, vielleicht hilft diese Vorstellung ja etwas durch den sperrigen Alltag, ständig Dinge entscheiden zu müssen. Entscheidungen treffen zu müssen, die, egal wie man sie trifft, immer irgendwie nicht so ganz richtig sind und einen nie hundertprozentig zufriedenstellen. Oft ist es sogar fast egal, wie man entscheidet, es scheint in jeder Hinsicht falsch zu sein. Dilemma. Ob der Holzfäller in seiner Ineffizienz auch in einem Dilemma steckt?

Keiner macht alles richtig

Auf dem Weg vom Kaffeeautomaten in den Klassenraum streift ihn ein vorbeirennender Fünftklässler am Arm. Der Kaffee schwappt auf Hand und Ärmel. Aus und vorbei mit der lässigen Pose. „Na, Herr Petzke, haben Sie sich heute wieder mal bekleckert?", hört er schon einen Oberstufenschüler seines Deutschkurses später in der 6. Stunde sagen. Ach ja, die Oberstufe. Kurz bevor er in dem Klassenraum ankommt, mit verschwapptem Kaffee auf Hand und Ärmel, drängt sich die leidige Abiturvorbereitung noch schnell in sein Bewusstsein. Die nervt Petzke seit Jahren. Warum?

Immer und ständig ist Lehrer Petzke auf der Pirsch, unterwegs in Sachen Recherche nach passenden Texten für den Unterricht. Am Anfang seiner Tätigkeit hat er sich jedes Mal gefreut, wenn er in DER ZEIT – die muss man als lehrender Philologe natürlich abonniert haben – einen Artikel entdeckte, der sich nach stundenlangem Kürzen und Paraphrasieren als Klausurtext eignete, denn alles, was der Lehrplan so vorschrieb und im Unterricht behandelt werden musste, das musste auch in einer Klausur überprüfbar sein. Dann war ganz plötzlich und völlig überraschend wieder Abiprüfungszeit und ein neuer wurde benötigt. Das war natürlich vor Zeit des Zentralabiturs für alle Fächer. Jetzt gilt ja nur noch pauken für alle

Fälle. Unterricht als Prüfungsvorbereitung. Dann ärgerte sich Petzke über seine eigene Dummheit, dass er hervorragende Abiprüfungstexte schon vorher in normalen Klausuren verbrannt hatte. Natürlich spricht man sich im Fachkollegium ab, tauscht sich aus. Zwar nicht mit allen, denn nicht alle Kollegen sind kooperationsbereit und kooperationsfähig. Einige lassen sich immer noch nicht in die Karten gucken, würden heute noch den Diercke Atlas zu ihrem Banknachbarn aufbauen. Die haben diesen Schülerhabitus in ihr Lehrerdasein mitgenommen. Sind eigentlich nicht erwachsen geworden. Wie auch? Von der Schule an die Uni in die Schule. Manche im Kollegium sind sogar Lehrkraft an der Schule, an der sie Schüler waren. Ob das ein sinnvolles Lebenskonzept ist? Und mal für ein paar Jahre irgendwo erwerbsmäßig in der Geschäftswelt gearbeitet hat so gut wie kein Lehrer. Ob dieses Defizit geeignet erscheint, eine Lehrerexistenz zu begründen?

Eine passende Lösung

Petzke wird in seiner Gedankenwelt immer fahriger. Liegt es an der Häufung ungelöster Probleme und Entscheidungen? Haben die Dilemmata schleichend zugenommen? Er versucht sich zu konzentrieren. Was war sein letzter Gedanke? Ach ja, die Lösung des Abiklausurtextdilemmas. Ein kooperativer Reli-Kollege hatte ihm mal einen Text gegeben, von dem er behauptete, dass das ein richtig guter Abitur-Prüfungstext sei. Er habe ihn schon in mehreren Fächern erfolgreich eingesetzt. In Reli, in Geschichte, in Deutsch. Er sei so in seiner philosophischen Diktion multifunktional einsetzbar. Her damit! Als sorgfältig arbeitender Lehrer kehrte Petzke zu Hause das Internet zweimal um, bürstete es von vorn und von hinten. Nichts gefunden. Dabei reicht es doch, einfach nur ein paar Zeilen einzugeben und zack nach 0,3954018934 s hatte man Millionen Treffer und Ergebnisse. Bei diesem Text NICHTS. Damit konfrontiert erklärte der Reli-Kollege nach langem Herumdrucksen mit leiser Stimme in verschwörerischem Ton, dass er auch jahrelang in dem gleichen Dilemma steckte wie Petzke, die Nase voll hatte und dieses Problem ein für alle Mal lösen wollte. Er hatte den Text selbst geschrieben. BÄMM! Das war der Hammer. Selbst! Petzke kriegte sich nicht ein. Ziviler Ungehorsam par excellance. Strafbar. Widerstandskämpfer. Illegal. Genial. Petzke fehlten die Kategorien, um diesen kreativen Streich einzuordnen. Und der Name des Autors dieses genialen Textes? Die Antwort des Reli-Lehrers: „Den habe ich erfunden. Prüft sowieso kein Mensch nach." Glaubst du ernsthaft in der Schulbehörde macht sich im Genehmigungsverfahren einer ernsthaft an die Überprüfung der Literaturlisten aller schriftlichen Abitur-Klausurprüfungsaufgaben?, versucht sich Petzke selbst Mut zuzusprechen.

Petzke brauchte einige Zeit, um diesen Schock zu überwinden. Er greift den Gedanken aber immer wieder auf. Einen kompletten Abitur-Prüfungstext zu erfinden, das traut er sich nun doch nicht. Was tun? Schon wieder vor einem Dilemma kapitulieren? Das kommt nicht infrage. Was kann man machen, wenn einem ein großes Ziel als zu weit weg erscheint, und man den genauen Weg dorthin nicht weiß? Die Taoisten! Waren es nicht die Taoisten? Oder die Maoisten? Jedenfalls uralte asiatische Weisheit: Auch ein sehr langer Weg mit vielen tausend Schritten beginnt mit dem ersten Schritt, paraphrasiert Petzke großzügig. Egal, wer das gesagt hat, wer der erste Autor dieser Weisheit nun gewesen sein mochte. Petzke spürt, wie ihm der lockere Umgang mit sorgfältigem Bibliographieren langsam abhandenkommt. Es ist aber kein schlechtes Gefühl, eher ein Gutes, ein befreiendes. Er fühlt sich ein bisschen wie ein Rebell. Der Geschmack von Anarchie.

Unorthodox denken

Ok! Der erste Schritt. Man kann das ja mal gedanklich durchspielen. Die Gedanken sind frei! Die kann man nicht zensieren. Sind auch nicht strafbar. In der Zukunft vielleicht, wenn es eine Gedankenpolizei gibt und bei prediktiv Dingenskirchen oder wie das heißt, also bei der vorbeugenden Verbrechensbekämpfung. Da ist sie wieder, die plötzliche Unkonzentriertheit. Nicht den Faden verlieren. Oder sind es die aufkeimenden Schuldgefühle, die Petzke von der Vorbereitung seiner „Straftat" abhalten wollen. Petzke erschrickt! Was ist gerade passiert? Er steht auf dem Lehrerparkplatz an der Fahrzeugtür eines Autos, das ihm nicht gehört, und versucht es mit seinem Hausschlüssel aufzuschließen. Ist das ein Flashback? Fallout? Ein Déjà-vu? Jetlag? Hat ein Virus schon klammheimlich sein Hirn umstrukturiert? Pandemien drangsalieren ja ständig die Menschheit. Oder wie heißen diese Dinger, wo man kurzzeitig Orientierungsschwierigkeiten hat? Alzheimer erwischt immer jüngere. Petzke schaut sich schnell um, ob ihn jemand zufällig beobachtet und geht schnellen Schrittes zurück in das Schulhaus.

Herrjeh! Seine Klasse. Er muss doch in die ... in welche Klasse muss er nochmal? Im Schulhaus ist es still. Der Unterricht läuft schon. Vor der Klassenraumtür seiner Klasse, drinnen ist es laut, hält er kurz inne. Er zögert. Er greift zu Klinke. Hält abermals inne. Die Klinke ist kalt. Ihn fröstelt. Er schwitzt. Zögerlich nimmt er die Hand von der Klinke und steuert zielstrebig ins Schul-Sekretariat. Drei Sätze legt er sich auf dem kurzen Weg zurecht: Ich fühle mich nicht gut. Ich melde mich krank. Ich rufe morgen an.

Wie er nach Hause gekommen ist, weiß Petzke schon nicht mehr. In seinem Hirn toben Kämpfe verschiedener Dilemmata-Fraktionen. Kriegerische Widersprüche greifen in das Kampfgeschehen ein. Komplizierte Konstellationen führen zu komplexen Situationen, in denen kurzzeitig das Chaos herrscht. Das Ganze scheint sich in einem riesengroßen Stadion abzuspielen. Aus der Nordkurve dröhnt der Schlachtruf in Loops:

Einen Schritt, einen Schritt!

Vorwärts nur, rückwärts nit!

Alle auf einmal ist zu viel!

Nur der erste Schritt bringt dich ans Ziel!

Und wie viele Schlachtrufe, so ist auch dieser nicht von einem professionellen Dichter verfasst, sondern von Alltagspoeten. In Versmaß und Rhythmus gibt es also noch Luft nach oben.

Die folgenden drei Tage verbringt Petzke zu Hause. Die Kommunikation im Familienteam ist auf das Nötigste zurückgefahren. Das ist nicht gut. Petzke dilemmatiert zwischen seinem Arbeitszimmer, dem Schlafzimmer, der Couch und dem Kühlschrank. Gibt es einen Dilemmavirus? Soll er zum Arzt gehen? Was hat er eigentlich für konkrete Beschwerden?

Drei Tage kann er ja ohne AU zu Hause bleiben. Also erstmal nicht zum Arzt. Erst einmal selbst schauen, was ihn irgendwie aus Bahn geworfen hat. Wo ist es eigentlich manifest geworden? Ach ja, wie im Nebel erinnert sich Petzke, wo er vom Weg abgekommen ist. Er wollte in die Klasse. War aber in Gedanken. Beschäftigt mit Entscheidungen, die er zu treffen hat. Wichtige Entscheidungen, die egal wie man sie trifft, immer nicht ganz richtig sind, eigentlich falsch. Warum benutzt er jetzt so häufig das Wort „eigentlich"? Ist das ein Hinweis? Wohl eher ein Unwort. Er ist also vom Weg abgekommen. Sein Körper hat ihn unbewusst weg von der Klasse, weg von der Schule, hin zu einem Fluchtauto geführt. Eine klassische Freudsche Fehlleistung? Dem Gedanken will Petzke nachgehen.

Seine Frau ist etwas irritiert, als Lehrer Petzke nach Teebeuteln Ingwer, Johanniskraut, Baldrian fragt. Sie streichelt ihm liebevoll über die Wange und fragt: „Tasse oder Kanne?" Petzke ist in Gedanken schon weiter und kann gar keine Antwort geben. Seine einfühlsame Frau entscheidet sich für Kanne und wird ihrem Erich noch ein paar Ingwerstäbchen dazu legen. Die waren eigentlich für seinen Geburtstag bestimmt. Was soll's? Kauft sie halt neue. Das ist jetzt wichtiger. Da muss man offen sein in der Situation.

Von außen betrachten

Als sie ihm das liebevoll zurechtgemachte Tablett in sein Arbeitszimmer bringt, kniet er auf dem Boden inmitten der Stapel Bücher, Hefter, Kopien und loser Blätter. Sein Blick, als sie in sein Arbeitszimmer kommt und kurz rätselt, wo sie das Tablett abstellen könnte, verrät ihr, es ist noch keine Zeit für ein Gespräch mit ihm. Er soll seine Sachen und sich erstmal selbst ein bisschen sortieren.

Stunden später kommt Petzke ins Wohnzimmer: „Komm! Ich will dir was zeigen!" Seine Frau folgt ihm in sein Arbeitszimmer. Petzke schaut mit deutlich gerötetem Kopf beim Öffnen der Tür seine Frau an, hält inne und sagt: „Ups! Ich muss erst schnell noch für Königstiger!", und verschwindet ins Bad. „Geh schon einmal rein!", hört seine Frau ihren Mann aus dem Bad, während die Spülung läuft.

Der Teppichboden des Arbeitszimmers ist wieder sichtbar, allerdings mit einem anderen Muster als bei der Verlegung vor zwölf Jahren. „Da staunst du, was?", flüstert Petzke seiner Frau ins Ohr. Sie sagt: „Geht doch", und ergreift das Tablett mit der leeren Kanne und dem Schälchen mit einigen Restkrümeln Schokolasur von den Ingwerstäbchen. „Magst du noch ne Kanne?" fragt sie ihn beim Rausgehen. Ja, murmelt er unwillig-hoffnungsfroh vor sich hin. „Die nehme ich dann auf der Terrasse." Seine Frau runzelt humorlos die Stirn.

Die neuen Fokusse

Petzke ist auch humorlos, jetzt. Denn er hat sich etwas mehr Lob von seiner Frau versprochen. Nicht, dass Männer über die Maßen Anerkennung und Lob erheischen wollten, aber ein bisschen mehr hätte es ruhig sein können. Er hatte sich ja unheimliche Mühe gegeben, beim Aufräumen. Aber immerhin. Wie groß das Zimmer jetzt ist. Hätte er schon längst mal machen sollen. Er kann jetzt direkt und Luftlinie von seinem Schreibtisch aus zum Bücherregal gehen. Kein Eiertanz mehr über die vielen Stapel. In der Ecke quillt sein Papierkorb über. Auf dem Schreibtisch keine Wolkenkratzer Material mehr, sondern nur noch drei Ablagen: Noch zu erledigen, in Bearbeitung und Erledigt. Die Idee hat er aus einem Bändchen über agiles Handeln. Nur das ihm das Team fehlt, das gemeinsam mit ihm die Dinge bearbeitet und zu einem guten Ende führt. Petzke spürt seit langer Zeit wieder so etwas wie Befriedigung. Wie einfach das doch ist. Man sieht ein Problem, packt es an und löst es. Ok, Petzke lügt sich zuweilen auch mal gern in die Tasche und verdrängt ebenso gern auch mal eigenes Fehlverhalten. Hier hat er ja die Prozesshoheit. Allein. Das ist sein Vorteil. Keine Abstimmung mit irgendjemand anderem. Keine langen Diskussionen. Kein geht nicht. Kein Konflikt. Kein Dilemma.

Jetzt kann er auch wieder den schönen Lesesessel in der Ecke neben dem deckenhohen Bücherregal nutzen. Der war eigentlich als gemütlicher Lesesessel gedacht, wurde aber schnell als Ablage missbraucht und nie mehr freigeräumt. Zum Lesen kommt er ohnehin kaum noch. Die beruflichen Anforderungen wachsen Jahr für Jahr. Am Abend todmüde. Am Wochenende ausruhen, Hausarbeit, was mit der Familie machen. Sonntag schon wieder Korrekturen und Unterrichtsvorbereitungen für die kommende Woche.

Wieso fällt ihm jetzt die Geschichte mit dem Förster wieder ein. Förster? Es ist doch ein Holzfäller gewesen. Der schuftet auch wie ein Blöder. Warum? Der Gedanke verflüchtigt sich wieder. Petzke setzt sich nach Jahren wieder mal in den Sessel. Tolle Perspektive. Die vielen Bücher rechts von ihm. Der aufgeräumte Schreibtisch. Der Teppich muss mal grundgereinigt werden. Machen wir im Sommer, wenn's heiß ist und man gut lüften kann. Petzke springt auf, geht zum Schreibtisch, ergreift einen Stift und Block und notiert es. Das Blatt kommt in die erste Ablageschale. Eingetütet. Erledigt. Erst einmal. Also noch nicht „Erledigt", aber in den Prozess eingegliedert. Das ist schon mal ein entscheidender Schritt. DER entscheidende Schritt, die Dinge auf die Reihe zu kriegen. Petzke fühlt sich als der Experte seines eigenen Tuns. Er hat immer einen Experten zu Seite. Sich selbst. Sein anfliegendes schlechtes Gewissen weht ihm ins Ohr: Und deine Frau? Gibt die dir nicht auch hilfreiches Feedback? Wenn sie wieder mal aus dem Bauch heraus argumentiert? … Kann man überhaupt aus dem Bauch heraus argumentieren? NEIN! Dann nennt man das Intuition! Petzke weiß, eine Diskussion mit seinem schlechten Gewissen verliert er immer. Wäre es nicht besser gleich klein beizugeben? Oder noch besser: offen zu den eigenen Fehlern zu stehen, statt sie zu verdrängen?

Petzke geht wieder zurück zum Sessel. Wenn das so weitergeht, kriege ich auch meine anderen Probleme in den Griff. Man muss nur einen ordentlichen Prozess aufsetzen. Das ist es. Während er so leicht dösend in seinem Sessel verharrt, hört er seine Frau rufen: „Erich! Abendessen!" Ok. Der Tag heute ist der erste Schritt in ein neues Leben, überhöht Petzke sein Tun. Aber es tut ja auch so gut. Sein Arbeitszimmer sieht jetzt richtig gut aus, wie von einem aufgeräumten Menschen, der alles im Griff hat. Es fühlt sich einfach großartig an. Mit diesem Gefühl will er den Tag beschließen. Innerlich aufgeräumt, wie seit Monaten nicht mehr, geht er zum Esstisch. Warum er nun, im freudigen Überschwang, seiner pubertierenden Tochter zum Zwecke der Kontaktaufnahme die einzige NO-GO-Frage stellt, die ein Elternteil am Abendbrottisch seinem Kind stellen kann, weiß er nicht mehr: „Wie war denn die Schule heute, mein Kind?" Ein Therapeut würde sagen: „Mangelnde Empathie, aber sie sind auf einem guten Weg."

Petzke entschließt sich abends im Bett, als ihn seine Frau dann doch noch kuschelnd für sein Tagwerk lobt, nicht die drei Tage Kranksein auszuschöpfen, sondern vorzeitig, aber nicht gleich morgen, wieder zur Schule zu gehen. Morgen will er sich nochmal Zeit nehmen, seinen ersten Erfolg, ja sein erstes regelrechtes ErfolgsERLEBNIS mit dieser tiefen emotionalen Wirkung feiern. Den ganzen Tag. Mit Fantasien, sein Arbeitszimmer mit so einer kleinen Espressomaschine aufzuwerten, seine Stiftesammlung einem ähnlich Klärungsprozess zu unterziehen wie sein Zimmer, mit einem Glas Rotwein auf dem Anlesetischchen neben dem Lesesessel und einem guten Buch, KEIN Fachbuch, sondern etwas ganz Zweckfreies, zu schmökern. Einfach nur netten unterhaltenden Lesestoff. Urlaubslektüre sozusagen. Vielleicht ein paar amüsante Kurzgeschichten. Was zum Lachen auch. Oder wenigstens zum Schmunzeln. Mit Leuten in der Patsche und wie sie sich humorvoll aus einem Disaster winden. Sich gedanklich mal durch die letzte Zeit treiben lassen und schauen, was da schiefgelaufen ist. Ja das ist es. Das ist der Plan für morgen. Mit diesen visionären Gedanken schläfert sich Petzke langsam ein. Beim letzten Drehen auf die Schlafseite, er ist Seitenschläfer, rutscht ihm ein kleiner Krümel Ingwergelee aus einem Ingwerstäbchen aus einem Zahnzwischenraum über die Zunge, den er einschlafend am Gaumen zerreibt. Er hatte an diesem Abend ganz vergessen, sich die Zähne zu putzen.

Neunuhrsiebzehn am nächsten Morgen. Seine einfühlsame Frau steht in der Schlafzimmertür und sagt leise: „Schatz, ich habe frische Brötchen geholt. Magst du mit mir frühstücken?" Petzke schlägt die Augen auf. Verwunderter Blick zur Tür. Überraschter Blick auf den Wecker. Grinsen. „Ich komme!", flötet es aus dem Kopfkissen, das noch so liegt wie am Vorabend, als er eingeschlafen ist. Seine Frau hatte nachts mehrmals seine Atmung überprüft. Sie war schon ein bisschen in Sorge, weil er sich nicht bewegte, die ganze Nacht. Das wird sie ihm aber nicht sagen. Er muss wohl sehr fest geschlafen haben. Naja, nach so einem Tag! Aufräumen, Bücher ordnen, Psychohygiene.

Sie wartet am schön gedeckten Frühstückstisch auf ihn. Kaffee und Brötchen duften. Er kommt aus dem Bad. Ein Leuchten geht durch den Raum. „Mmh!", sagt er, „das ist ja wie am Wochenende. Nur schöner, ohne Kinder. Also ruhiger." Er setzt sich, ergreift ein Brötchen, zerteilt es und legt die Hälften vor sich auf den Teller. Sehr bewusst, wie ein Ritual. Sie spürt, gleich sagt er etwas Bedeutsames.

„Ich fühl mich richtig gut. Morgen geh' ich wieder in die Schule." Pause. Sie blickt ihn an. „Und heute denke ich nach."

Nach dem Frühstück geht er in sein Arbeitszimmer, setzt sich an einen übersichtlichen Schreibtisch, rückt die wenigen Utensilien ein bisschen hin und her, die jetzt nur noch dort liegen. Er denkt. Wo war sein Lebensprozess ins Ruckeln gekommen, wann und wo ins Stocken, und wo ist die Weiche, die ihn ins falsche Gleis abbiegen ließ, und wieso ist die Weiche falsch eingestellt?

Fragen stellen

Das sind zu viele Fragen auf einmal. Petzke lehnt sich in seinem Chefsessel zurück, dreht die Augen zur Decke. Sein Blick schweift über die vielen Bücher im Regal. Die ursprünglich angedachte Ordnungs-Systematik könnte ein Fremder nicht mehr erkennen. Es gibt sie nur noch rudimentär. Um eine Reihe Standardwerke gruppieren sich zahlreiche Schriften kleinerer Formate. Vielfach quellen dünne und dickere Stapel Hefter und lose Blätter aus den Ritzen zwischen und über den Büchern. Ja, denkt er, ich habe die Ankerpunkte im Lebensprozess zugemüllt. Das sind die eigentlichen Weichen. Mit dieser Handgelenksthese gibt sich Petzke erstmal zufrieden. Das reicht, um mit der Analyse loszulegen. Schritt für Schritt. Nicht mit der Tür ins Haus fallen. Nicht ewig der Taube nachjagen, wenn man den Spatz greifen kann oder so.

Petzke nimmt einen Stift zur Hand und schreibt. Es wird ruhig im Arbeitszimmer. Gegen Mittag klopft seine Frau an die Tür. Nichts regt sich. Sie öffnet leise und findet ihren Mann im Lesesessel neben dem Bücherregal schlafend, ein aufgeschlagenes Buch in den Händen mit einem leichten Lächeln im Gesicht. Während sie ihn vorsichtig auf die Stirn küsst, überfliegt sie den Titel des Buches, das zugeklappt ist: „Die Weisheit des lächelnden Lebens" von Lin Yutang. „Komm' Mittagsessen."

Das Mittagessen verläuft schweigsam, die Kinder sind noch in der Schule. Seine Frau weiß, er brütet. Dabei will sie ihn nicht stören. Gesunde Gedanken müssen sorgfältig ohne große Störung bebrütet werden, sonst wird das nichts.

Bis spät in die Nacht ist Petzke noch in seinem Arbeitszimmer. Nichts Ungewöhnliches. Petzke ist ein fleißiger Lehrer und bereitet sich immer optimal vor. Er liebt seine Schüler. Er macht seinen Job gerne. Nein, es ist mehr als ein Job. Es ist eine Aufgabe. Seine Frau ist geduldig. Er wird schon erzählen, wenn es soweit ist.

Nicht hart, sondern smart

Am nächsten Morgen ist Petzke etwas früher aufgestanden und etwas früher in die Schule gefahren. Zehn Minuten. Mehr nicht. Keine Hetze mehr. Das hat er sich gestern auf seine To-Do-Liste geschrieben. Auf der Fahrt schweifen seine Gedanken diesmal nicht ab wie sooft. Er fährt das Auto bewusster, sieht auf einmal die Bäume am Straßenrand, einen Radfahrer, eine alte Frau mit einem Hund. Er ist mit seinen Gedanken schon in der Schule. Nicht im Unterricht, in einer Klasse oder bei seinen Unterrichtskonzepten. Nein. Er wird sich gleich einen Kaffee holen. Heute mal keinen Cappu, sondern einen Americano. Den wollte er schon immer mal probieren. Aber die Routine des Immergleichen hat es nicht zugelassen. Dann wird er sich ins Lehrerzimmer setzen, ein paar Kollegen freundlich grüßen und dort bewusst den ersten Schluck trinken. Kostet nicht viel Zeit. Ist aber Quality-Time. Das ist ein wesentlicher Unterschied. Die Theorien von Chronos und Kairos haben Petzke geholfen, sich diesen Unterschied klarzumachen. Heute ist sein erster Trainingstag.

Alles klappt, wie von Petzke visioniert. Selbst der Kaffee findet unverletzt bis in den Oberstufenkurs. Er wird begrüßt von einem vorlauten Schüler: „Moin Herr Petzke! Sie wirken heute so aufgeräumt? Richtig cool, wie sie da so mit ihrem Kaffee stehen." Petzke leuchtet. Petzke schafft es bis zur vierten Stunde die Abfolge seines Tagesprozesses zu trainieren. Dann Rückfall in alte Verhaltensmuster.

Nachmittags Teamsitzung mit Fachkollegen. Petzke ist in der Mittagspause nicht in die Mensa gegangen. Er hat sich vom Bäcker um die Ecke ein geschmiertes Brötchen geholt und dann bis zur Konferenz eine große Runde im nahegelegenen Park gedreht. Er hat sich auf sein leckeres Brötchen konzentriert, bewusst gegessen. Bewusst nicht an die bevorstehende Konferenz gedacht. So betritt er kurz vor Start des Meetings den Raum. Er setzt sich bewusst mal nicht gleich zu seinen altbekannten Kollegen, sondern wartet einige Momente, um sich dann zu den neueren Kollegen zu setzen. Mal eine andere Perspektive einnehmen. Das Meeting starte wie immer. Routinepunkte. Protokoll usw. Die Zusammenarbeit im Team funktioniert eigentlich ganz gut. Mit einigen. Nicht mit allen. Man kann ja auch nicht mit zig Leuten eng zusammenarbeiten. Das funktioniert nicht. Irgendwie muss man sich ja noch ausreichend untereinander verständigen können. Kommunikation ist alles.

Ein- zweimal meldet Petzke sich zu Wort. Seine Beiträge sind weniger inhaltliche Impulse zu konkret anstehenden Entscheidungen. Er hat sich überlegt, mal darauf zu schauen, wie in dieser Gruppe kommuniziert wird und wie Entscheidungen getroffen werden, Weichen gestellt werden. Da ist ihm einiges aufgefallen. Seine Fragen nach den übergeordneten Zielen ihrer Arbeit, den daraus abzuleitenden Anforderungen und den ersten Schritten, die dafür notwendig wären, werden zwar von einigen irritiert zur Kenntnis genommen, auch schon mal widerständig als abwegig kommentiert. Aber nicht von allen. Man lässt sich doch im Austausch auf Petzkes Fragen ein, was eine gewisse Folgerichtigkeit im Gespräch, in der Argumentation und den daraus abgeleiteten Schlussfolgerungen generiert. Petzke freut es. Er hat gar nicht viel gesagt, und trotzdem wirkt es. Die richtigen Fragen stellen. Das ist es. Und vorher mal alles Unwichtige wegräumen, aufräumen, damit das Wesentliche wieder besser sichtbar wird.

Die Fachkonferenz wird früher beendet als geplant. Hatten Petzkes Fragen das mitverursacht? Er will sich noch nicht mit diesen Federn schmücken. Auf der früheren Heimfahrt ist er trotzdem ein bisschen stolz, dass er vielleicht doch an dem kleinen Effizienzschub beteiligt gewesen sein könnte. Damit das nicht im Vielleicht hängen bleibt, beschließt Petzke in der nächsten Situation, in der ein Team zusammenarbeitet, noch ein bisschen gezielter darauf zu achten, was das eigentliche Ziel der Teamarbeit ist und vor allem, wie das Team dabei vorgeht. Dann will er sich einmischen mit geschickt gestellten Fragen, die den TeamPROZESS mehr in das Bewusstsein der Gruppe rücken. Wow!

Petzke schaut auf sich und staunt. Woher kann er das auf einmal? Oder konnte er das eigentlich schon immer? Er hatte nie eine Gelegenheit diese Kompetenz abzurufen. Ist das jetzt wichtig oder kann das weg? Petzke muss zum erstenmal laut lachen. Über sich! Das ist ihm noch nie passiert. Hatte ihm seine Frau die Tage morgens was in den Kaffee gemischt? Eine kleine Verwirrung packt Petzke ob dieser neuen Erkenntnisse, die sich da in sein Leben drängen. Er will das unbedingt weiterverfolgen. Vor allem, dass er jetzt scheinbar – er ist sich da noch gar nicht sicher – womöglich selbstironisch sein und über sich selbst lachen kann. Lachen über die eigene Unvollkommenheit und die eigene Fehlerhaftigkeit. Ist irgendwie ein gutes Gefühl. Befreiend. Verleiht einem ein bisschen Souveränität, obwohl man sich ja gerade selbst demontiert hat. Nein, das war es gar nicht. Man hat sich gerade mal nicht so verbissen ernst genommen. So ein bisschen vorläufig. Ja, so geht es, kann aber auch ganz anders. Ist das der Nährboden von Coolness und Lässigkeit. Ihm geht nochmal die Bemerkung des Schülers aus der Oberstufe durch den Kopf. Das Label „lässig" hätte Petzke sich niemals selbst gegeben. Nun von einem Schüler?

Beim abendlichen Ins-Bett-Gehen und diesmal nicht gewohnheitsmäßigen Kopfkissen-Aufschütteln – Petzke macht neuerdings ein kleines behutsames Ritual daraus – leuchtet es wie eine Neon-Leucht-Anzeige aus den Fünfzigern vor seine mittlerweile unzähligen geistigen Augen: Ein gutes Gewissen ist ein sanftes Ruhekissen.

Richtige Dinge tun

Das Ratadong … Ratadong des Waggons hat Petzke ein wenig sediert. Die zweite Klasse ist brechend voll. Eine erste Phase des Relaxens nach der anstrengenden Wanderung mit der 9e. Einige andere Klassen der gleichen Schule nutzen auch diesen Zug zur Heimreise. Das Kinn in die hohle Hand gestützt, döst Petzke mit schweren Augenlidern. Ein Schulkind, ein blonder Junge mit auffallend starker Unterarmbehaarung, vielleicht Klasse 5, geht von seinem Platz schräg gegenüber eine Abteilreihe weiter zum Fenster. Das Fenster wird geöffnet. Ein kurzes „Jetzt!" hebt sich aus dem allgemeinen Gemurmel und dem eintönigen Ratadong … Ratadong heraus. Die Art der Stimmführung, die Abfolge der Vorgänge und eine über die Jahre geschulte Sensibilität reißen Petzke unsanft aus seiner Lethargie. Adrenalinstoß. Er weiß, hier geschieht etwas, das es zu beobachten gilt. Er muss sich ein wenig recken, um über die gegenüberliegende Rückenlehne schauen zu können, dorthin wo sich das Geschehen abspielt. Er sieht, wie der Blonde mit einer kurzen, aber kräftigen Ausholbewegung etwas aus dem Fenster schleudert. Parallel zu den Bahngeleisen verläuft ziemlich dicht eine Schnellstraße und Zug und Autos begegnen sich mit über 200 km in der Stunde. Ehe der Fünftklässler zum dritten Male den Versuch unternimmt, sein Geschoss zu platzieren, springt Petzke nun von einer weiteren heftigen Adrenalinausschüttung hellwach gepuscht auf und schreitet ein: „Hey, was machst du da?", herrscht er den Werfer laut an, denn die Absicht seines schändlichen Tuns ist allzu offensichtlich. „Nichts!" entgegnet der Junge mit scheinheiligem Schulterzucken. „Was hast du da in der Hand?", Petzke kennt solche Reaktionen von auf frischer Tat Ertappten, und weiß, er muss nun mühsam und überflüssigerweise versuchen, die Betroffenen in einem ‚Indizienprozess' zu überführen, im Wissen, sie werden bis zum Ende leugnen. „Gar nichts!", kommt es von dem Jungen, schon in halber Entrüstung über das Vorgehen des Lehrers. „Gib her!", und Petzke entwindet ihm gegen seinen Willen eine Kastanie, halb so groß wie ein Hühnerei. „Und was ist das?!", herrscht ihn Petzke nun sichtlich entnervt an. „Ich hab' gar nichts gemacht!", schreit sich das Kind ins vermeintliche Recht. „Lüg mich nicht an, ich habe genau gesehen, dass du schon zweimal geworfen hast!", erbrüllt Petzke sich Autorität. Die beiden stehen sich gegenüber wie zwei kampfbereite Hähne. Es geschieht nichts. Langsam lösen sie sich aus der gegenseitigen Fixierung, und jeder setzt sich wieder auf seinen Platz, der Schüler – noch hochrot im Gesicht – empört über die Dreistigkeit des Lehrers. Im Waggon ist es still geworden. Petzke sinniert über Frühpensionierung. Ratatong … Ratadong …

Patchwork arrangieren

Petzke hat eine unruhige Nacht hinter sich. Er war sehr müde heimgekommen. Den ganzen Tag Trubel um die Ohren, ständig aufpassen, die Gruppe zusammenhalten, Anweisungen geben, ermahnen, Ansagen machen, kontrollieren, managen, Prozess steuern. Hier funktioniert seine neue Haltung nicht wie in der Fachkonferenz. Diese Gruppe, von der er ein Teil war, funktioniert anders. Es braucht andere Interventionswerkzeuge. Eine neue Herausforderung. Pädagogik.

Jetzt gilt es aber erstmal die heutige Konferenz mit der Schulaufsichtsbehörde in den Fokus zu holen. Diese Meetings haben immer einen eigentümlichen Charakter. So eine Mischung aus einem obrigkeitstaatlichen Verkündungsgestus, diese Verordnung, jenes Gesetz, neue Ausführungsbestimmungen, Staatsdiener … DIENER! haben immer Folge zu leisten auf der einen Seite und auf der anderen Seite die Lehrkräfte im täglichen Kampf mit den Schülern an vorderster Front wovon die Sesselpupser in der Kultusbürokratie und im Ministerium ja keine Ahnung haben. Wie soll so ein Spagat zu bewältigen sein? Ein „dilemma par excellence". Da gibt es beispielsweise zwei gleichrangig gültige Verordnungen, die eine Lehrkraft zu beachten hat. Einmal soll sie die aktuelle Leistung eines Schülers sachlich korrekt mit einer Note bewerten. Gerecht im Vergleich mit allen anderen. Gleichzeitig soll die Lehrkraft aber auch in die Note den Lernweg einfließen lassen, den ein Schüler zurückgelegt hat. Beispiel mit zwei Schülern. Einer löst alle Aufgaben und bekommt die Note 1. Er war schon immer ein sehr guter Schüler. Ihm fällt das Lernen extrem leicht. Papa Lehrer. Mama Ärztin. Oder so. Der andere schafft nur eine Aufgabe im Test richtig zu lösen und erhält die Note 6. Dieser Schüler konnte aber so gut wie nichts am Anfang seines Lernweges. Kam vor wenigen Monaten aus einem Kriegsgebiet. Die Gründe spielen jetzt keine Rolle. Egal ob er mit Einschränkungen kämpft oder ein Interessierter noch ohne Sprachkenntnisse ist. Dieser Schüler hat, verglichen mit dem anderen Schüler, der schon von Anfang an fast alles konnte und wenig lernen musste, sehr viel getan in der gleichen Zeit, um zumindest eine Aufgabe zu lösen. Er hat also einen deutlich schwierigeren Lernweg absolviert. Das muss sich positiv in der Note niederschlagen. Also bekommt er insgesamt eine bessere Abschlussnote und unterscheidet sich von den Noten nur wenig von dem sehr leistungsstarken Schüler. Der eine kann viel, der andere kann kaum etwas, und beide sollen fast die gleiche Note erhalten. Toll! Das soll Vergleichbarkeit sichern?

Petzke könnte jedesmal schier aus der Haut fahren, ob dieses aufgezwungenen Dilemmas, das kein Mensch lösen kann. Bei der Notenbesprechung windet sich Petzke jedes Mal verbal darmverschlingungsmäßig um die Entscheidung. Zum Glück kennen die meisten Schüler diese Verordnung nicht. Aber wehe da kommt ein Arztvater oder Rechtsanwaltsvater, der die Bestimmung kennt. Dann sitzt du in Teufels Kochtopf oder Küche oder wo auch immer.

Zurück zur Sitzung mit der Schulaufsicht. Man kann es kurz machen. Eine ganze Reihe neuer Auflagen werden verkündet. Protokolle sind zu führen bei … Hochbegabte sind zu identifizieren … dazu das Merkblatt … bei Klassenfahrten ist neu zu dokumentieren nach Merkblatt Nr. … Rechtschreibschwache müssen … Mathematikschwache dürfen nicht … und so weiter und so weiter. Petzke kapituliert. Wo soll er da nach Entscheidungsprozessen fragen? Wie soll da eine Zusammenarbeit möglich sein, wenn keiner dieser Draufgucker, pardon Aufsichtsführenden, sie, die die eigentliche Arbeit machen, fragt, was sie als Lehrkräfte brauchen, um ihre Arbeit gut machen zu können? Damit will er sich aber heute nicht mehr beschäftigen. Zu Hause fällt erst die Schultasche neben den Schreibtisch und er in seinen geliebten Lesesessel, in dem er erschöpft einschläft.

Muster erkennen

Beinahe hätte Petzke vergessen, dass abends noch diverse Telefonate anstehen. Seine geliebte Frau steht mit einer Kanne Ingwer, Johannisbeer … ein kleiner Lichtblick im dilemmatösen Leben Petzkes … und seinen ebenso geliebten Ingwergeleestäbchen in Zartbitter vor ihm. Er küsst seinen Goldschatz. Sie weiß, das ist JETZT ihre Rolle. Es kommen auch wieder andere Zeiten. Denn eigentlich führen sie eine gleichberechtigte Beziehung. Sie sind ein gutes Team. Das wird sie ihm demnächst mal sagen.

„Hallo, Herr Mühlenkämper, wie geht's? … Danke, auch gut.", lügt Petzke ins Telefon. „… Ja, es geht um ihren Sohn. … Ja. … Ja … Ja … Das denke ich auch. … Wenn wir mal zusammen mit ihm sprechen? Dann sieht Matz, dass wir an einem Strang ziehen. … Gute Idee. So machen wir das."

Mühlenkämper ist der Vater eines seiner Schüler. Ein zugänglicher Mann. Spielt Eishockey. Ganz erfolgreicher Sportler. Weiß, was Teamspirit ist. Er sagt, im Spielprozess sollte man einerseits vorausschauend dorthin fahren, also nicht dorthin, wo sich der Puck befindet, sondern wo der Puck demnächst sein wird. Andererseits, sagt er, solle man die Gesamtsituation im Auge behalten, auch in der Rückschau, quasi um zu lernen, wo in der jeweiligen Spielsituation zukünftig der Puck sein wird oder sein könnte. Kluger Mann, der Mühlenkämper, denkt Petzke.

Viele Probleme mit Schülern klärt Petzke zeitnah mit den Eltern, notfalls schaltet er auch den Schulpsychologen ein. Da gibt es klare Prozessabfolgen, die zu beachten sind. Verwaltungskram halt. Notwendig, aber manchmal auch ganz nützlich. Wenn Eltern den Erziehungsgedanken als Teamaufgabe verstehen, dann verstehen sie auch oft besser über die Jahre, das Lernprozesse bei Kindern nicht immer linear ablaufen, sondern auch mal sprunghaft. Pubertät, Liebeskummer und so. Diese Gespräche sind – jetzt fällt ihm wieder der Holzfäller ein, der mit der stumpfen Axt – ja das ist es. Man muss seine Arbeitswerkzeuge sorgfältig wählen und auch pflegen. Sein Werkzeug ist die SCHARFE Analyse. Wie ist die Situation? Wo kann ich ansetzen? Wo kann ich etwas verändern und wo nicht? Über die Jahre hat Petzke es geschafft, nach vielen Jahren Klassenlehrerfunktion von Klasse sieben bis zehn, den Prozess Elternarbeit ordentlich aufzustellen. Zeitnahe Reaktion, direkte Gespräche mit den Beteiligten, möglichst alle in einem Raum, sodass jeder seine Sicht ausführlich schildern kann. Im nächsten Schritt Schlussfolgerungen ziehen und Maßnahmen auf den Weg bringen, umsetzen und kontrollieren. Evaluieren, ob und was es gebracht hat. Das ist es, warum Petzke manchmal die neidischen Blicke seiner Kollegen auf sich zieht. Am Elternsprechtag nämlich. Wenn bei den Kollegen die Eltern Schlange stehen, die Gespräche im 10-min-Takt wie am Fließband abgearbeitet werden müssen (oft komplizierte oder gar komplexe Situationen und Geschichten), trinkt Petzke in Ruhe seine Kaffees, liest etwas oder bereitet eine neue Unterrichtseinheit vor. Warum? Er hat das alles schon vorher abgearbeitet. Und ganz sicher mit mehr Erfolg.

Beim letzten Elternsprechtag lugt eine junge Mutter in seinen Klassenraum und fragt vorsichtig, ob er frei sei. Er macht, wissend um die einschätzbare Gefährdung, die ihm nun nicht droht, eine humorvolle Bemerkung, die die junge Frau als Einladung versteht, den Raum zu betreten. Ich muss noch länger in der Schlange bei einem Kollegen nebenan warten, sagt sie, und da dachte ich mir kurz, Petzke … Petzke, von dem hat meine Tochter doch öfter was ganz Nettes erzählt. Deshalb besuche ich sie, um sie persönlich kennen zu lernen.

Petzke errötet.

Interview mit dem Lehrer Erich Petzke

Journalistin	Was ist für Sie das Besondere an Ihrem Beruf?
Petzke	Der Umgang mit Kindern, … wenn sie brav sind. (Petzke lächelt verschmitzt.) Es ist eine Freude zu sehen, wie sie lernen und wachsen und wie sie in der Gemeinschaft sich gegenseitig unterstützen und sich dann über einen Erfolg freuen können.
Journalistin	Kein Licht ohne Schatten. Gibt es auch Herausforderungen?
Petzke	Ach du je! Herausforderungen? Nennen wir das Kind doch beim Namen. Probleme, Probleme ohne Ende! Ich weiß gar nicht, wo ich anfangen soll.
Journalistin	Wo drückt der Schuh am meisten?

Petzke	Jedes Kind hat einen eigenen Lernrhythmus. Wir Lehrer sollten für die Bedürfnisse eines jeden Kindes offen sein. Ein zentralistisches Bildungssystem und Lernen im Gleichschritt bringt uns in ein Dilemma. Dabei ist es so wichtig für uns Lehrer einen engen Kontakt zu den Lernenden zu entwickeln. Wir benötigen Feedback von den Kindern, wie sie mit dem Lernen zurechtkommen. Auch von den Eltern, den Mitschülern und Kollegen. Und Selbstreflexion aller. Wir sollten gemeinsam eine offene Fehlerkultur vorleben, statt auszusortieren. Darauf müsste eine gute Lehrerausbildung Rücksicht nehmen. Seit den Studien von John Hattie weiß man, dass ein guter Lehrer den mit Abstand wichtigsten Lerneinfluss auf einen Lernenden ausübt und eine gute Beziehung zwischen Lehrern und Schülern das A und O ist. Ich muss wissen, wie ein Lernender tickt, damit ich ihm das beste Lernangebot machen kann. Das kostet Geduld und Zeit.
Journalistin	Ja, danke! Wie gehen Sie mit diesen Widersprüchen um?
Petzke	Nun, ich habe gemerkt, dass es mir nichts bringt, mich ständig über die misslichen Zustände zu ärgern. Ich habe geschaut, was die Situation erfordert und insbesondere, was den Kindern hilft; also nicht nur meinen Schülern eine Lernagenda geschrieben, sondern auch eine für mich. Das ist mir anfangs sehr schwergefallen. Aber als ich das mit meinen Schülern, deren Eltern, meinen Kollegen besprach, siehe da, jede Menge positives Feedback und inspirierende Anregungen für die Zusammenarbeit im Prozess. Hätte ich doch nur früher … *Der Schulgong ertönt* Äh … mpf … ich muss jetzt in meinen Unterricht … alles Andere ist primär.
Journalistin	Humor hat er ja noch.

Blick auf Ihr Navi

Der Mensch ist ein soziales Wesen. Viele Menschen, viele Potenziale, die wiederum Einfluss nehmen. Ein distanzierter Blick von außen oder auch ein Perspektivwechsel macht den Blick klarer für den gesamten Prozess.

Darüber hinaus können die Mitteilungen anderer über das eigene Verhalten aufschlussreich sein und helfen, aus den eigenen Fehlern zu lernen.

Sich selbst und anderen Fehler zu erlauben demonstriert auch die Bereitschaft, sich weiterzuentwickeln und immer besser zu werden. Damit zeigt dieses Verhalten auch Vorbildcharakter für andere.

- Hören Sie sich gern die Meinung anderer Menschen an?
- Haben Sie ein offenes Ohr für Kritik an ihren Handlungen?
- Können Sie auch über Ihre Stärken sprechen?
- Verzeihen Sie anderen schnell ihre Fehler?

Literatur

Cohn, R. C. (2016). *Von der Psychoanalyse zur themenzentrierten Interaktion* (18. neu bearbeitete Aufl.). Klett-Cotta.

Doppler, K. (2011). *Der Change Manager. Sich selbst und andere verändern.* Campus.

Matthies, M. (2021). *Der Wald ruft.* dtv.

Kapitel 7 – Team-Arena

Frau Pirsch steht auf. Von einer mehrlagigen Bettdeckenwelt befreit, begibt sie sich, ebenso mehrlagig in Pyjama und Unterwäsche, in den Wintermonaten noch mit einer leichten Strickjacke bekleidet, in die Nassräume. Der Blick in die glänzende Oberfläche oberhalb des Waschbeckens gefällt ihr schon mal. „Da hat aber jemand Glück gehabt", steht da mit weißer Kreide geschrieben auf einem schlicht gehaltenen Spiegel. Ein Satz, der sofort ihre Stimmung hebt. Sie lacht. Das tut sie oft, auch gerne so für sich, auch über sich und auch ganz früh am Tag. In Erinnerung an witzige Begegnungen oder auch nur im Nacherzählen eines Witzes. Sie lacht gerne und nimmt sich dabei nicht immer ernst, aber sie selbst und ihre Themen sollte man ernst nehmen. Sofort zeigt sich diese Stirnfalte, allein ausgelöst durch den Gedanken, dass Widerspruch in der Sache droht.

Nein, sie möchte nicht missverstanden werden.

Sie liebt den Dissens. Auch damit liegt sie richtig, denkt sie abermals zufrieden mit sich und ihrem Selbstbild. Konflikte managen ist Teil ihres Lebens.

Und ist diese gelebte Streitkultur nicht Ausdruck demokratischen Handelns, sich bis zur Grenze der Strafbarkeit zu streiten? In den Diskurs zu treten, ohne, dass sich ständig die Frage nach den sozialen Folgen stellt?

Der frühe Vogel sieht die Konflikte

Frau Pirsch denkt bereits früh am Morgen an mögliche Konflikte des Tages. Selber denken macht schlau. Sie ist gerne schlau. Und sie ist gerne vorbereitet. Sie stellt sich dem Außen. Jederzeit.

Harmoniebedürfnis ist Stagnation sinniert Frau Pirsch weiter, während sie ihre Zähne mit der elektrischen Zahnbürste bearbeitet, auch ein immerwährender Konflikt mit der wohl langweiligsten Tätigkeit der Welt. So bewegt sie sich währenddessen durch ihr kleines Haus, treppauf, treppab, mal auf dem Weg zum Arbeitszimmer und wieder zurück zu einem Waschbecken ihrer Wahl. „Zahnpastaspuren säumen ihren Weg.", wird wohl auch Teil ihres Nachrufs sein. Und mit der trivialen Beschäftigung kommt die Entspannung. Ein wunderbarer Start in den Tag. Wissend um all das bedeutsame, das es nun zu koordinieren gilt. Vor sich die erste Tasse dampfenden Tees am Morgen, heute Assam, wagt sie einen Blick in ihren analogen Terminkalender aus nicht veganem Material, den sie, noch ganz in Gedanken, streichelt. Ein einziges Wort in Großbuchstaben springt ihr ins Auge, ein Wort, mehr noch ein Vorhaben, das den gesamten Tag dominieren wird: Teamsitzung. Ach ja. Schön. Ich bin gespannt. Die Listen? Alle analog zusammen. Das Besprechungszimmer hätte ich nochmal swiffern können. Ja, das ist eine Passion von Frau Pirsch, sozusagen ein meditatives Element ihrer Arbeit – swiffern. Manche behaupten auch, es sei bloße Kontrolle und ein gestörtes Vertrauen in die Putzhilfe, die sehr geschätzt, aber eben für die Detailarbeit unterschätzt, auf die Reinigung der Böden und das Leeren der Abfalleimer reduziert wird. Ja, hört Frau Pirsch sich sagen, da liegt einfach zu viel rum, auf dem Tisch, auf den Regalen. Das mache ich besser selbst. Misstrauen? Ach, nein oder vielleicht, nur ein bisschen. In der Vergangenheit hat sie bereits häufiger das Vernichten ihrer Artefakte erleben müssen.

Artefakte als geistiges Ergebnis des Vortages, auf einem Flipchart-Bogen festgehalten. Swiffern ist gelebtes Lessons Learned.

Entscheidungen treffen

Nun erwartet sie ein ganzer Schrank voll nix zum Anziehen. Da hilft Entscheidungskompetenz. „Die habe ich.", lobt Frau Pirsch abermals sich selbst. Der Griff zum Schwarz auf Schwarz gelingt leicht. Mit der richtigen Musik wird auch die morgendliche Dusche zum Erlebnis, der Reinigungsvorgang zum kreativen Moment. Doch seit Musik dieses morgendliche Ritual untermalt, bleiben die Visionen aus. „Ich wollt noch so viel machen, jetzt ist der Tag schon aus.", trällert das Multitalent Rainald Grebe wohlgelaunt und im Inhalt vollkommen deplaziert – und Frau Pirsch trällert mit. „So viele wichtige Sachen, heut nicht, ich bleib zuhaus." Gerne würde sie das manchmal. Immer in between, so als Sandwichkind, mit einem älteren Bruder und einer jüngeren Schwester, in einer Sandwichposition. Als Führungskraft in einem Konzern hat sie nach oben zu berichten und nach unten zu kommunizieren. Immer die Strategie des Vorstands auf den Lippen, die sich ebenso schnell verändern muss, wie die äußeren Umstände es verlangen. Gekauft. Wir leben in einer dynamischen, unsicheren, unvorhersehbaren und mehrdeutigen Zeit. Und das heißt auch, schnell Entscheidungen treffen und vertreten zu müssen, die nicht immer die eigenen sind. Führung muss mit diesen Widersprüchen umgehen.

Und das braucht mehr als den situativen Einsatz von Führungsstilen, wie sie noch von Kurt Lewin formuliert wurden. Es ist komplex und erfordert Zeit, mit den Menschen. Im Grundsatz geht es um Vertrauen und somit auch um Authentizität. In dieser Verlässlichkeit kann ich meine „Mannschaft" stark machen. Das weiß Frau Pirsch. Authentisch ist sie. Immer mit einem Blick bei den Menschen und mit einem Blick auf ihre Rolle, weiß sie nicht bereits erst seit heute, dass es weit mehr braucht, als das Wissen um den Umgang mit Zielen und Schnittstellen. Dass es hier im Grundsatz um Kommunikation, Partizipation und Teamgeist geht. Noch größer: Um Sinnerfüllung oder auch purpose.

Mit einem Mikrofasertuch, das zum Reinigen der großen Spiegelflächen in der obersten Badschublade bereit liegt, richtet sich ihr Blick von außen nach innen.

Nachdenklich befreit sie die Fläche von dem erheiternden Spruch über ihr Spiegelbild. Die Spiegelkreide liegt ebenso immer bereit wie die nährende Hautcreme eines namhaften Naturkosmetikherstellers. Es ist wichtig sich mitzuteilen, mit einem gepflegten Hautbild wie mit verschriftlichten Überlegungen. Sich selbst außen wie innen wichtig zu nehmen, ist für Frau Pirsch Teil ihrer eigenen „Wertschätzungskette".

Mit Kreide schreibt sie drei Wörter auf den Spiegel: Kommunikation, Partizipation, Teamgeist. Erst einmal innehalten. Auf dem Badewannenrand sitzend begutachtet sie ihr Werk, mehr das, was dahintersteht.

„Wie kommuniziere ich mit den Menschen?" Sie streicht das WIE und ersetzt es spontan durch ein WARUM/WOZU. Das ist der erste Schritt.

Frau Pirsch notiert einzelne Punkte, die ihr in den Sinn kommen:

- Informationen, im passenden Umfang, weitergeben
- Teams zusammenbringen
- Integrierend wirken
- Motivieren
- Orientierungspunkte, auch zeitliche, setzen.

Sie erinnert sich an eine Studie aus dem Jahr 2018, in der die Kommunikation als größter Stolperstein für Führung identifiziert wurde.

Seit dieser Lektüre hat sie noch einmal intensiv ihr eigenes Kommunikationsverhalten betrachtet – beruflich wie privat. Das bedeutet auch, adäquate Kommunikationsräume bereit zu stellen.

Menschen ermutigen

Das sollte erst einmal reichen. „Und wie beteilige ich?"

Eine Freundin, die sich als Teammitglied in einem Unternehmen immer wieder mit den Diversitäten der Menschen auseinandersetzen musste, fragte einmal nach: „Was hat denn dein Team für eine Haltung? Gibt es da eine Schnittmenge? Ich empfinde die Heterogenität als so anstrengend."

Frau Pirsch konnte das damals nachempfinden. Jedoch war und ist sie als Führungskraft in einer anderen Position. Für sie geht es immer darum, die Heterogenität zu nutzen und die Menschen nach ihren Fähigkeiten zu beteiligen, Menschen, die gemeinsam auf dem Weg sind, um ein Ergebnis zu erreichen.

„Kannst du nicht auch die positiven Aspekte sehen?", fragte sie damals interessiert nach. „Was lernst du denn vom Verhalten der anderen? Hier erkennst du ja auch deren Haltung. Und die bezieht sich eben nicht trennscharf auf den beruflichen Kontext, sondern wirkt auf alle Lebensbereiche. Vielleicht solltet ihr mal einen Wein zusammen trinken."

Ihre Freundin lachte damals, ein kraftloses Lachen der Verzweiflung. Monate später, nach einer Auszeit, machte sie sich als Solounternehmerin selbstständig. Manche „Selbstständigendenseele" findet sich in einem Team nicht zurecht. Ihr Hobby zum Beruf gemacht, vertreibt sie jetzt gesunde, vegetarische Suppen als „Soups to go". Ihr business hat sich innerhalb kürzester Zeit zum Erfolg entwickelt. Noch kocht sie von zu Hause aus. Und liefert an 2–3 Unternehmen und Großkunden aus, hochmotiviert und voller Energie. Sie wird bald in die Situation kommen, Mitarbeiter einzustellen. Und dann stellt sich wieder die Frage nach dem Umgang mit den Menschen und die Einnahme und Übertragung von Verantwortung.

„Heut nicht, ich bleib zuhaus".

Zu früh, zu früh, denkt Frau Pirsch. Während sie mit einem Blick die Wörter auf dem Spiegel registriert packt sie die Utensilien des Tages zusammen und summt leise die Musik mit, die immer noch im Hintergrund läuft. „Multitasking ist und bleibt doch eher eine Frauendomäne.", stellt sie einschränkend fest und hält inne. Grundsätzlich geht es doch um den Fokus auf das, was wichtig ist und nicht um die Zeit, die dafür zur Verfügung steht.

Was würde wohl passieren, wenn sie einfach mal nicht im Büro erscheint? Wird eine Motivationswelle über das Team hinwegfegen und alle zu Höchstleistungen und außergewöhnlich kreativen Momenten inspirieren? Die Ergebnisse könnte man ihr ja am nächsten Tag präsentieren. Sie bewegt sich nun tagträumerisch weg von einer stringenten, Prozesse abbildenden, Agenda inmitten wohldurchdachter kurz- bis mittelfristiger Pläne.

„Nein!", denkt sie laut, dieses klare ‚Nein', das keinen weiteren Gedanken und auch keinen Widerspruch duldet.

„Lass uns doch mal", hört sie ihr Team auf dem Weg zu mehr Eigenständigkeit fordern, während sie mit einer Lotion den Körper mit Nährstoffen versorgt. Das tut ihr Körper vollkommen eigenständig und selbstorganisiert, von unten nach oben.

Kontrolle versus Vertrauen

In der Übertragung von Aufgaben an ihr Team gelingt es Frau Pirsch die Balance zwischen Kontrolle und Vertrauen zu leben. Man kann es nicht perfekt machen, dazu ist der Mensch zu komplex.

Doch das Team bringt schon viel mit. Die unterschiedlichen Menschen mit ihren ebenso unterschiedlichen Kompetenzen können sich im Rahmen der Aufgabenstellung einbringen.

So wäre die Teamarbeit auch wirklich gelungen, wenn der gegebene Rahmen mehr Flexibilität für den Einzelnen zuließe, um gemeinsam alle notwendigen Arbeiten so umzusetzen, dass die gemeinsame Aufgabe bestmöglich erledigt werden kann. Teaminteresse vor Eigeninteresse. Und wenn mehr Zeit bliebe. Mit der Veränderungsgeschwindigkeit im Außen erzeugen schnelle Entscheidungssituationen auch mehr Druck.

Frau Pirsch denkt lösungsorientiert weiter: „Ich schaffe die Rahmenbedingungen und unterstütze im Bedarfsfall."

Erst sich und dann anderen lieben

Das Schwarz in Schwarz wird mit Lippenstift der Farbe Nude aufgewertet. Früher sagte man „fleischfarben". Nicht schön. Stimmt auch nicht. Wenn Fleisch so blass ist, will es doch keiner essen. Gegessen hat Frau Pirsch auch noch nichts. Ein Schluck Karottensaft auf dem Weg zur Tür, für den Teint einer eitlen Frau um die Mitte 40, vielleicht ein Schokocroissant beim Bäcker, damit die Stimmung nicht bereits beim ersten kontroversen Punkt kippt. Sie verlässt das Haus durch den Garten. Ach je, die Rosen müssen auch mal wieder umgetopft werden. Und der Rasen ruft nach seinem allwöchentlichen Schnitt. Irgendwie ist führen wie gärtnern, denkt Frau Pirsch. Das Grün wächst von alleine, mit mehr oder weniger Pflege. Und es wächst in dem gesteckten Rahmen, meinem Grundstück mit Jägerzaun, den ich bereitstelle, mit dem Mutterboden, der das Wachstum unterstützt. Und die Pflanzen brauchen mich auch nicht ständig. Der Rosenschnitt ist jährlich und nach Bedarf vonnöten. Dieses Erfordernis gilt es zu erkennen. Und wenn der Buchsbaumzünsler droht, muss man schnell reagieren. Sonst war es das mit dem „Buxus sempervirens". Der Buchsbaum ist ein gutes Beispiel dafür, was es heißt, im richtigen Moment einzugreifen aber ein schlechtes Beispiel für einen „antiautoritären Garten". Diese Formulierung trifft auf jene Gärten zu, die sich selbst gestalten. Blumenzwiebeln, Stauden, Wildblumen. Doch auch diese Pflanzen müssen harmonieren.

FRAU PIRSCH WECHSELT GERNE MAL DIE PERSPEKTIVE

Das Denken in Bildern hilft. Doch der Mensch ist ein nichttriviales System, mit dem komplexen Außen auch Innen im ständigen Wandel. Und hier spielt die Interaktion zwischen den Menschen eine besondere Rolle.

Orientierungsfragen stellen

Wobei es grundsätzlich zu fragen gilt: Was weiß ich über die aktuellen Herausforderungen? Mit welchen Unbekannten bewegen wir uns?

Wo wollen wir hin?

Welche Handlungsoptionen haben wir?

Oder auch einfach, um es mit dem Sportmoderator Harry Valerien zu formulieren „Wo samma?". Diese Frage, zu Beginn einer Sendung zur Orientierung und Kameraausrichtung gestellt, umfasst all das, was es braucht.

Und all das auch im Singular. So geht es doch darum, selbst lern- und entwicklungsfähig zu bleiben und in der Verantwortung als Führungskraft den Prozess zu beleuchten und zu verbessern.

„Stopp!", denkt sich Frau Pirsch. Mit dem Wort „Beteiligung" geht es im Grundsatz um jeden im Team, der Verantwortung eben genau für diesen Prozess trägt. Das wiederum bedeutet Selbstverantwortung. Und jeder einzelne kann sich in der gegebenen Struktur handlungsfähig zeigen.

Was würde wohl passieren, wenn ich das Team mal selbst entscheiden und machen lasse? Was kann worst case passieren? Das ist eine gute Frage. Eine Frage, die vieles möglich werden lässt. Sie sieht bereits die diversen Reaktionen vor sich.

Frau B.: „Was kann da alles falschlaufen!"
Herr P.: „Wo kann ich hier welches Fachwissen verorten?"
Frau A.: „Ich bin mir nicht sicher. Was meint ihr?"
Herr L.: „Lasst uns doch machen. Das nervt!"

Ich will nett sein, denkt Frau Pirsch, während sie bei dem Wort „nett" und dem Schließen der Gartentür, an all jene Frauen denkt, die sie nicht zu ihrem Freundeskreis zählen möchte. „Machst du dich damit beliebt?", hört sie eine Freundin aus Kindertagen sagen. Beliebt? Ich bin nicht beliebt. Ich werde akzeptiert, mehr noch, respektiert. Oder gefürchtet? Schon eher. Sie lacht. Aber beliebt? Nein.

Sie ist zufrieden, wie so oft beim Autofahren. Sie liebt die Möglichkeit, die Emotion Wut bereits beim kleinsten Anlass aktiv leben zu können. Im geschützten blechummantelten Raum. Auch damit mache ich mich nicht beliebt.

Sie konstatiert: „Zalando mag mich, Amazon auch."

Ihre Beliebtheit bei den Online-Versandhändlern kann Sie dem Mailverkehr entnehmen, der uneingeschränkt jeden ihrer Einkäufe lobt. Immerhin.

Frau Pirsch greift sich ihre übergroße Handtasche, die wohl von jeder Fluggesellschaft als Handgepäckkoffer abgelehnt würde, und schlägt die Autotür schwunghaft zu. Sie geht langsam, langsamer als sonst. Was ist das? Die Entdeckung der Langsamkeit? Der erste Schritt in ein Arbeitsleben der Entschleunigung? Wohl kaum. Oder ganz banal und nicht minder schmerzhaft: Das Alter? Habe ich den Zenit bereits überschritten? Bei manchen fängt es ja sehr früh an. Ein prüfender Blick in die Glasscheibe der Eingangstür belehrt sie, zumindest rein äußerlich, eines Besseren. Daumen hoch. Und wird das Alter nicht auch durch die Lebenslage dominiert?

Frau Pirsch richtet ihren Blick nach innen. Was braucht es an Motivation und Volition, um ein Ziel umzusetzen. Optimistisch altern, das ist die Lösung. Und wieder mit Blick auf das, was täglich von ihr gefordert wird. Es braucht immer mehr und immer schnellere Lösungen, die funktionieren. Gerne würde sie auch weiterhin das funktionierende System bedienen. Doch es reicht nicht. „Es reicht nie", würde nun ein Mensch mit depressiven Persönlichkeitsanteilen verbessern. Das ist sie nicht. Sie denkt eher im Sinne eines: Das brauche ich, um … Der Wunsch, anders zu denken und zu handeln, wird in ihrer eigenen Welt durch ein konkretes Tun abgelöst. Sie ist fokussiert, selbstsicher und vorausschauend. An Selbstdisziplin hat es ihr noch nie gemangelt. An ihrem Emotionsmanagement kann sie noch arbeiten. „Also herbei mit der Lösung, ich setze sie um!"

„Von nichts kommt nichts. Gehen wir es an". Und wieder, wie in den letzten Tagen und Wochen so oft, schleicht sich dieses dumpfe, traurige Gefühl ein: Sie will es anders machen, besser machen. Als Individuum und in ihren Funktionen.

Das Team = handelnd, wissend, kommunizierend

Beim Betreten des Besprechungsraums werden zeitgleich zwei Sinneskanäle angesprochen. Eine laute Geräuschkulisse gepaart mit dem Duft von frischem Kaffee und Parfum in einer männlichen Wolke aus Eau de Toilette. Wer will (mich) denn hier beeindrucken? Mit schnellem Schritt durchschreitet sie den Raum und öffnet ein Fenster. „So!" Mürrische Blicke zweier Kolleginnen erreichen sie, gepaart mit einer demonstrativen Verschränkung der Arme. Es friert, die Frauen und die Stimmung. Frau Pirsch überlegt kurz, ob sie die Reaktion mit einer klaren Bemerkung versieht, beschließt aber dann, diese mit einer innerlich leichten Handbewegung wegzuignorieren. „Wegignorieren!", ist eines ihrer Lieblingswortkreationen in Bezug auf menschliche Begegnungen in diesem Jahr. Das erlaubt sie sich privat. Beruflich gilt es, professionell zu sein. Sie stellt sich den Herausforderungen. Sie kreiert Lösungen. Sie handelt proaktiv. Ja, das kann sie. Und dann immer wieder die Kontrolle, ob die Prozesse auch einen guten Weg nehmen, ob alles soweit bedacht wurde.

Sie möchte etwas anderes mit ihrem Team wagen. Und das schließt einen Dissens, zumindest als Auftakt des Tages, aus. „Wir schließen die Fenster gleich wieder!", hört sie sich stattdessen versöhnlich sagen. Hat gar nicht weh getan.

Und zwei Gedanken schließen sich an:

1. Die Bedürfnisse der anderen zu sehen und das auch zu zeigen, ist von Zeit zu Zeit wichtig. Was das in Bezug auf die Quantität heißt, bleibt zu diskutieren.
2. Inwieweit haben jetzt meine eigenen Bedürfnisse Raum in dem Sinne: Kann ich auf die quantitative Verwendung von Parfum und Eau de Toilette einwirken?

Was noch viel wichtiger ist, als dieser alles dominierende Duft im Raum: Was erwarte ich an diesem Tag von meinem Team? Was wird von mir erwartet? Immer wissend, dass diese Erwartung subjektiv ist und der erwünschte Zielzustand eher erreicht werden kann, in dem man sich aktiv einbringt.

Sie stellt erleichtert fest, dass ihre Sinne noch nicht vollständig von Chanel-Lagerfeld vernebelt wurden.

Mit einem umherwandernden Blick auf ihr Team, das sich nun, 3 Mann und 4 Frau stark (nein 1, 2, 3, 4, 5, 6 es fehlt die vierte Frau) an einem ovalen Tisch versammelt, rüstet sich Frau Pirsch für das Betreten eines neuen Terrains. Hierzu gehört eine Sondierung der Gesamtsituation. Frau Pirsch fühlt sich gerade wie eine Entscheidungsträgerin der Bundeswehr. Kein Einsatz ohne Erkundung. Ihre omnipräsente Körperhaltung unterstreicht diesen Gedanken.

Frau F. steht mit den beiden Kollegen W. und L. am Fenster. Sie lacht. Frau F. ist kommunikationsorientiert, eine Wegbereiterin, die gut und gerne mit den Menschen in den Kontakt tritt. „Die kann man schicken.", äußerte sich mal ein Kollege despektierlich über Frau F. „Ja, das unterscheidet mich von anderen und Unterschied macht den Erfolg", konterte damals Frau F. Optimistisch sucht und sieht sie Chancen, geht los, kann aber ebenso schnell das Interesse an einem Thema verlieren.

Frau B. ist die Perfektionisten im Team, legt die Materialien bereit und checkt noch mal schnell die Tagesordnung und ihre Unterlagen. Sie ist wohl das Teammitglied, das, in der Vermeidung von Fehlern, am vorsichtigsten und genauesten agiert.

Frau A., die Teamworkerin, schätzt und lebt die gute Zusammenarbeit. Deutlich wird das in diesem Moment durch ihre Abwesenheit im Raum. Denn sie arrangiert fleißig die Heißgetränke und stößt erst kurz vor der Sitzung dazu. Frau A. verfügt über eine sehr gute Wahrnehmung, beobachtet auch kleinste Veränderungen oder Irritationen und bringt diese diplomatisch zur Sprache. Diese Diplomatie verhindert so auch häufig aufkommende Konflikte, die Frau A. nachweislich scheut.

Herr L., der Macher, lacht gerade über seinen eigenen Witz. Frau F. lacht mit. Sie weiß darum, wie Humor auf die Menschen wirkt. Und wie bestärkend das gemeinsame Lachen ist. Frau A. lacht auch häufig, jedoch eher unauthentisch. Sie erinnert dann an eine 15-jährige, die von ihren Peers gemocht werden will. Frau Pirsch zieht die Stirn kraus. Die Beliebtheitsfalle ist auch einer der Gründe, warum Frauen weniger Führungspositionen innehaben. Es geht um Respekt, nicht um Liebe. Respekt verschafft sich Herr L. mit seiner dynamischen und positiven Art. Eine bevorstehende „Herausforderung" hat auf ihn eine ebensolche Wirkung wie auf manche das Vorhaben eines Sabbaticals. Manche Wortbeiträge seines Kollegen Herrn W., den Neuerer im Team, reizen ihn zu impulsiven Reaktionen. Herr W. ist der kreativste Kopf der Mannschaft, ignoriert aber gerne Details und bremst so auch Herrn P. in seinen Vortragsreihen häufig aus.

Herr P. ist der Spezialist und vertritt somit den wissensorientierten Part im Team. Ihn kann man im Rahmen seiner Fachlichkeit alles fragen. Er verliert sich jedoch schnell in Details. Darüber hinaus ist er eher still, spricht privat nur auf Zuruf.

Frau R. erscheint. Wieder zu spät. Auch sie gehört zu den Machern im Team. „Die sichtbaren Alphas", seufzt Frau Pirsch innerlich und versucht, Frau R. erst einmal zu ignorieren. Verspätung wirkt ebenso wie Ignoranz, wenig wertschätzend. Auch wenn Frau R. sich eher in Statusspielen verliert. Sie zeigt ihre Wichtigkeit bereits in den ersten nonverbalen Aktionen. Frau R. kommt laut an, klopft dem ein oder anderen auf die Schulter, packt ihren Koffer aus und breitet sämtliches Material auf dem Tisch aus, sodass alle anderen ihr Unterlagen zusammenschieben müssen. Während Frau A. die Getränke bereitstellt, cremt Frau R. sich die Hände mit einer Naturkosmetik-Handcreme. Frau R. handelt. Frau Pirsch würde gerne ihre Hände hinstrecken, um Frau R. zur Weitergabe der Creme zu nötigen. Aber sie maßregelt sich selbst. Diesen Humor versteht Frau R. nicht. Muss auch nicht sein. Den Anspruch an Humor stellt sie uneingeschränkt an ihre Lebenspartner, nicht an ihr Kollegium und Mitarbeitende, auch wenn es vieles einfacher machen würde.

Frau Pirsch weiß auch um die relevanten Informationen rund um Lebensphasen und Lebenslagen. Über den Lebensstil und die Lebensform einzelner weiß sie mehr oder auch weniger Bescheid. Nur das, was es braucht, um mit der gesamten Humanität auf dem beruflich richtigen Weg zu sein.

Die Teammitglieder nehmen definierte Rollen in bestimmten Settings ein. Dieses Verhalten ist auch abhängig von den Grundkonstitutionen der Menschen. „Die Verschiedenheit verspricht auch unterschiedlichste Perspektiven. Und das heißt, Dynamik im Team!"

Im Grundsatz ist Frau Pirsch mit der Verteilung der Persönlichkeitsmerkmale und Kompetenzen zufrieden. Sie genießt den ersten Kaffee des Tages. Sie weiß, dass ihre Mannschaft geeignet ist, um mit mehr Autonomie ausgestattet ein definiertes Ziel zu erreichen, und das in herausragend konstruktiver und effektiver Art und Weise.

Sich selbst und andere kennen

Frau Pirsch hört an diesem Tag sehr viel zu. Häufig wechselt sie auch die Perspektive, unter dem Vorwand, die Sonne blende heute so oder sie wolle mal einen Moment stehen, um ihren Rücken zu entlasten. Niemand scheint irritiert zu sein. Der Austausch fließt und gestaltet sich zunehmend engagiert, wenn es um die Aufgabenverteilung für das neue Projekt geht. Fixe Liefertermine scheinen derzeit schwer einhaltbar. Und das könne doch nicht das gesamte Projekt gefährden. Das doch nicht, wenn alles so rund läuft. Denn die Qualität der Produkte steht, da sind sich alle einig, im Mittelpunkt ihrer Bemühungen. In diesem Moment unterbricht Frau Pirsch die Sitzung mit einem lauten: „Falsch!" „Was ist falsch? Dass die Qualität wichtig ist?" Alle lachten, amüsiert und verärgert zugleich. Spontane Toilettengänge schließen sich an. „Können wir eine Pause machen?" Frau A. spricht für die Gruppe. Frau Pirsch ärgert sich, mehr über sich als über das Team oder Einzelne. Sie will sich doch mal zurückhalten, die Menschen machen lassen. Und am Ende die relevanten Aussagen zusammenfassen und mit der Realität abgleichen. „Warum kannst du nicht mal den Mund halten?", schimpft sie innerlich mit sich. Auch die Wortwahl scheint gänzlich unangemessen. „Falsch und richtig, schwarz und weiß.", verhöhnt sie sich selbst. Da kannst du mehr.

Scheiter heiter

In der Pause bewegt sich Frau Pirsch nachdenklich durch den Flur. In der Hand nun einen Kaffee, bereits lauwarm, erinnert sie sich an eine Theatergruppe, die sie vor gut 10 Jahren nach ihrem Umzug in die neue Stadt besuchte. In dieser Zeit war sie auf der Suche nach einem Hobby, manche würden interpretieren nach sozialem Anschluss, und stieß eher zufällig auf dieses Angebot. Den ersten Satz, den ihr der Regisseur damals mit auf den Weg gab war: „Scheiter heiter!" Was für eine Aussage! Sie erinnert sich noch an ihre Empörung. Eine Mischung aus Widerstand und Irritation. „Es gibt hier kein Richtig und kein Falsch." „Es geht …", führt er weiter aus, „um mit dem irischen Schriftsteller und Theaterautoren Samuel Beckett zu sprechen, um ein Versuchen, ein Scheitern, besser scheitern, immer wieder".

So lernt der Mensch. So lernte sie. Und wie mutig konnte sie plötzlich sein. Der Regisseur, Karl, nur Karl als Ausdruck der Duzkultur in der Theaterarbeit, gestaltete diese Gruppe als „Primus inter pares". Besser lässt sich das nicht beschreiben. Eine Erfahrung, die Frau Pirsch geprägt hat. Alles wurde transparent besprochen, alle wurden beteiligt, jeder hat sich nach seinen Fähigkeiten eingesetzt bzw. wurde nach seinen Fähigkeiten mit Aufgaben betraut. Aus ihrer damaligen Sicht, eine wunderbare Form, Menschen zu bestärken, stark zu machen. Kreativität zu leben.

Woran scheiterte diese spielfreudige und kreative Gruppe? Der Regisseur wurde ausgewechselt. Karl zog mit seiner Familie um und übergab das Ensemble an den ehemaligen Intendanten des Stadttheaters, der im Rentenalter ohne Aufgabe hier seine neue Berufung sah. Er führte ein strenges Regiment, Lewin würde von einem autoritären Führungsstil sprechen, der die Rollenvergabe top-down kommunizierte und die Auseinandersetzung mit der Rolle seiner individuellen Sicht überließ. An den Menschen vorbei regissiert, oder besser regiert könnte man sagen. Der Umgang mit Macht kann unproduktiv sein oder auch genutzt werden, um aktiv Dinge zu gestalten und sinnhaftes zu bewirken.

Identifiziere dich!

„Es ist ja so, …", hört sie sich nach der Pause sagen, nachdem alle mit frischem Kaffee oder auch einem Stück Marmorkuchen aus der hauseigenen Kantine wieder zurück in den Besprechungsraum finden. „es ist ja so, dass im Mittelpunkt unserer Bemühungen, und lassen Sie mich das Wort Bemühungen durch Engagement ersetzten, dass eben im Mittelpunkt unseres Handelns …", sie macht eine dramaturgische Pause und sieht sich, zugegebenermaßen ein wenig beifallsheischend um, „der Kunde steht."

Stille. „Ja, eh.". stellt Herr W., einziger Österreicher im Team, fest. Lächelnd bemerkt Frau Pirsch zum wiederholten Male, dass die Stimmmelodie des Kollegen jeden noch so kurzen Kommentar zu einem Ohrwurm werden lässt. Vollkommen unkritisch lächelt sie ihn an. Zustimmendes Gemurmel wird laut. „Und eben dieser Kunde will das qualitativ beste

Produkt." Lachen. „Das zu ihm passt, kein Kompromiss, die eine, beste Lösung." Nicken.

Herr P. schaltet sich ein: „Es muss schnell gehen, mit den Entscheidungen. Verdopplung der Veränderungsgeschwindigkeit = Halbierung der Reaktionszeit."

„Und das erreichen wir mit einem Team, das eigene Entscheidungen trifft und umsetzt. Das selbst Verantwortung übernimmt. In einem Rahmen, den das Management bereitstellt."

Jetzt ist es raus. Stille.

Es gibt in der Regel immer ein Kontraargument. Es bleibt aus. „Na dann."

Frau Pirsch wartet geduldig ab. Raum geben, Zeit geben. Da springt Frau S. auf. „Lasst uns mal zusammentragen, was wir tun können, um genau das zu erreichen."

Dieses Team identifiziert sich mit dem Unternehmen. Diese Feststellung lässt mehr als hoffen. Denn die Identifikation begleitete die Motivation wie ein väterlicher Freund. Sie ist der Wegbereiter, für all das, was gebraucht ist.

Das Team unterzieht sich hinsichtlich seiner Chancen, Risiken, Stärken und Schwächen einer Analyse. Hierzu schlägt Herr W. die Methode des World-Café vor, die, aufgrund der Teilnehmerzahl von 7 an zwei Tischen umgesetzt wird.

Zwei zentrale Fragen werden auf große Papierstreifen notiert, die als Tischdecke (wie in einem Café eben) fungieren. Herr L. stellt noch schnell die Blumenvase vom Kaffeebuffet auf den Tisch. Jetzt übertreibt er aber. „Muss das so naturalistisch sein?" Frau A. wirkt irritiert.

Frau Pirsch schüttelt lachend den Kopf. „Wer möchte Gastgeber sein und die Inhalte und Argumente aufgreifen, zusammenfassen, visualisieren?" Sie lässt zwei Gruppen bilden und fungiert als Zeitwächterin. 10 min, dann wird der Tisch gewechselt. Nicht 12 min. Sprachliche Formulierungen, gerne auch Wording genannt, werden von ihr im Anschluss korrigiert: Nicht „Man müsste, jemand könnte…" Ich oder wir. Sonst wird es bereits an diesem Punkt eng mit der Selbstverantwortung. Sie weiß um die indirekte Formulierungswut vieler Menschen, eher Frauen. Eine grundsätzliche Hürde in der Kommunikation zwischen den Geschlechtern, rekapituliert sie zum wiederholten Male.

Die Stärken der Einzelnen werden mit einer praktischen Übung in einem ersten Schritt sichtbar. Jeder stellt sich vor die Gruppe und formuliert laut und deutlich, was er besonders gut kann (mit Blick auf die Arbeitsaufträge im Team). Schnell zeigt sich, wer hier noch eine eigene Klärung benötigt. In der anschließenden Gruppendiskussion formuliert die Mannschaft die jeweiligen Stärken der Kollegen. Weiter wird diskutiert, welche Chancen sich ergeben. Über Risiken und Schwächen wird gleichermaßen gesprochen. Frau A. stellt fest, dass es ihr viel leichter fällt, über die eigenen Schwächen zu sprechen bzw. diese zu identifizieren, als über ihre Stärken. Ein Frauenthema? Nachdenken, über das, was funktioniert, ist unbescheiden? Nein, es ist goldrichtig!

Frau Pirsch weiß nun auch, mit wem sie über ein Coaching spricht. Das Wissen um die eigenen Fähigkeiten befördert den Mut, für Überzeugungen einzutreten und Verantwortung zu übernehmen.

„Ich muss nicht auf jede Frage eine Antwort haben. Es gilt die richtigen Fragen zu stellen, zu begleiten, hin- und zuzuhören.“

Erwartungen leben und Sehnsüchte wecken

„Und was braucht es jetzt noch?“

Immer geht es um individuelle, interaktionale und organisationale Aspekte, Person, Rolle und Organisation. Und inwieweit können hier die Kompetenzen und Fähigkeiten Einzelner berücksichtigt werden? Ein wesentlicher Punkt im Schaffen eines kreativen Raumes.

Performanz kann ich beobachten, Kompetenz kann ich erschließen.

Frau B. geht zur Präsentationswand und kontrolliert ein letztes Mal die visualisierten Ergebnisse mit den protokollierten Aussagen. Frau F. kennt Coaches, die den neuen Weg begleiten können. Herr L. und Frau R. befinden sich hochmotiviert bereits inmitten der neuen Planungen. Herr W. kreiert und visualisiert die Vorgehensweise in einem überdimensionalen Bild (mit Wachskreide auf Flipchart). Frau A. unterstützt Herrn P. in der Zusammenstellung der fachlichen Expertise für das Team.

Frau Pirsch fühlt sich ein wenig überflüssig. Auch wenn Sie nun Verantwortung überträgt, ist sie sich ihrer Leitungsfunktion nach wie vor bewusst.

Und zur Erreichung ihres Ziels, ihrer morgendlichen hidden agenda, bedarf es jetzt nur noch einer Formulierung des WAS als ein Merkmal dieser Handlungs-Folge-Kontingenz.

„Wir fokussieren uns auf den Kundennutzen und somit auch auf eine stetige Verbesserung des Produkts, besonders in der Frühphase der Produktentwicklung.

Hierzu formen wir ein selbstdesignendes Team.“

Das ist das Ergebnis. Und das Ganze klingt ein wenig nach einem Gespräch mit dem Auditor im Rahmen einer Zertifizierungsprüfung. Jetzt fehlt nur noch die Kopie nebst Unterschrift.

Frau Pirsch steht auf. Sie notiert auf das Whiteboard in dicken roten Lettern die Werte:

Transparenz, Informationsfluss, Selbstverantwortung, Selbstorganisation, Freiheit, Mut.

Nicht die Menschen mit Aufgaben überhäufen, sondern, in Anlehnung an Antoine de Saint-Exupe´ry, in ihnen die Sehnsucht nach dem „weiten, endlosen Meer" zu wecken ist der Weg, um gemeinsam ein Schiff zu bauen.

Schritt für Schritt zu mehr Autonomie

Was für ein Dilemma! Das komplexe im Außen erfordert schnelle Entscheidungen, schnelle Prozesse und Reaktionen. Das Team soll zukünftig die Entscheidungen auf Basis einer „Marschrichtung" des Managements treffen und umsetzen. Den Veränderungsprozess, den sie nun mit ihrem Team anstrebt, erfordert viel Zeit für Experimentierräume. Woher nehme ich die? Soll ich doch beim Altbewährtem bleiben? Erfordern solche Herausforderungen, wie wir sie heute und auch zukünftig haben werden, nicht eine klare Führung, die den Weg weist und bewährte Handlungsräume beibehält?

Ein ebenso wichtiger Aspekt: Es scheint auf den ersten Blick geradezu revolutionär, wenn nicht unmöglich für einen Mensch ihrer Persönlichkeitsstruktur. Überträgt man den Umgang von Frau Pirsch mit ihrem Team in ein Standbild, so zeigt sich eine Frau mit einer geöffneten Hand und einer abwehrenden Handfläche, die ein „Stopp!" signalisiert. „Komm zu mir, aber überschreite die Grenze nicht!" Und die Fokusfrage lautet doch: Wie nah muss ich denn dran sein an den Menschen?

Denn in ihrer bisherigen Rolle als Führungskraft hatte sie sich auf der Sachebene mit viel Verstand und Wissen um die Zusammenhänge, kommunikativ geschult, gut eingerichtet. Die Rollen waren klar vergeben. Ihre Verantwortung in bewährten Abläufen ebenso. „Emotionalität ist möglich, aber ich will nicht immer", scheint darüber hinaus ihre situative Devise. Diese Haltung zeigt sich gepaart mit einer hohen Sensibilität und einer Abneigung gegenüber allem Banalen. Und jetzt ist sie ganz gefordert: Mit hohen empathischen Kompetenzen, die ihre Rolle von nun an ausmacht unter anderem als Coach, Facilitator, Motivator.

Welche Prioritäten sind zu setzen? Eine wichtige Voraussetzung für Teams, für Führung, für jeden Einzelnen: Selbstreflexion. Stetig und ständig. „Eine klare Haltung ermöglicht es mir zurückzutreten, Raum zur Entwicklung zu geben. Und zu vertrauen, dass das Team selbstorganisiert handelt". Frau Pirsch spricht laut mit sich. Das Selbstgespräch gehört zu ihrem Leben wie das Zitieren von Autorenautoritäten zu ihrem Alltag.

„Wer ein Warum (zum Leben) hat, erträgt fast jedes Wie." Das wusste bereits Nietzsche.

Sie wusste, wozu sie diese Veränderung umsetzen musste, mehr noch, wollte.

Der Dreiklang war perfekt: Sie durfte das, sie konnte das und sie wollte das jetzt auch.

Noch nie hat sie das Ende einer Sitzung so sehr herbeigesehnt wie an diesem Tag. Mit dem abmoderierenden Halbsatz „… und noch einen schönen Abend, danke für den guten Wirkungsgrad.", verlässt sie den Raum.

Sie ist gleichermaßen beseelt wie bedrückt von diesem neuen Weg. Eine große Veränderung für ihr Team. Eine ebenso große für sie selbst. Da diese Entscheidung ein Loslassen all dessen bedeutet, was in ihren Augen bis dato für Führung stand. Denn eine andere Art des Handelns benötigt auch eine andere Art der Führung.

Auf dem Weg nach Hause telefoniert Frau Pirsch mit ihrem Partner. Ein gemeinsames Leben in zwei Haushalten. Das funktioniert mal besser und mal schlechter. Es ist ein kurzes Telefonat. Sie weiß, sie braucht jetzt Zeit für sich. Wie so oft. Denn mit der Einsamkeit, der Unabhängigkeit, ist auch eine Freiheit verbunden, die Grenzen verschieben lässt.

Und wieder tönt Rainald Grebe aus dem Lautsprecher: „Und ich hab wieder nicht die Welt gerettet, dann macht's halt ein anderer." Verantwortung abgeben. „Es ist gut, es ist gut."

Landkarten machen Freiheit berechenbar

Am Gartentor angekommen schweift ihr Blick über eine neu angelegte Wildblumenwiese. Einige Bienen haben sich diesen Bereich bereits zu Eigen gemacht.

Frau Pirsch lächelt und wird ganz ruhig. Sie fühlt Dankbarkeit. Sie weiß, dass sie in Zukunft neue Erfahrungen mit Menschen machen wird. Sie weiß auch, dass der ein oder andere Stolperstein auf sie wartet, dass es schwierig werden kann. In der Arbeit mit Menschen kann von einfach nie die Rede sein.

Spontan dreht sie sich um und geht um das Haus herum auf einen Feldweg, der in den nahegelegenen Wald führt. „Auch hier gibt es Steine, die mich zum Stürzen bringen können. Auch hier braucht es Markierungen, um sich zurechtzufinden."

Frau Pirsch ist auf dem Weg. Sie geht die ersten Schritte mit sich, mit ihrem Team und mit dem Wissen, dass es darum geht, nicht nachzulassen, die Menschen zu lieben und dankbar zu sein. Sie bewegt sich mit einer Haltung, die an eine Entwicklung für sich und andere glaubt.

Interview mit der Führungskraft Paula Pirsch

Journalist	Was machen Sie mit Leuten, die von ihrer Persönlichkeits-struktur nicht oder nur schlecht in der Lage sind, im Team konstruktiv mitzuarbeiten? Kann jeder Teamkompetenz lernen?
Frau Pirsch	Die Fähigkeit zur Interaktion oder auch eine gute Balance zwischen Ich und Wir? Hier muss im Umgang zwischen Können und Wollen unterschieden werden. Es geht um Wertschätzung, Empathie, Kommunikation und damit auch um Zuhören. Es gibt natürlich Menschen, denen im Grundsatz das soziale Miteinander eher leicht fällt. Es gibt aber auch Menschen, die besser alleine arbeiten und denen es schwerfällt, sich zurück zu nehmen. Beratungen und Coachings unterstützen darin, herauszu-finden, was noch gebraucht wird. Ziel sollte es immer sein, und hier spreche ich mit meinem Hut als Führungskraft, die Menschen in einem Team so aufzustellen, das jeder seine Stärken optimal einbringen kann. Das verhindert Über- und Unterforderung. Dazu gehört auch, in einer Weise miteinander zu kommunizieren, dass diese Einzelfähig-keit wahrgenommen und für die Zielsetzung des Teams in optimaler Weise genutzt wird. Und es braucht ein Regel-werk, das die Rollen, auch Moderatorenrollen, definiert sowie Kommunikations- und Kooperationsregeln festlegt.
Journalist	Wer trägt am Ende die Verantwortung in selbst organisierten und selbstverantwortlichen Teams wenn etwas schiefläuft? Wer erntet die Lorbeeren?
Frau Pirsch	Verantwortung übernimmt jeder in seiner Rolle.
Journalist	Führt das nicht zu Konflikten?
Frau Pirsch	Konflikte sind nicht primär negativ. Konflikte, als gelebte sachliche Streitkultur, gehören zum agilen Arbeiten ebenso dazu wie eine Fehlerkultur, die Neues entstehen lässt, den Mut zur Innovation befördert. Kontraproduktiv sind emotional basierte Konflikte. Und diese kann man auch durch einen Moderator oder manchmal auch einen Mediator begleiten lassen, wichtig ist hierbei schnelles und konsequentes Handeln.
Journalist	Und hier braucht es dann wieder die Führungskraft?
Frau Pirsch	Eine Führungskraft dient dem Team. Eine Führungskraft schafft die Rahmenbedingungen und kann so auch die Rolle für Konfliktmanagement im Team benennen. So kreiert sie das Team und seine Funktionen. Die Führungskraft kennt und sieht die Stärken des Teams, ist hier ein Begleiter, Ermöglicher und Coach.
Journalist	Und wenn dann alles so gut läuft? Was kommt dann?
Frau Pirsch	Weiter gehen, immer weiter gehen!

Blick auf Ihr Navi

Ein Team, ob im Alltag oder im Beruf, hat ein gemeinsames Ziel. Selbstorganisierte Teammitglieder übernehmen darüber hinaus auch die Verantwortung für ihr Tun. Für diese Form der Zusammenarbeit, die die Rolle der Führung neu denkt, braucht es klare Absprachen über Reichweite und Tiefe der übernommenen Aufgaben. So strukturiert schafft man mehr freie Kapazitäten, für sich und andere. Wer mit wem zusammen arbeitet, hat nicht nur in einer Beziehung einen entscheidenden Einfluss auf den erfolgreichen Abschluss eines Projektes. Hier zählt jedes Potenzial, die gelebte Vielfalt und der Wille, mitzuarbeiten.

- Fühlen Sie sich häufig einer Gruppe zugehörig oder ist es mehr eine Ansammlung von Individuen mit eigenen Zielen?
- Erleben Sie eine Auseinandersetzung auf der Sachebene als eine Form der Entwicklung?
- Leben Sie Selbstverantwortung?
- Haben Sie einen Blick für das Wesentliche und setzen so klare Prioritäten?

Literatur

Belbin, R. M. (2003). *Management Teams o.J.: Why they succeed or fail* (2. Aufl.). Butterworth Heinemann.

Parker, S., & List, V. (2021). *Wer A sagt, muss nicht B sagen.* Springer.

Scheller, T. (2017). *Auf dem Weg zur agilen Organisation. Wie Sie Ihr Unternehmen dynamischer, flexibler und leistungsfähiger gestalten.* Vahlen.

Kapitel 8 – Ingenieure der Routenplanung

Van Petersen wacht immer wieder auf. Halb drei, viertel vor vier, kurz nach fünf. Das Hin- und Herwälzen im Bett bringt nichts. Er ist müde. Aufstehen, wenn man nicht schlafen kann? Das Rezept hatte er ausprobiert, aber nur einmal. Es ist noch schlimmer als das Bettwälzen. Tee solle man sich machen. Ruhige Musik vielleicht. Was lesen. Oh je! Was lesen. Als ob er nicht den ganzen Tag genau damit beschäftigt wäre. Ja natürlich keine anstrengende Fachliteratur. Aber diese Romane, die sich in epischer Breite endlos hinziehen hielten ihn nicht lange bei der Stange. Die hatte er schon in der Schule hassen gelernt. Buddenbrooks. Effi Briest. Oder diese Schwarten, wo es nur ums Fressen, Saufen, Ficken geht. Bei den jungen „fortschrittlichen" Referendaren. Bukowksi, Houellebecq und Konsorten.

V. List und S. Parker, *Wie ich mich entscheide, wenn ich mich nicht entscheiden kann*, https://doi.org/10.1007/978-3-662-64621-2_8

Langweilige Männerschwanzendlosschleifen. Krimis? Na klasse. Hatte er auch probiert. Super Erfolg, wenn man nachts hundemüde ist und trotzdem nicht schlafen kann. Durch so einen Krimi von Jusef Adler Olsen ist man knallwach. Dann kann man gleich richtig aufstehen und die Wohnung putzen oder Autowaschen. Ein Dilemma! Wie soll er da herausfinden?

Was ihm ein bisschen hilft, das sind Meditationsübungen: Ich liege hier und es stört mich nicht, wenn ich nachts wach bin. Es stört mich gar nicht. Es stört mich überhaupt gar nicht. Ok. Die Formeln weiß er jetzt nicht mehr so ganz genau. Irgendwas mit … meine Gedanken ziehen vorbei wie Wolken am dunklen Abendhimmel, ich bin ganz ruhig und entspannt … oder so. Schöne Bilder soll man abrufen. Er hat es ja versucht. Was macht man aber, wenn das Gedankenkarussell wieder losgeht. Wenn die drängenden Fragen des Alltags im Hirn bersten. Rücksichtlos. Dann erkennen die Neuronen, die für die grundsätzlichen Fragen zuständig sind, die man immer in den Hintergrund drängt, ihre Chance und hängen sich auch noch an die Hirnkracher dran, wenn das wache Bewusstsein schläft. Nieder mit den neuronalen Netzwerken! Alles ist mit allem verbunden. Das Hirn kann man nicht austricksen. Es trickst einen selbst aus. Hat ja bekanntlich Freud schon hinreichend bebeispielt.

Alternativen kreieren

Bämm! Da ist sie wieder. Die Frage aller Fragen. Damit hat er schon früh angefangen sich zu beschäftigen. Das ist vermutlich auch der Grund, warum er durch so viele Wissenschaftszweige mäandert. Mit Medizin hat alles angefangen, bis er erkannte, dass das ein Mathephysikstudium war. Jedenfalls bis zum Physikum. Jura hat er recht schnell geschmissen. Weniger wegen der Inhalte. Die interessieren ihn schon sehr, die Logik, die Ethik, die Argumentation. Aber die Kommilitonen, die Professoren. Warum werden in den juristischen Fakultäten mit Abstand gegenüber allen anderen Fakultäten die meisten Bücher geklaut? So habe er es jedenfalls mal in einer Studie an der Uni in Gießen gelesen. Darüber müsste man mal eine Abhandlung schreiben. Bei den Medizinern nerven ihn auch gleich zu Beginn die vielen Söhnchen und Töchterchen, die mit ihren Porsches und SUVs zu Uni kommen. Später mal die Praxis von Papa übernehmen. Hochintelligent, wenn es darum geht, Sachen auswendig zu lernen und in Klausuren auszukotzen. Motiv der Berufswahl: reich werden: in gepflegtem Ambiente. Leben am Existenzmaximum. Oh, es ist eine Lust, sich in den eigenen Vorurteilen zu suhlen. Nach vielen Trial und Errors ist er nun über die Psychologie, auch so ein Mathestatistikstudium, über Politikwissenschaft, Soziologie und Geschichte bei der Philosophie gelandet. Grob gesagt. Sparte Politische Philosophie. Also wo es um das große Ganze geht. Spezialgebiet und Expertise als Allrounder. Was für ein schöner Widerspruch. Oder ist es am Ende DIE Lösung? Das ganze Expertenwissen bringt ja überhaupt nichts, wenn nicht jemand den Überblick behält, wenn nicht jemand schaut, wie sich alles zusammenfügen lässt und fragt, ob es passt. Es geht ja schließlich um Erkenntnisgewinn. Jedenfalls anstrebenswerterweise. 06:17 zeigt der Wecker. Es wird langsam hell. Wieder eine Nacht um die Ohren geschlagen. Wieder mit den gleichen Gedanken. Wieder ohne Ergebnis. Das muss anders werden. Aber wie? Ob sich alle Menschen mit solchen Problemen herumschlagen? Mit so wichtigen Grundsatzfragen! Einfach nur in den Tag leben? Nicht unbedingt stumpf, sondern genug zu tun haben mit ihrem Tagwerk. Früh aufstehen, Kinder und Haushalt versorgen, zur Arbeit gehen, abends müde vorm TV die Zeit bis zum Bettgehen überbrücken ... Hamsterrad. Nicht der Ort zum Glücklichwerden oder wie es Aristoteles formuliert, um Glückseligkeit zu erlangen.

Zusammenhängend denken

Es ist Wochenende. Genauer gesagt Samstag. Montag beginnt das neue Semester und van Petersen will die Zeit zur Vorbereitung nutzen. Erstis, also den Erstsemestern, Vorfreude auf das Kommende in die Hirne pusten und schildern, wie sie die nächsten Jahre in Bibliotheken, Online-Archiven und an Tastaturen verbringen werden. Vertrauen aufbauen. Das geht nur mit Ehrlichkeit. Also ihnen auch gleich sagen, wie und wo sie sich am Wochenende per Alkohol und 120 Dezibel das noch nicht fest in ihrem neuronalen Netzwerk verankerte neue Wissen wieder rausschwemmen und zerdröhnen lassen können. Das ist die eine Seite seiner Klientel, seiner Kunden. Van Petersen versteht sich als Dienstleister.

Die andere Gruppe sind die mit der Gesichtsfarbe von ägyptischem Papyrus, kurz vor dem Examen oder ein paar wenige auch vor der Promotion. Bei einigen würde es van Petersen nicht überraschen, wenn die Disputation und der Abschluss ihrer Promotion mit ihrem Status als Großeltern zeitlich zusammenfielen. Auch gut. Nicht sein Problem. Doch sein Problem. Als glühender Verfechter eines studiums generale. Eines ist doch klar: Alles hängt mit allem zusammen. Er ist der Avangardist. Er zeigt allen, wo es langgeht. Nur sehen das die meisten leider nicht. Das muss, ja muss, anders werden. Er hat ja schon einiges publiziert. Bei renommierten

Verlagen. Wissenschaftsverlagen. Marktführern. Nicht nur Aufsätzchen in unbedeutenden Nischenverlagen und universitätseigenen Druckereien. Wie etliche seiner Kollegen. Kolleginnen gib es ja nur wenige, an der Uni. Auch ein Thema, das nicht nur auf schwedenrot lackierten, sondern auch auf seinen Nägeln brennt. Er ist bekennender Feminist. Als Mann. Das sagt er jedem, besonders denen, die es nicht hören wollen und ihn verlachen. Tja, seine lieben Kollegen. Wenn er es nicht besser wüsste, könnte man schon die These vertreten, dass sich einige von denen hochgeschlafen haben. Geht ja nicht.

Kollaboration ist wichtig

Van Petersen hat sich Tee gemacht und sinniert über seine Zeit in der Patchworkfamilie. Das Projekt ist gescheitert. Seine erste Ehe endete in einem Beziehungschaos. Viel zu kompliziert das Ganze. Ja nahezu hochkomplex. Und dann auch noch diese verwirrenden und widersprüchlichen Gefühle. Dem konnte man auch nicht mit Cynefin-Framework beikommen. Obwohl das Modell, um unklare Verhältnisse zu klären, also jedenfalls ein bisschen zu klassifizieren, eigentlich recht einfach ist. Seine Studierenden finden es jedenfalls immer klasse. In den Workshops, wo sie an praktischen Beispielen die Kategorien durchspielen und auf wissenschaftliche wie auch lebenspraktische Situationen gleichermaßen anwenden. Er schaut immer wieder gern in seine Seminarunterlagen, die er mit äußerster Sorgfalt zusammengestellt hat, für die Erst-Semester, den sogenannten Erstis, die gerade ihr Abitur gemacht haben mit der staatlichen Zertifizierung, sie seien nun studierfähig und hochschulgeeignet. Zum Totlachen. Selbstständiges Denken? Fehlanzeige. Selbststeuerungsfähigkeit? Fehlanzeige. Statusdenken? Sehr ausgeprägt. Die Vorurteile gehen jetzt mit ihm durch, Hand in Hand mit der Pauschalisierung. Helfen Vorurteile nicht bei der Orientierung? Zumindest im Gehirn. Orientierung brauchen auch die Erstis: Es gilt, ihnen schnell klarzumachen, sehr schnell, dass sie als erstes lernen sollen, auf eigenen Beinen zu stehen, selbstverantwortlich zu handeln, zusammenzuarbeiten, und ganz wichtig: Den Quellen zu vertrauen. Um sie anschließend kritisch zu zerreißen. Dieser Glaube an Autoritäten auf der einen Seite und das Wissen, dass das Wissen immer, also wirklich immer, nur vorläufig ist. Das ist Wissenschaft. Wenn einige dieser sogenannten Studierfähigen das begreifen, hebelt es so manchen aus den Stiefeln. Totalverunsicherung. Absturz. Das sind die Autoritätshörigen, die in Vorlesungen

Leitz-Ordner voll mitschreiben. Junge Frauen tun das oft und gern. Sammeln. Heimtragen. Kapieren ... Fehlanzeige. Jetzt braucht es aber die Differenzierung, damit die vereinzelten Beobachtungen nicht zu selbsterfüllenden Prophezeiung werden. Wie soll er als Experte für das Lernen da wirken? Bei so manifesten Persönlichkeitsmerkmalen. Bei jungen Männern entdeckt man dagegen öfter mal so eine gespielte Souveränität. Führt natürlich häufig zu mangelnd tiefgreifender Beschäftigung mit den Dingen. Aber zum Glück wendet sich das Blatt langsam. Immer mehr junge Frauen treten selbstbewusster auf und fragen nach. Zwar vorsichtig, aber immerhin. Als Prof. muss ich natürlich aufpassen, ermahnt sich van Petersen, dass ich diese jungen Frauen nicht über Gebühr fördere, obwohl ich das gerne machen würde, weil ratzfatz werde ich als notgeiler Alter gedizzt, der seinen Status, seine Macht missbraucht. Das ist ein echter Spagat. Die Lösung? Ich versuche mir in diesen Fällen den Habitus des väterlichen Freundes zuzulegen, beruhigt sich van Petersen selbst. Ob das Konzept funktioniert? Bis jetzt ja. Aber es ist fragil. Apropos fragil. Die Vorbereitung des Workshops wartet auf dem Schreibtisch. Van Petersen will diesmal konsequenter die agilen Prinzipien anwenden. Dazu ist er erst kürzlich auf ein hilfreiches Buch gestoßen. Interessant, dass die Wortstämme so ähnlich sind: fragil – agil. Ein einziger Buchstabe macht aus etwas Zerbrechlichem ein neues Prinzip zur Bewältigung dieses Zustandes. Agiles Handeln, ein Muss für Menschen, die in Zukunft in Anbetracht der zunehmenden Unsicherheiten in der Welt bestehen wollen. Folglich denkt van Petersen über noch eine Veränderung nach. Warum öffnet er nicht sein Format des Unterrichts, also Vorlesungen, Seminare, Workshops usw. für alle Menschen, die sich dafür interessieren? Ach ja, Platzmangel. Schlechte Ausstattung der Hochschulen. Aber die Workshops macht er doch sowieso immer öfter in außeruniversitären Bildungseinrichtungen. Irgendwo mit ein bisschen Landschaft drum herum. Zum Rausgehen. Lernspaziergänge machen. Lern- und Bildungswege buchstäblich anlegen. Viele offene Kommunikationsmöglichkeiten anbieten. Raum zur Selbstorganisation. Die Idee ist so vielversprechend offen. Bietet Denkraum, Handlungsraum, Erprobungsraum. Gedacht, gesagt, getan. Sein Dreischritt. Van Petersens Entschluss reift schnell. Er wird in die Tat umgesetzt. Einer seiner jüngeren Kollegen aus der Pädagogik geht die Dinge oft unkompliziert offen und mutig an. Er mag ihn. Kein falsches Statusdenken. Gibt interessante Impulse und lässt die Studierenden dann machen. Gutes Lernkonzept. Inspiration plus Freiraum. Probleme gibt's später in den Prüfungen, in denen wieder Stoff und Wissen abgefragt wird, anstatt Kompetenzen. Wie in der Schule. Grauenvoll!

Ohne Vertrauen läuft nichts

Jetzt ist er allein. Genießt die Ruhe. Der starke schwarze Tee, laaang gezogen, spült die Müdigkeit der Schlaflosigkeit langsam aus seinen Gliedern und aus seinem neuronalen Netzwerk.

Die Gedanken an die Workshops wärmen sein Herz. Im Gegensatz zu Vorlesungen und Seminaren, da gibt es immer eine schwer zu überwindende Distanz, kann so ein langes Wochenende in irgendeiner exterritorialen Bildungsstätte sehr zum Vertrauensaufbau sowohl unter seinen Studierenden als auch zwischen ihnen und ihm beitragen. Auch genießt er nach wie vor die spielerisch gespielten Avancen einiger Studentinnen, die ihn aus einer Mischung von väterlichem Übervater und über die Maßen klugen Beschützer und durchaus noch recht attraktivem Endvierziger betrachten.

Aber stecken nicht alle in dieser kompliziert-komplexen Situation? Jeder Mitarbeitende in Unternehmen, Lehrende und Lernende, Soldatinnen und Soldaten, Raumfahrende auf der ISS. Alle! Das ist doch die zentrale Frage der Menschheitsgeschichte! Davon hängt doch alles andere ab! Können wir einander vertrauen? Geht vertrauen überhaupt in der Wissenschaft? Geht es generell? In zunehmend unsicheren Zeiten der globalen Vernetzung? Wem vertrauen wir letztlich? Auf wen verlassen wir uns, wenn es hart auf hart kommt? Mal nachgucken. Aha! Die Abgrenzung zwischen Kooperation und Kollaboration wird in einer aus dem angelsächsischen Sprachgebrauch importierten Sichtweise darin gesehen, dass die Partner bei einer Kollaboration am Endergebnis der Zusammenarbeit schöpferisch beteiligt und keine bloßen Zuarbeiter oder Inhaltslieferanten sind. Ein zentrales Thema bei Gruppen- bzw. Teamarbeit. Häufig machen wenige die Hauptarbeit und andere schmarotzen davon. Ein ewiger Kampf beim Versuch einer gerechten Bewertung bzw. Benotung von Gruppen- und Teamarbeit. Das gilt für den Beruf, es gilt im Fußball-Verein, es gilt in der Familie und überhaupt im Alltag.

Der Bleistift ruht auf dem noch leeren weißen Papier des Collegeblocks. Der Blick schweift durchs Fenster in die nah am Haus stehende Linde. Zwei Tauben gehen ihren eindeutigen Instinkten nach. Van Petersen kann nicht mehr hinschauen. Wieder Blick zurück auf das weiße Blatt.

Expertenwissen richtig bewerten

Manchmal fühlt sich van Petersen mehr als Erzieher und Erziehungsberater denn als wissenschaftlicher Lehrer und Anleiter. Vielleicht auch wieder nur ein Hinweis, wie alles mit allem verstrickt ist. Ach ja, das will er sich ja noch einmal vornehmen. Sein Skript zum Cynefin-Framework. Das will er wieder an den Anfang seines designmäßig nachgeschärften Workshops stellen. Einerseits kann er sich als Experte zeigen, andererseits einen Impuls zur Gesprächskultur liefern. Antworten auf die Fragen geben, wie wir miteinander umgehen und auf welcher Basis wir einander vertrauen wollen. Kultur eben. Anders als Tiere.

Van Petersen memoriert in Gedanken die vier grundlegenden Kategorien von Cynefin-Framework. Als er sich das erste Mal damit beschäftigte, war er beeindruckt davon, wie dieses ihm bisher verborgene Expertenwissen half, sich eine Übersicht über unklare und unsichere Verhältnisse zu schaffen. Dazu hatte er in einer erst kürzlich entdeckten Publikation eine prägnante Beschreibung gefunden. Den Text konnte er schnell fast auswendig: „Cynefin-Framework ist ein Modell für Wissensmanagement und wurde von dem Waliser Dave Snowden entwickelt. Cynefin ist walisisch [kä:niwin] und meint eine „gefühlte Zugehörigkeit", „Platz" oder „Lebensraum", in welchem Erfahrungswerte aus allen gesellschaftlichen Bereichen eine Bedeutung besitzen. Es basiert auf der Annahme, dass alle menschlichen Interaktionen letztlich erfahrungsbedingt sind, seien es persönliche oder kollektive, kulturelle Erfahrungen. Das Modell versucht in komplexen und unübersichtlichen sozialen Umwelten Orientierung zu geben und Handlungsmöglichkeiten zu beschreiben, also die beste Lösung für die jeweilige Situation anzubieten. Cynefin-Framework beschreibt fünf Domänen von Zuständen und ihre entsprechenden Handlungsoptionen." Sauber! So kommuniziert man Wissenschaft. Klare Begriffe. Klare Definitionen. Kurz und knackig. Das gefällt ihm. Damit kann man arbeiten. Jedenfalls mit der Arbeit beginnen, um später festzustellen, dass …na ja, das kennen wir schon … dass das doch nicht der Weisheit letzter Schluss ist. Jedenfalls hatte er in den diversen Sportvereinen, in denen van Petersen aktiv ist, das Modell schon einige Male in strategische Diskussionen gerade bei den Mannschaftssportarten ein- und die Trainer zum geistigen Tänzeln gebracht. Doppeltes Vergnügen. Er als Wissenschaftstheoretiker konnte überraschenderweise recht praktische Anregungen für die Aufstellung der Menschschaft – Mannschaft sollte man ja jetzt nicht mehr sagen – geben. Gruppen- und Teamspiele sind nun mal komplex. Und die Vorurteile gegenüber seiner angeblichen Praxisferne als Theoretiker zerbröselten dann regelrecht. Das war gut zur Minimierung der Statusunterschiede im Team. Denn eines ist klar: im Team müssen sich alle auf alle verlassen könne, alle müssen ihre besten Talente und Kompetenzen einbringen dürfen und alle müssen sich gleichermaßen dem gemeinsamen Ziel verpflichtet fühlen. Rampensäue sind nicht nur unerwünscht, sondern kontraproduktiv. Das ist genau wie im Theater. Das mussten auch die Ober-Streber und die Schleimer in seinen Seminaren sehr schnell lernen. Egomanen scheitern. Bei ihm auf jeden Fall. Teamplayer gewinnen. Langfristig immer. Bei ihm auf jeden Fall. Also jedenfalls meistens. Hofft er.

Agil sein, nicht spielen

Eine Stunde später quillt van Petersens Schreibtisch über mit Skripten, Büchern, Broschüren und aufeinander gestapelten Ordnern. Er hat eine Entscheidung getroffen.

Seinen Workshop zur Einführung in das selbstständige wissenschaftliche Arbeiten wird er für alle Interessierten öffnen. Um nicht vor Anmeldungen überrannt zu werden, soll es eine öffentliche Liste zum Eintragen geben. Da er gerade auf die Stelle als Dekan berufen wurde, hat er da Möglichkeiten. Innovation ist angesagt! Vielleicht kann er ja den einen oder anderen aus seinen Vereinen dazu bewegen, dazuzukommen. Täte manchem gut. Ich probier's, denkt van Petersen. Trial & error. Trial und trail. Wie nah zusammen liegt das denn? Van Petersen überrascht sich mit seinen eigenen Wort- und Gedankenspielen immer wieder selbst. Trial, der Versuch, und trail, der Weg. Ja klar! Ich triale einen trail. Ich versuche einen Weg, und zwar einen anderen, einen neuen. Das steckt Wegweisung drin.

Am späten Nachmittag steht das Konzept für einen eintägigen Workshop. „Mit Agilität durch dick und dünn" hatte er als Titel verworfen. Zu trivial. Er will ja den Spagat zwischen universitärem Anspruch und hoher Allgemeinverständlichkeit. Und er will ja eine Brücke bauen zwischen der Wissenschaft und dem Alltag der Menschen. Will zeigen, wie das eine das andere befruchtet und inspiriert. Habermas und Marcuse to go. Jetzt heißt es, den ersten Schritt und Erfahrungen machen. Dann Analyse, Auswertung und Veränderung. Warum ist das nur so schwer, es in die Hirne der Menschen zu bringen. Ja, es ist die leidige Verknüpfung der Gedanken mit den Gefühlen; und da insbesondere mit den sogenannten schlechten Gefühlen, also Angst und Unsicherheit. Es geht nichts daran vorbei: Vernunft geht einher mit Vertrauen in Fachwissen und Expertise. Jetzt steht als Arbeitstitel für seinen Workshop über mehrmals durchgestrichene trials: Leben und Lernen in der Veränderung. Vielleicht kommen ja seine Teilnehmer auf noch bessere Ideen.

Der Tag des Workshops näherte sich schnell. Jetzt trudeln die ersten Teilnehmenden ein. Natürlich überwiegend Studentinnen. Aber auch einige ihrer äußeren Erscheinung nach nicht eindeutig als Erstsemester zu klassifizierende Menschen.

Klar ist für van Petersen, dass es keine ineffektive, langweilige und zeitstehlende Vorstellungsrunde geben wird. Sein Workshop beginnt sofort mit action. Mit Seminarmethoden kennt sich van Petersen aus. Und das, was er in einem Großgruppen-Seminar über das Lernpotenzial von Großgruppen gelernt hatte, das hatte ihn restlos überzeugt. Für das sogenannte socialising, also miteinander ins Gespräch kommen, gibt es noch reichlich Raum. Von Owen und aus eigener Erfahrung weiß er, dass die wichtigen Dinge eh in der Kaffeepause besprochen werden. Also macht van Petersen, die Kaffeepause zum integralen Bestandteil seines Workshops. Er lässt die Teilnehmer auf die Papiertischdecken alle Gedanken skizzieren, die sie in dem entspannten Kaffee-Plausch-Raum äußern. Die anschließende Auswertung und Präsentation überrascht ihn nahezu jedes Mal wegen der Vielfalt und auch zuweilen Kreativität der Ideen, die dann weitere Inspiration auslösen und Handlungen in Gang setzen. Und ganz wichtig: Keiner muss sich für seine ersten Ideen und vielleicht etwas abwegigen Gedanken zunächst direkt verantworten. Echtes Brainstorming eben. Verantwortung übernehmen kommt später. Wenn es ans Exekutieren geht.

Mit geschickten Impulsen sorgt van Petersen ständig für eine lebendige Durchmischung der Teilnehmer, sodass gegen Mittag fast jeder schon mit jedem in Kontakt gewesen ist und nahezu alle sich untereinander schon mehr oder weniger gut kennengelernt haben. Häufiges Lachen kann dabei als Feedback für ihn gedeutet werden, dass die Menschen sich hier in aller Kürze einen entspannten und offenen „Lebensraum" geschaffen haben und bereits eine „gefühlte Zugehörigkeit" entwickeln konnten. Das ist der Nährboden für Vertrauen. Jetzt kann das Forschen beginnen und die Auseinandersetzung, der Diskurs, über die verschiedenen Inhalte und Ziele.

Vielfalt sticht

Einige Teilnehmer stechen aus der Gruppe immer mal wieder hervor. Da ist eine kleine blonde Frau, ausgesprochen schick gekleidet, wenig naturbelassen wie die meisten Studentinnen, also erkennbar geschminkt und ein bisschen laut. Sie scheint öfter den Ton und die Richtung anzugeben. Typ Business-Barbie, so würden sie manche Kollegen labeln. Van Petersen findet sie einfach nur attraktiv im doppelten Sinne. Einerseits ist sie eine attraktive Erscheinung, andererseits agiert sie humor- und wirkungsvoll ... eher wirkmächtig, wie sie so dasteht und raumgreifend um sich artikuliert. Wie sie es schafft die deutsche Grammatik zu narren und Sätze zu bilden, die tatsächlich nie enden. Wenn ihr Redefluss aber einmal endet, eigentlich eher stockt mangels schnell bereiter neuer Gedanken, dann hören die Sätze regelmäßig mit einer Konjunktion, also einem Bindewort auf, das klar und deutlich signalisiert: Ich bin noch nicht fertig! Unterbrecht mich nicht! Aber bei den Umstehenden bewegt sie etwas. Er will schauen, ob er mit ihr näher in Kontakt kommt, um mehr über ihren Hintergrund und ihre Motivation zu erfahren, warum sie in seinen Workshop gekommen ist.

Eine weitere Person zieht van Petersens Aufmerksamkeit auf sich. Leicht abgetragener Cord-Anzug, ein wenig untersetzt, schüttere Haare, blasse Haut. Auch um ihn gruppieren sich immer mal wieder einige Gerade-erst-Abi-gemacht-Menschen und es wird auch dort viel gelacht. Van Petersens Spannung steigt den Tag über kontinuierlich an. Funktioniert sein Konzept des Brückenbaus zwischen universitären Nerds und Alltagsmenschen? Austausch findet statt. Das steht außer Zweifel. Aber was werden sie am Ende des Tages mitnehmen aus seinem Workshop von ihm als Experten? Welche Impulse werden sie aufgreifen? Wird ihnen die Erfahrung dieser Vielfalt und neuer Anregungen zum agilen Handeln helfen eine agile Haltung in Beruf und Alltag zu entwickeln? Oder wird die Alltags-Walze alle guten Vorsätze wieder mal plattmachen? Ab auf den Haufen, wo schon die Neujahrsvorhaben gelandet sind.

Durch die vielfältigen Methodenwechsel über den Tag kommt van Petersen viel mit den Teilnehmenden in Kontakt bzw. in ihre Nähe und schnappt zahlreiche interessante Beiträge und Bemerkungen auf. Einen Erstsemester-Studenten hört er auf seinen Rundgängen zu den verschiedenen Arbeitsgruppen dozieren: Menschen bekommen leicht Angst, weil es viele Dinge gibt, die uns körperlich und emotional verletzen können. Wie können wir das aber in den Griff bekommen? Meine Devise lautet: Umgib dich mit Menschen, die widerstandsfähig sind. Sie tendieren weniger dazu, dich zu verletzen und sie werden dir helfen, wenn du Hilfe brauchst. Wie stelle ich das an? Ganz einfach. Sei selbst ein guter Mensch. Wie geht das? Zeige Mitgefühl. Es ist schwer mit egoistischen und unwissenden Menschen zusammen zu sein. Konzentriere dich auf die positiven Seiten von anderen Menschen und nicht auf deren Mängel. Später erfährt van Petersen, dass dieser junge Mann von einer Waldorfschule kommt und sich bereits in der studentischen Selbstverwaltung der Uni engagiert. Psychologie 7. Semester. Toll! Einen älteren Teilnehmer hört van Petersen noch entgegnen: Ohne Furcht geht es aber nicht. Nur das bringt uns Menschen letztlich zu verantwortlichem Handeln und hat uns an die Spitze der Evolution gebracht. Hier geht es ans Eingemachte! Vielfalt besticht und sie sticht auch. Sie erzeugt Widersprüche. Ist so. Lösung? Erst einmal nicht. Also aushalten! Ambiguitätstoleranztraining. Muss sein. Also Situationen eine Weile aushalten, in denen man noch nicht genau weiß, wie es weitergeht oder was man machen soll. Fällt vielen Menschen schwer.

Die Zeit fliegt nur so dahin. Das ist auch ein mehrfach geäußertes Feedback am Ende des Tages. Es gibt viel positives Feedback, sehr viel. Es ist schon am Vormittag eine Art Flow in der ganzen Gruppe spürbar geworden. Die Statusunterschiede zwischen den Teilnehmenden spielen schnell keine Rolle mehr. Egal ob 18-jähriger Abiturientin oder 50-jährige Führungskraft. Unbedeutend ob Abi auf einem Dorfgymnasium in der Provinz oder Krankenpfleger in einer industriell durchstrukturierten 3000-Betten-Krankenfabrik einer Großstadt. Bedeutungslos ob Promovent in Geschichte oder Polizist in einem Brennpunkt. Alle sind sie irgendwie Experten auf ihren Gebieten. Alle können sie Bedeutsames sagen und wichtige Fragen stellen. Alle haben Erfahrungen, die die anderen häufig als Bereicherungen empfinden, lernen sie doch eine andere Perspektive kennen und einen für sie ungewohnten Blick auf die Dinge, von denen sie glaubten, eine klare Meinung davon zu haben. Agilität wird an diesem Tag nicht als Theorie doziert, sondern als lebenspraktische Handlungsmaxime erlebt und erfahren, wobei das ständige Reflektieren des eigenen Handelns und der infrage gestellten eigenen Haltung von Petersen an die Kultur seiner Heimat erinnerten. In Holland ist es in vielen Bereichen weit verbreitet, sich selbst öfter mal zu reflektieren. In sich gehen. Introspektion, wie die Psychologen sagen. Ob das ein Vorurteil ist? Das interessiert van Petersen jetzt nicht. Wichtig ist, es hilft. Man darf es nicht übertreiben. Wie mit allem.

Altruismus integrieren

Erfüllt sinkt van Petersen spät nachts ins Kopfkissen. Er hat eine reiche Ernte eingefahren.

Sein Dilemma, die vermeintliche Gratwanderung zwischen Spezialistentum, also umfassender Experte in einem Spezialgebiet zu sein oder Generalist, der alles im Blick, aber keine Ahnung von Details hat, konnte sich an diesem Tag in Luft auflösen. Eine Brücke ist gebaut. Ach was, Brücken sind entstanden. Viele.

Übermüdet und noch aufgekratzt greift van Petersen zu einer seiner vielen Bettlektüren. Irgendeiner. Egal was. Nur zum Runterkommen.

Der übermüdet-aufgekratzte Professor liebt es, sich auf kleinen Zetteln markante Textstellen zu notieren. Leider vergisst er jedoch häufig, sich die genaue Quelle aufzuschreiben, und dann passiert das Malheur, dass sich Quelle, also das Buch, und der Zettel plötzlich in solch räumlicher Distanz befinden, dass die Zuordnung nur noch schwer möglich wird. Rätselraten beginnt. Von welchem Autor, aus welchem Buch könnte der folgende schnell hingeschmierte Satz stammen: „Das Lehren und die Vernunft und die Beobachtung der Wirklichkeit. Es ist die Lektion, die niemand lernen will, die wir also am genauesten analysieren müssen, um gute Arbeit zu leisten." Aufstehen und die ums Bett sich stapelnden Bücher durchblättern, will er jetzt nicht mehr. Das Bett hat er doch schon fast auf Schlaftemperatur gebracht. Morgen. Morgen will er nachschauen. Nicht immer alles perfekt machen wollen! Ein kurzer Gedanke an das Pareto-Prinzip zieht ihn in einen kurzen Dämmer und dann stürzt van Petersen unmittelbar in die erste Tiefschlafphase der Nacht.

Am nächsten Tag weiß van Petersen natürlich nichts mehr von der ersten traumschweren Phase der Nacht. Träume nehmen sich das Recht, sich intensiv damit zu beschäftigen, was am Tag liegengeblieben ist, was verdrängt wurde, womit sich das Bewusstsein nicht beschäftigen wollte oder konnte. Manchmal liefert das Unterbewusstsein, das dann die Regie übernimmt, auch Lösungsansätze für diese Probleme. Die verflüchtigen sich aber im Laufe der Nacht oder spätestens kurz nach dem Aufstehen wie scheues Wild im Wald. Nur nicht entdeckt werden. Könnte Probleme geben. Deshalb raten ja Psychologen neben dem Bett immer einen Stift und einen Block zu deponieren, um diese lichtscheuen Gestalten schnell festzuhalten, damit man ihren Nutzen im wachen Bewusstseinszustand überprüfen und gegebenenfalls nutzen kann.

Van Petersens Träume der Nacht verarbeiten natürlich die Tageserlebnisse. Mehr noch. Sein Unterbewusstsein hat schon angefangen, Dinge miteinander zu verknüpfen und erste Transferleistungen vorzubereiten. Der Träumer van Petersen hat in der Folgenacht natürlich eine ungelöste Tagesfrage mit in seinen Schlaf genommen, die ihm wichtig erscheint. Und diese Frage steht nun auf der Agenda der Traumarbeit: Wie kann er inspirierende Impulse seiner Theorie vom agilen Handeln in seinen Feld-Hockey-Verein einbringen. Der dümpelt nämlich am unteren Ende in der Skala seiner Liga und hat bei den letzten Spielen eigentlich nur auf die Mütze gekriegt. Zu Recht denkt sich van Petersen. Das darf er aber nicht laut sagen. Demotiviert. Also die Frage: Wie hilft Agilität einem Team erfolgreich zu werden? Da Träume nicht immer einer Logik folgen, sondern wie wild-kreative Kinder ihre eigenen Welten und Wahrheiten kreieren oder wie Irre ganz und gar alle sinnstiftenden Prozesse chaotisch durcheinander-wirbeln, ist es meist mühsam, Sinnvolles für den Alltag daraus abzuleiten. So startete van Petersen Traum mit einem heftigen Solo-Angriff seinerseits auf das eigene Tor, sehr zu Überraschung der eigenen Mannschaft und gleichermaßen zur Freude der Gegner. Beim nächsten Anstoß stürmte van Petersen wieder in gleicher Weise los, diesmal aber auf das richtige, das gegnerische Tor und erzielte – ganz alleine! – den Ausgleich. Verwirrend. In den folgenden Traumphasen gegen Morgen gestaltete sich die Gemenge-lage im Hockey-Verein immer chaotischer. Spielszenen, in denen er immer wieder und wieder rampensaumäßig das Spiel dominierte, weit entfernt von einem taktisch-strategisch durchdachten Spielkonzept, vermischten sich mit wilden Szenen aus der Spielkabine, in denen auch schon mal ein Trainer in einen Umkleideschrank gesperrt wurde und die Cheerleader-Mädels aus ders örtlichen Gymnastik-Gruppe in der Dusche tanzten … tja, was soll man sagen … Männerfantasien eben. Van Petersen gelingt es nicht, am nächsten Morgen aus diesen komplexen Traumgewöllen eine sinnvolle Lösung heraus-zufiltern. Freitag ist Training. Da ist noch Zeit. Zeit für weitere Traumarbeit.

Die Woche verfliegt. Freitagabend. Training. Die Umkleide füllt sich. Begrüßungsfloskeln schwirren durch die feuchte, duschgelaromatisierte Luft. Lange nicht gesehen! Wie geht's? Was macht die Verletzung? Der Trainer betritt den Raum. Kaum jemand achtet auch ihn. Mit einem Tic zu hoher Stimme fordert er die Anwesenden auf, nach dem Umziehen in den benachbarten Schulungsraum zu kommen. Zunächst keine Reaktion. Nach und nach lassen sich die Spieler der recht gemischten Mannschaft auf die kalten Stühle fallen. Ein paar Stöhner sind zu hören. Nicht nur von den älteren. Aufgrund der geringen Anzahl der Spieler übernimmt der Trainer außerdem noch die Rolle des Teamchefs auf dem Feld. Dass die Mannschaft zahlenmäßig meist am Limit agiert stimmt zwar, aber scheint doch einigen nicht das Hauptmotiv des Trainers zu sein, gleichzeitig auch auf dem Feld eine führende Rolle zu übernehmen. Man nimmt es aber hin. Es fehlen die Argumente, etwas zu ändern.

Expertisen nutzen

Van Petersen hält sich immer zurück im Verein, wenn es um Taktik und Strategie im Spiel und um die Aufstellung als Verein geht. Ihm geht es mehr um das Zusammensein in sportlicher Absicht. Deshalb kommen auch für ihn keine Sportarten infrage, in denen man eher alleine agiert, sondern nur Gruppensportarten. Er hat es mit Volleyball versucht und mit Handball. Volleyball war ihm zu wenig variationsreich, Handball zu hart. Softball zu weich und Fußball … na ja. Ihm gefällt auch das nicht ganz so gewöhnliche, eher das Außergewöhnliche, das Besondere. Deshalb ist die Wahl auf Feldhockey gefallen, auch weil es in seiner Stadt diese Möglichkeit gibt. Er muss nicht weit fahren. Ein ökologischer Aspekt.

Die Teamsitzung beginnt wie üblich. Der Trainer stellt sein Konzept vor und was heute in besonderer Weise geübt werden soll. Das hat er aus einer Analyse der letzten Spiele abgeleitet. Er weiß, wo die Defizite sind, und weiß darüber hinaus, wo der Frosch die Locken hat. Diese Redewendung benutzt er nach Meinung von van Petersen ein wenig zu häufig. Scheint seinen tiefen Wunsch zu offenbaren, das Unmögliche möglich zu machen. Schön wäre es.

Noch Fragen? Dann auf den Platz! So leitet der Trainer über zur praktischen Phase. Die angesagten Übungen gelingen nur zum Teil. Teils aus mangelnder Spiel-Kompetenz, teils aus defizitärer Abstimmung der Spieler. Die Spielansätze kommen nicht richtig in Gang. Die Spielzüge ruckeln gewaltig, weil die Zusammenarbeit, im Versuch, die Vorgaben des Trainers umzusetzen, immer wieder misslingt. Frust. Die Laune sinkt. Die Hoffnung auf einen Spielfluss, wenigstens partiell, und elegante Spielzüge verflüchtigt sich. Die Motivation der Feierabendspieler geht Stufe für Stufe in den Keller und kommt erst wieder nach dem dritten Bier im Vereinshaus langsam die Treppe hoch. Schwere Beine, dicker Kopf. Das bleibt nach dem heutigen Training. Auch die löchrigen Motivationsversuche des Trainers mit schwerer Zunge zu fortgeschrittener Stunde verfangen nicht. Es wird nach Ausreden gesucht, Entschuldigungen vorgetragen und auch zunehmend lauter genörgelt. Man müsste, man könnte, man sollte …

Van Petersen fühlt sich schlecht. Er hat das Gefühl zu wissen oder zumindest eine gute Idee zu haben für das Dilemma dieser Situation. Warum sagt er nichts? Er hat doch gute, ja regelrecht sehr gute Erfahrungen mit seinen Anregungen zum agilen Handeln gemacht. Warum bringt er sie hier nicht ein? Will er sich nicht auf's hohe Ross als Wissenschaftler setzen, als Allwissender, wie er dann in schmähender Absicht tituliert wird? Manche steigern einen Schritt weiter zu Besserwisser und Oberlehrer oder gar

Theorie-Fuzzy. Eigentlich könnte er mal mit diesem Vorurteil aufräumen. Ein Versuch wäre es wert. Könnte es schlimmer kommen? Als Expertise kann er immerhin vorweisen, dass er sich in diese Sportart gut eingelesen hat. Sicher weiß er mehr als die meisten im Verein über Feld-Hockey. Er will den Trainer nicht brüskieren und vor versammelter Mannschaft demontieren. Sie sind ja schließlich ein Amateur-Verein und der Trainer arbeitet ehrenamtlich. Und es geht ihm ja nur um die sportliche Betätigung zusammen mit anderen Menschen.

Die Diskussion, die van Petersen mit sich und in sich führt gleicht einem ständigen Hin und Her. Wo bleibt der entscheidende Auslöser, der ihn zum Handeln treibt? Alles erstmal vertagt auf den nächsten Freitag, auf den nächsten Trainingstermin. Der kommt aber schnell.

Mit Haltung loslegen

Van Petersens Entschluss reift schnell. Schon am kommenden Dienstag telefoniert er mit dem Trainer und verabredet sich mit ihm zu einem Bier. Er erläutert seine Ideen. Der Trainer ist hin- und hergerissen, auf der einen Seite sein Versagen als Trainer einzugestehen und auf der anderen Seite dem Angebot zur Unterstützung zu erliegen. Außerdem findet er die Geschichte mit dem agilen Handeln irgendwie schon auch interessant und ist neugierig geworden.

Van Petersen schafft es, dem Trainer die möglichen Vorteile eines neuen Trainingskonzepts und einer neuen Vorgehensweise schmackhaft zu machen. Sie besiegeln ihren Pakt mit einer Curry-Wurst und einem letzten Absacker spät nachts als letzte Gäste an Annis Würstel-Stand.

Der Startimpuls beim nächsten Training – nachdem der Trainer und van Petersen ihren Deal kurz vorgestellt haben – lautet: Jeder soll kurz und knackig sagen, auf welcher Position er gerne spielen möchte und ein Argument benennen, das dafür spricht. Alle anderen dürfen das lautstark sofort kommentieren. Der Impuls sorgt zunächst für Verwirrung. Van Petersen macht seiner Mannschaft aber Mut, sich mal auf dieses neue Procedere einzulassen. Ok, man hat ja nichts zu verlieren.

Das höllische Durcheinander bleibt aus. Die ersten sagen, auf welcher Position sie gern spielen möchten und einige stimmen grunzend zu. Nach einer Weile wird die Stimmung lockerer und es werden Vorschläge gemacht, wer auf welcher Position der Richtige wäre. Es kommt eine lebhafte Diskussion in Gang. Rampensäue werden ausgebremst und zurückhaltende mit Potenzial erfahren Unterstützung. Es dauert nicht lange und eine abweichende Spielordnung steht fest. Man will es einfach mal ausprobieren. Es breitet sich ein Ansatz von Flow aus, der sich anschließend auf dem Platz in einen Ausbruch von Spielfreude entlädt. Während des Spiels werden weitere neue Vorschläge gemacht. Plötzlich gelingen Spielzüge.

Nach dem Training zerstreut sich die Mannschaft nicht auf den nächtlichen Nachhauseweg wie sonst immer. Man sitzt noch eine Weile im Vereinshaus. Schnell ist noch was zu trinken organisiert. Die Stimmung ist gut. Das nächste Punktespiel werden sie zwar nicht gewinnen. Aber das deutliche Plus an Spielfreude fällt auf.

Van Petersen kommt noch gerade rechtzeitig zum Literarischen Quartett nach Hause. Er wechselt aber alsbald den Kanal. Da ist ihm doch etwas zu viel Blockwart-Sprachgestus der Moderatorin, zu wenig freier Geist. Auch auf die anderen Kanäle kann er sich nicht richtig konzentrieren. Wohl noch zu viel Adrenalin im Blut oder Alkohol oder beides. Spät nachts weckt ihn seine Frau aus dem Fernsehsessel und fragt leise nach, ob er seine Schlaftabletten genommen hat. Sie hat schon manchmal einen eigenwilligen Humor, ihm den Weg in das gemeinsame Bett zu zeigen. Lessons Learned: Mit Humor durchs zweite Eheleben.

Entscheidungsgrundlagen schaffen

Nach seinem täglichen Seminargeschäft trödelt van Petersen durch den Rest des Tages. Er schaut immer gern mal bei TED.com vorbei. Die Kurzvorträge von Experten begeistern ihn immer wieder. Sie konnten hochkomplexe Zusammenhänge manchmal so präzise und gleichzeitig amüsant beschreiben. Das würde er auch gerne können. Manchmal ergreift ihn die Sorge, seine Studierenden könnten ihn für langweilig halten. Er ist nun mal kein Comedian. Wahre Könner der Unterhaltung eben. Science-Slam wäre die schönste Symbiose aus Wissensvermittlung und Unterhaltung. Ob er doch mal ein Rhetorik-Seminar buchen sollte? Aber er ist kein Pausenclown. Es geht doch noch immer grundsätzlich um komplexes Wissen und die richtigen Fragen zu stellen. Das ist manchmal einfach nur harte, schweißtreibende, mühevolle, langwierige, und letztlich häufig eine frustrierende Tätigkeit. Humorlos eben.

Immer wieder diese leidige Frage: Welchen Weg man nehmen muss, kann, soll, darf, möchte. Man könnte verzweifeln. Und die Wissenschaft weiß es ja oft auch nicht oder gibt nur bestimmte Wahrscheinlichkeiten und Prozent-Optionen als Ergebnis an. Vielleicht geht er doch mal zu einem Auftritt von einem dieser Künstler. Horizonterweiterung. Fortbildung gegen die déformation professionnelle, gegen die Scheuklappen, die einem so unbemerkt wachsen, Sehhilfe gegen die Betriebsblindheit. Dagegen ist ja keiner wirklich gefeit, auch nicht die Wissenschaft. Und alles wird immer komplizierter, immer komplexer.

Van Petersen driftet in einem nostalgischen Gedankenstrom, einem stream of consciousness gen Vergangenheitsverklärung. In die Zeiten, wo noch alles übersichtlich war: Drei Dinge braucht der Mann: Feuer, Pfeife, Stanwell. In eine geordnete Welt: An meine Haut kommt nur Wasser und CD. Einen Lebensraum, in dem es eindeutige Lösungen gab: Wer wird denn gleich in die Luft gehen, greife lieber zur HB. Diese Werbesprüche waren doch Ausdruck einer als beherrschbar fantasierten Welt. Heute bekommt das Mitglied einer Rechtspartei ja schon Darmverschlingung, wenn es sich entscheiden muss, ob es linksdrehenden Jogurt essen darf. Irgendwas läuft da *gedanklich quer*, und zwar Quälend im doppelten Sinne.

Van Petersen macht sich immer viele Gedanken. Er ist ein Mensch mit hoher Selbstreflexivität. Baut sich seine Stolpersteine quasi gleich in die Gedanken ein. Aber so ist eben Wissenschaft. Erkenntnissuche im Dreischritt: 1. Unwissenheit, 2. Wissen, 3. Unwissenheit. Und alles aufgebaut auf solider und klar begrenzbarer Unendlichkeit. Da muss man schon ganz schön robust sein, um nicht dauerzuverzweifeln. Was dann hilft, ist ein Rückblick auf die vielen Erfolge der Wissenschaft, z. B. im Hygienebereich, um mal nur ein Thema zu nennen. Wissenschaftlichen Erkenntnissen verdanken wir Menschen ja u. a. unsere Fortschritte für die Gesundheit der Menschen. Und da geht es nicht nur um die Bekämpfung schlimmster Erkrankungen durch Impfstoffe.

Seine jüngste Tochter reißt heftig die Tür zu seinem Arbeitszimmer auf, gerade als er zum wievielten Male seine Arbeitsweise als Wissenschaftler reflektiert. „Was ist, mein Kind! Mein Name ist van Petersen. Wie kann ich helfen?" – „Papaaa, lass doch die dummen Marketing-Sprüche … In der Schule haben sie gelacht, weil ich gesagt habe, dass Wissenschaft Papier und Irrtümer produziert. Das sagst du doch immer."

Van Petersen treibt es kleine Schweißperlen auf die Stirn. Er versucht, seine Kinder maximal zu unterstützen. Er weiß aber auch, dass er manchmal seinen Mund nicht halten kann, und dann entschlüpfen ihm unkontrolliert Wörter. Er und manche seiner Kollegen finden das lustig. Manche gar nicht. Die kommen dann mit diesem Schuss unkontrollierter Ehrlichkeit nicht klar. Einerseits bedauert van Petersen das dann im Nachgang, andererseits denkt er, och, dann ist mal was gesagt, was sich sonst keiner traut, und man kann mal drüber reden. Wie soll man es richtig machen? Warum ist immer alles so zweischneidig und widersprüchlich und pro und contra haben das gleiche Gewicht? Vielleicht ist das ja genau der Trick, die geheime Triebkraft, die den Menschen nicht ruhen lässt. Damit es immer voran gehen soll. ... ein Teil von jener Kraft, die stets das Böse will und doch das Gute schafft ... oder so ähnlich, memoriert er Mephisto in Goethes Faust I. „Papaaa ... hörst du mir überhaupt zu?" – „Ja, mein Kind. Worum geht es?" „Mannooo ... um Wissenschaft!" – „Ah. Ja. Klar." – „Wie geht denn jetzt Wissenschaft? Du bist doch der Experte!!!" Van Petersen kann die drei Ausrufezeichen deutlich im Raum stehen sehen. Vom wem hat seine Tochter nur diese Hartnäckigkeit, wenn sie was wissen will. – „Ja, ich bin der Experte, da muss ich dir recht geben." Die kleinen Schweißperlen auf seiner Stirn signalisierten dem aufmerksamen Beobachter angestrengtes Nachdenken unter steigendem Stresspegel. Wie gern hätte er jetzt mit so einfachen Worten ungemein komplexe Sachverhalte erklären können wie z. B. eine

Professorin vom Deutschen Institut für Wirtschaftsforschung, die er heimlich aber heftig bewundert. Eine Frau, die sich in einer Männerdomäne durchgesetzt hat, vermutlich auch durch ihre hohe Kompetenz ihr Fachwissen in einfachen Worten zu vermitteln ohne die Inhalte zu verflachen … „Paaapaaa!" … „Ach ja. Also. Wissenschaft geht eigentlich ganz einfach. Eine tolle Primärquelle ist zum Beispiel …" – „Ich will es aber von dir wissen!" Van Petersen kapituliert, räumt einige Stapel Akten und Bücher von dem Lederzweisitzer in seinem Arbeitszimmer und setzt sich dicht neben seine Tochter. „Also …" beginnt er seinen Vortrag, und im Ton schwingt mit: Das dauert jetzt länger. – „Machs kurz, Papa!", fährt ihm seine Tochter in den Ein-Wort-Prolog. Van Petersen spult ab: „Alles beginnt mit der Suche nach Fragen. Was will ich wissen? Was interessiert mich? Das nennt man das erkenntnisleitende Interesse. Verstanden?" – „Weiter, Papa!" – „Im zweiten Schritt versuchen wir Wissenschaftler diese Fragen zu beantworten." – „Ach was!" – van Petersen ist von der Spontanität seiner Tochter immer wieder überrascht, wie sie einmal Gehörtes in anderen Zusammenhängen ratzfatz benutzt, und das auch noch treffend. Dieses „Ach was!" war eindeutig von Loriot und bringt zum Ausdruck: Du erzählst mir nix Neues! Go on! „Die Fragen versuchen die Wissenschaftler zu beantworten, indem sie Versuche machen. Die werden von anderen Wissenschaftlern unter genau den gleichen Bedingungen wiederholt. Manche Wissenschaftler haben eine andere Meinung und behaupten das Gegenteil, weil sie andere Ergebnisse bekommen haben. Dann wird diskutiert und ausgewertet und am Ende das Ergebnis in Fachzeitschriften veröffentlicht. Nicht immer sind diese Ergebnisse zu 100 % richtig, aber man weiß nun schon ein bisschen mehr. Dann stellen sich zumeist sofort wieder neue Fragen, und alles geht wieder von vorne los." – „Das ist ja einfach!", platzt es aus der Tochter heraus. Pause. Van Petersen ist zufrieden mit sich und will gerade aufstehen, da platzt es erneut aus der Tochter heraus: „Ich bin auch Wissenschaftlerin!" Das Warum liest ihm der Nachwuchs von der Stirn ab. – „Dann darf ich immer eine Gegenmeinung zu deiner haben." Vater Petersen schaut verdutzt und hält inne in seinem Aufstehprozess.

Hüpfend verlässt die Tochter sein Arbeitszimmer, er kann aber noch deutlich ihre Ansage verstehen: „Papa, wir müssen nochmal über meine Taschengelderhöhung reden."

Van Petersen fällt auf den Zweisitzer zurück. Mit einer Mischung aus einem bisschen Stolz, Erschöpfung und Resignation.

Interview mit dem Wissenschaftler Huub van Petersen

Journalistin	Wo sehen Sie Ihre Verantwortung als Experte?
van Petersen	Woran erkennt man den Experten? Es gibt kein ein-eindeutiges Kriterium. Ein Experte kann und sollte nur für seine Expertise sprechen. Hierbei sollte er klare Antworten geben und sichere Entscheidungen formulieren, wenn das erforderlich ist. Und der Wissenschaftler als Experte? Die Einhaltung von wissenschaftlichen Standards macht den Unterschied.

Als solches habe ich mich mit einem Sachverhalt besonders tief und lange, auch im Austausch mit anderen, beschäftigt, somit verfüge ich über einen Pool, aus dem neues Wissen geschöpft werden kann, das ich abrufbar halte und entsprechend kommuniziere. Die Aufgabe: Verständliche Wissensvermittlung. Es geht darum, Wegweisungen zu geben, wie die neuen Erkenntnisse in Handlung umgesetzt werden könnten oder auch in welcher Form das Wissen neue Handlungsoptionen generiert. Der Rezipient soll mit unserem Wissen in die Lage versetzt werden, deutlich begründetere Entscheidungen zu treffen und in Gang zu setzen.

Journalistin	Welche Rolle spielt hierbei die Kommunikation?
van Petersen	Verständliche Wissensvermittlung meint genau das. Wenn ich meine Expertise nicht vermitteln kann, bleibt sie wirkungslos. Wir müssen aus den Elfenbeintürmen herabsteigen und so auf Augenkontakt mit den Menschen sein. Hierbei geht es auch darum, sich zu öffnen, sich auch kritischen Fragen zu stellen. In der wertschätzenden Begegnung spielt die nonverbale Kommunikation eine entscheidende Rolle. Vom Blickkontakt als stärkstem körpersprachlichen Mittel bis zum Verhalten im Raum, besser bekannt als Proxemik. Die eigene Weiterentwicklung in diesem Bereich ist von großer Bedeutung. Stichwort: Authentizität.
Journalistin	Welche Kompetenzen brauchen Sie als Experte über das Expertenwissen hinaus?
van Petersen	Hier sehe ich vier Grundkompetenzen, um Wissenschaft wirkungsvoll und sinnhaft für die Gesellschaft zu vermitteln: 1. Die Fähigkeit zur Kollaboration, das zusammenarbeiten zu können, 2. Die Fähigkeit, Status zu reflektieren, 3. Die Fähigkeit, vertrauenswürdig zu sein, indem ich mich zuverlässig zeige, ehrlich verhalte und last but not least um mit Shakespeare zu sprechen: Mein Gegenüber als Kunde zu begreifen, dem gegenüber ich eine Bringschuld sehe.

Blick auf Ihr Navi

Um sich in komplexen Umgebungen zurechtzufinden, kann die Zusammenarbeit mit Experten hilfreich sein. In der Interaktion und Zusammenarbeit geschieht dies vorzugsweise, da wirkungsvoll, auf Augenhöhe.

Grundvoraussetzungen für Lernbereitschaft und einen vertrauensvollen Austausch sind Authentizität und Zuverlässigkeit der Beteiligten.

- Steuern Sie lieber, oder lassen Sie sich lieber steuern?
- Befinden Sie sich häufig auf Augenhöhe?
- Fällt Ihnen das Delegieren von Aufgaben leicht?
- Wer ist für Sie ein Experte?

Literatur

Langer, I., von Schulz Thun, F., & Tausch, R. (2002). *Sich verständlich ausdrücken.* Reinhardt.

Neyer, F. J., & Asendorpf, J. B. (2018). *Psychologie der Persönlichkeit* (6. Aufl.). Springer.

von Borries, F. (2016). *Weltentwerfen.* Suhrkamp.

Epilog – Wegemarken agilen Handelns

„Aquarium" nennt das gesamte Kollegium der Redaktion den Glaskasten genau in der Mitte des Großraumbüros … pardon … Coworking-place. Großraumbüro klingt so nach Käfighaltung. Coworking-place dagegen klingt modern, bunt, kreativ, jung, dynamisch, kommunikativ. Der Marketing-Chef überschlug sich bei der Einweihung des neuen „großen" Arbeitsraumes fast beim Ausspucken der vielen positiven Adjektive über diesen „transparenten" Konferenzraum inmitten eines pulsierenden Redaktionsvulkans, in dem alle ständig vernetzt sein können.

Nun stehen sie hier, Ingrid und Stefan. Zwei Fischlein im „Aquarium", beäugt von den anderen Redaktionskollegen. Sie haben die Zeitungsausgaben mit ihrer Titelstory und den acht Folgen auf dem großen Konferenztisch ausgebreitet. Es sieht ein bisschen wie eine Vorbereitung zum Tapezieren aus. Ingrid hat eilfertig die Filzstifte sortiert, drapiert und einen Block an die Flipchart- Staffelei geheftet. Stefan freut sich zum wiederholten Male über die organisierte Kollegin mit Struktur, die so den konstanten Wandel beherrschbar macht. Und ihn zudem noch entlastet. „Warum grinst du so?", reißt ihn seine Kollegin Ingrid aus seinem kleinen Business-Wachtraum. „Ach, ich freu mich einfach, dass wir diesen spannenden Menschen begegnen durften und die Serie so gut werden konnte", antwortet Stefan etwas zögerlich. „Gell?! Schön!", beginnt sich Ingrid in ihrer aller, und in ihrer beider, Erfolg zu baden. So als Team, zweigeschlechtlich. Sie rückt ein paar Zeitungsseiten – die Stefan gerade sorgfältig ausgebreitet hat – nochmals um einen Mikromillimeter zurecht. „Soooo!", beginnt Ingrid das Heft der Handlungsführung in die Hand zu nehmen, „große Retrospektive,

Feedback und Auswertung!" und wendet sich dem Flipchart zu, um die entsprechende Headline für das nun folgende Procedere zu notieren.

„Ich habe hier noch die neuesten haptischen Leserbriefe mitgebracht, die sich auf unsere Serie beziehen!", überlagert Stefan mit seiner Bemerkung das Filzstiftquietschen Ingrids auf dem sehr günstig aus China erworbenen und ebenso günstig aus deutschen borkenkäfertoten Fichten hergestellten Flipchart-Papier, zieht einen kleinen Stapel Blätter aus seiner Umhängetasche und will sie gerade in die rote Plastikbox auf dem Stuhl neben dem Flipchart zu den anderen haptischen Leserbriefen, also denen aus Papier, legen.

Ingrid deutet mit der anderen Hand, die nicht schreibt, auf eine rote Plastikbox neben sich und sagt: „Leg sie bitte in die rote Plastikbox zu den anderen!", während er es bereits tut.

„Oh! Danke!", sagt sie ein kleines bisschen überrascht über die überaus schnelle Reaktion ihres Kollegen.

Während sie die Überschrift „Review" fertiggeschrieben hat, nimmt Stefan einige obenauf gelegte Leserbriefe zur Hand: „Das musst du dir anhören!", sagt er und beginnt zu lesen. Ingrid zieht zeitgleich ihren Laptop ein wenig zu ruckartig aus ihrer veganen Handtasche, stellt ihn auf den Tisch, auf eine Artikelseite, klappt ihn auf und beginnt auf der Tastatur zu klappern: „Also. Hier schreibt uns eine Karin Knauf folgendes": „Liebes Autorenteam! Ihre Serie über Dilemmta habe ich mit Begeisterung gelesen. Nicht alle Artikel, aber einige und die haben mir so gut gefallen, weil ich mich wiedererkannt habe, in dem, was die Helden so machen. Mir geht es in ähnlichen Situationen oft genauso. Es ist schön zu wissen, dass man mit seinen Problemen nicht alleine ist. Eure Karin. PS: Weiter so!" „Dann hier einen recht kritischen von …", versucht Stefan ein weiteres Feedback vorzulesen. Ingrid hört auf zu klappern und unterbricht Stefan: „Ja! Ich habe hier die Leserbriefe unserer Online-Redaktion, und den musst du dir unbedingt anhören, der bringt es so richtig auf den Punkt, ich finde den am besten, den sollten wir in unseren Auswertungsbericht für die Redaktionsleitung einpacken, weil der ist auch etwas kritisch …, also vielfältige Meinungen ergeben ein gesamtes Bild" „Entschuldige, Ingrid …", unterbricht Stefan ihren Redeschwall, „wollen wir nicht erst mal unsere Agenda festlegen, wie wir jetzt vorgehen wollen?", versucht Stefan ihre Arbeit in ordentliche Bahnen zu lenken. „Und was ist mit der Retrospektive?" „Aber das hatten wir doch schon!", entgegnet Ingrid mit großen Augen. „Ich habe dir gestern eine Memo geschickt. Das Paper über unseren Prozess ist auch fertig." Stefan wirkt nun etwas verlegen. Er weiß um die dynamische Art seiner Kollegin, die er sehr schätzt, aber manchmal ist sie doch ein Tic zu forsch. Er verzeiht ihr, weil ihre Impulse meist recht zielführend sind. Sie wird wohl mal Karriere machen, hier in der Zeitung oder woanders. Er kann es auch genießen, mit so einer taffen Kollegin, die auch überaus humorvoll sein kann, zusammenzuarbeiten. Zusammen sind sie halt noch besser als jeder alleine. Das steht nun mal fest, auch in der Retrospektive. „Alles klar!", versucht Stefan den Prozess durch solche kleine Sozialdynamiken nicht behindern zu lassen. „Dann schreib doch als Punkt 1 „Leserbriefe", weist er sie freundlich an. Ich male schon mal ein Matrixgatter für die Auswertung auf die Pinnwand".

Nach gut anderthalb Stunden versperren mehrere Flipchart-Blätter an den Glaswänden den Blick ins Aquarium und die drei Pinnwände sind voller Informationen, inklusive aller Zahlen von Auflagenveränderungen, Abonnenten, Straßenverkauf, Inseratsänderungen usw. usw. also die Infos von und für die Controller, für die sich die Geschäftsleitung erfahrungsgemäß besonders stark interessieren. Das Erkenntnisinteresse von Ingrid und Stefan, den Geschichtensammlern, Menschenfreunden und Konstrukteuren, ist ein anderes. Welche Entwicklung nehmen ihre Helden mit der Zeit? Stefan hilft Ingrid beim Abdekorieren und ist nicht immer mit ihrem Perfektionismus einverstanden. „Da kommt noch was.", denkt Stefan. „Die Methode alleine macht noch keine Haltung, lieber Stefan."

Am späten Vormittag schaut auch die neue Chef-Redakteurin vorbei, verschafft sich einen schnellen Überblick über die Arbeit ihrer beiden nachdenklich-stolzen Hechte im Teich und quittiert diese mit einem sachlichen „Good Job!". Beim seepferdchenhaften Hinausschwimmen aus dem Aquarium dreht sie sich noch einmal kurz um, nur um noch mitzuteilen, dass sie den Bericht der Auswertung gerne morgen um 09:00 Uhr auf ihrem Schreibtisch hätte. Um 09:00 Uhr auf ihrem Schreibtisch. Um 09:00 …

Mit einem „High Five!" beschließt das Raubfisch-Team heute ganz agil um 11:30 Feierabend zu machen und eine Location auszutesten. Die Redaktionsleitung wird alle ihre Interviewpartner und -partnerinnen einladen, um zu schauen, ob sich nicht aus diesen Begegnungen und dem Austausch der Dilemma-Kämpfer eine Fortsetzung stricken lässt. Mit dem Titel: Was Sie nun wirklich und wahrhaftig tun wollen. Eine After-Story für die Zukunft.

Printed in the United States
by Baker & Taylor Publisher Services